Das Buch

«In der Katastrophe des Einzelkopfes, seiner Krankheit, seinem Wahnsinn finden die Katastrophe, die Krankheit, der Wahnsinn der menschlichen Natur, der Gesellschaft, zu ihrem Bewußtsein», so Herbert Gamper in diesem Buch zur Kurzprosa EREIGNISSE, die Bernhard 1957 schrieb. Und weiter: «Alle späteren Werke Bernhards, die Romane, die Erzählungen, die Theaterstücke, setzen mehr oder weniger deutlich ein solches Ereignis voraus, einen Bruch in der Existenz, eine Erschütterung.» Diesen «einzigen Gedanken» differenziert und belegt Gamper als Bernhards Hauptmotiv zuerst an Beispielen aus der Prosa, um ihn dann im Hauptteil dieses Buches zur Interpretation der Stücke zu benutzen — sowohl der frühen Kurzschauspiele wie der fünf abendfüllenden Dramen EIN FEST FÜR BORIS (1970), DER IGNORANT UND DER WAHNSINNIGE (1972), DIE JAGDGESELLSCHAFT (1974), DIE MACHT DER GEWOHNHEIT (1974), DER PRÄSIDENT (1975). In dem Abschnitt «Das Werk auf der Bühne» werden Inszenierungen vor allem Claus Peymanns und Dieter Dorns vom Autor und durch Zitate aus Kritiken charakterisiert und bewertet; der Bildteil veranschaulicht sie. Eine knappe biographische Notiz und ein Werkverzeichnis schließen diesen Band.

Der Autor

Herbert Gamper, Jahrgang 1936, Studium der Germanistik, Philosophie und Musikwissenschaften, daneben Musikstudium am Konservatorium; Promotion über Jean Pauls «Siebenkäs», anschließend Gymnasiallehrer, Feuilleton-Redakteur, Literatur- und Theaterkritiker; von 1971 bis 1973 Dramaturg am Theater am Neumarkt, Zürich; seit Herbst 1976 Privatdozent an der Universität Zürich.

für Urs Herzog

Herbert Gamper:
Thomas Bernhard

Deutscher
Taschenbuch
Verlag

Originalausgabe
Mai 1977
Deutscher Taschenbuch Verlag GmbH & Co. KG,
München
© 1977 Friedrich Verlag, Velber bei Hannover
Umschlaggestaltung: Celestino Piatti
Umschlagfoto: Insel Verlag, Frankfurt
Fotos im Bildteil: Clausen (1, 3),
Pressebüro Salzburger Festspiele (2 oben), Buhs (2 unten, 4, 5),
Rabanus (6), Winkler-Betzendahl (7), Tüllmann (8)
Gesamtherstellung: H. Welge, Stadthagen
Printed in Germany · ISBN 3-423-06870-1

Inhalt

DER EINZIGE GEDANKE
- 7 Introduktion (Erschütterung)
- 9 I
- 43 II
- 75 Coda (Theater)

DIE STÜCKE
- 81 Frühes Theater
- 85 Ein Fest für Boris
- 100 Der Ignorant und der Wahnsinnige
- 126 Die Jagdgesellschaft
- 152 Die Macht der Gewohnheit
- 161 Der Präsident

DAS WERK AUF DER BÜHNE
- 179 Frühe Kurzschauspiele
- 181 Ein Fest für Boris
- 189 Der Ignorant und der Wahnsinnige
- 201 Die Jagdgesellschaft
- 207 Die Macht der Gewohnheit
- 210 Der Präsident
- 193 AUFFÜHRUNGEN IN BILDERN
- 215 BIOGRAPHISCHES
- 219 WERKVERZEICHNIS
- 223 NACHWEISE UND ANMERKUNGEN

DER EINZIGE GEDANKE

In der 1957 geschriebenen Kurzprosa EREIGNISSE, die viele später ausgeführte Motive im Keim enthält, fällt ein häufig wiederkehrendes Erzählmuster auf: In einem Augenblick plötzlicher Klarsicht, einem Erschreckensmoment, mehrfach in Vorstellungen und Träumen, wird ein Mensch der Wahrheit seiner Existenz inne, die immer eine tödliche, diese Existenz vernichtende Wahrheit ist. Die Mitwelt erfährt davon nichts oder bleibt, wenn Folgen sichtbar werden, sogenannte Kurzschlußhandlungen, Wahnsinn oder Tod, verständnislos. Der Geldbriefträger, der im Traum mit der Geldtasche über die Grenze geflüchtet ist, läßt sich versetzen in die Stadt; seiner Frau gibt er an, die Finsternis sei dort nicht so groß. Die Betroffenen, sofern das Erschrecken nicht augenblicklich ihrer Existenz ein Ende macht, sind fortan verschlossen mit ihrer Wahrheit in sich als in ihrem eigenen Grab, herausgetreten aus dem Kreis der Lebendigen (durch Bewußtlosigkeit Lebendigen), als Randexistenzen ihrer selbst und der Gesellschaft. In der Regel gelten sie als wahnsinnig, als krank. Die Regelmäßigkeit aber, mit der das Erzählmuster wiederkehrt (ohne daß das «Ereignis», das die Existenz, sofern nicht beendet, in zwei Hälften teilt, individualgeschichtlich ausreichend motiviert wäre) zwingt zur Annahme, daß die darin zutage tretende Wahrheit als eine die je besondere Existenz transzendierende zu begreifen sei, wie immer man dann ihre Allgemeinheit definieren wolle: als eine der menschlichen Natur oder der Gesellschaft. In der Katastrophe des Einzelkopfs, seiner Krankheit, seinem Wahnsinn, finden die Katastrophe, die Krankheit, der Wahnsinn der menschlichen Natur, der Gesellschaft, zu ihrem Bewußtsein.
Alle späteren Werke Bernhards, die Romane, die Erzählungen, die Theaterstücke, setzen mehr oder weniger deutlich ein solches «Ereignis» voraus, einen Bruch in der Existenz, eine «Erschütterung». Der Maler Strauch (FROST) hat seine Bilder verbrannt, von einem Tag auf den andern die Haushälterin weggeschickt, das Haus verschlossen und sich dem Hochgebirgsort Weng ausgeliefert. Der Erzähler in WATTEN hat sich aus dem väterlichen Schloß in eine Baracke zurückgezogen, der Erzähler in JAUREGG sich in den Steinbruch seines Onkels usf. An der generellen Signifikanz des Musters

ändert nichts, daß häufig der «Bruch» in bestimmter Weise motiviert ist: in JAUREGG (Verbrechen des Onkels gegen die Mutter), AMRAS (geplanter Selbstmord der Familie bzw. Krankheit der Mutter und Verschuldung des Vaters) usf. Oft wird als Motivation angegeben, was Ursache gar nicht sein kann, sondern bereits Symptom ist: Der Kopfschmerz, der den Erzähler von DIE MÜTZE dazu zwingt, seine Studien aufzugeben, auch das «Unglück» der Guten im *Fest für Boris,* von dem sie selber sagt, sie sei davon nicht überrascht worden; und in VERSTÖRUNG könnte man als «Erschütterung» des Fürsten, der seine Güter noch mit Umsicht verwaltete und ihren Umfang sogar verdoppelte, den Traum anführen, sein Sohn lasse mit Absicht den Besitz verrotten, wenn nicht der Traum schon das Resultat einer plötzlichen Einsicht des Fürsten selber wäre, einer in sämtlichen Fällen zutreffenden: daß die Existenz sinnlos, zum Anachronismus geworden und also unerträglich ist. Gerade die Grenzfälle (ist ein bestimmter Vorfall Ursache oder schon Wirkung, Symptom?) beweisen, daß für die dichterische Einbildungskraft die je besondere Motivation sekundär ist, Variation auf ein konstantes Thema, Bernhards einziges Thema. Seine Dichtungen stehen einerseits unter dem Zwang, der «Erschütterung» nach-denkend sich auszuliefern, sind also diktiert von einem unbedingten Wahrheitswillen (im Falle Strauchs, beispielsweise, bis zum Masochismus getrieben, zum Sadismus im Falle des Schriftstellers gegen den General), andererseits vom Willen, sie in allen ihren Konsequenzen zu beherrschen, dagegen sich zu behaupten, das heißt von einem ebenso unbedingten und rücksichtslosen Kunstwillen als Selbstbehauptungs- und Existenzwillen. Die unaufhebbaren Widersprüche in Bernhards Begriff des Kunstwerks wie im Begriff der Existenz können als Reaktion auf die «Erschütterung» begriffen werden.
Einem so zentralen, die dichterische Einbildungskraft strukturierenden Moment muß eine einschneidende Erfahrung des Autors zugrunde liegen. Mit 18 Jahren war Bernhard so schwer lungenkrank, daß ihn die Ärzte bereits abgeschrieben hatten und er die Letzte Ölung erhielt (DREI TAGE, I 155). Das Leben mußte ihm fortan als Lehen des Todes, als dem Tod verfallen erscheinen. — Damit soll nicht einer Ableitung der dichterischen Welt aus der Biographie das Wort geredet werden, es wäre damit nämlich überhaupt nichts darüber ausgesagt, warum eine relativ sehr große Zahl von Zeitgenossen («relativ» hinsichtlich der verschwindend gerin-

gen Minderheit, die überhaupt noch zu lesen versteht) im Werk eines Dichters, der von einer solchen Erfahrung wesentlich geprägt ist, eigene Erfahrung ausgesprochen findet (und darauf beruht ja schließlich das Interesse für einen Autor). Es scheint, daß individuelle Erfahrung den Schlüssel abgab bzw. die Sensibilität steigerte für eine imaginativ und nachdenkend vollzogene jenachdem politisch, historisch, philosophisch zu nennende Erkenntnis: daß es diese Gesellschaft, diese Kultur, wenn es mit rechten Dingen zuginge, schon gar nicht mehr geben dürfte, daß sie sich selber überlebte, ohne daß doch eine Alternative, ein Neubeginn, auf den sich bauen ließe, aus dem heraus sich leben ließe, in Sicht wäre. Das Leben hat irgendwann aufgehört, ist zur leerlaufenden Gewohnheit des Existierens geworden, zur künstlichen, jenachdem kunstlosen oder kunstvollen Imitation, zu Theater, prolongiert bis auf weiteres.

I

Den Maler Strauch läßt Bernhard eine aufs äußerste konzentrierte Poetik vortragen, die man als seine eigene betrachten darf, da die Monologe des Malers nicht Rollenprosa sind, sondern durch den Autor, dem es nur mit Mühe gelingt, sich einigermaßen von dem klarsichtigen, aus Wahrheitsfanatismus katastrophensüchtigen Kopf zu distanzieren, voll gedeckt:
«Meine Poesie ist nicht *meine* Poesie. Aber wenn Sie *meine* Poesie meinen, so muß ich gestehen, daß ich sie nicht erklären kann. Sehen Sie, meine Poesie, *die die einzige Poesie ist* und also folglich auch *das einzige Wahre*, genauso das *einzige Wahre* wie das einzige wahre Wissen, das ich der Luft zugestehe, das ich aus der Luft fühle, das die Luft *ist, diese meine Poesie* ist immer nur in der Mitte ihres einzigen Gedanklichs, der ganz ihr gehört, erfunden. Die Poesie ist augenblicklich. Und also ist sie nicht. Sie ist *meine* Poesie.» (F 213)
Strauch spricht nicht von geschriebener Dichtung, sondern von deren immer unerreichbarer Utopie, worin sie zusammenfiele mit Wissenschaft — nicht mit derjenigen der «professoralen Wiederkäuer» (K 81), sondern mit der von ihm so genannten «höheren Wissenschaft», deren Gedankengänge sich dem Spürsinn vieler schlafloser Nächte verdankten (F 120) ... mit der Vorstellung des Industriellen von seiner philosophischen Arbeit, von der, wie er

sagt, möglicherweise nur ein «einziger Gedanke» übrigbleibe (V 54) ... mit dem, was Konrads Studie wäre, wenn es ihm wirklich gelingen könnte, sie in einem Augenblick aus seinem Kopf aufs Papier zu kippen. Richtmaß der Poesie, an dem sie, als geschriebene, immer scheitern muß, ist Wahrheit, und zwar die eine, unteilbare, die ganze Wahrheit, der *einzige Gedanke*. Das gilt generell für Bernhards Dichtung: Aus diesem Anspruch, Wissenschaft zu sein, bezieht sich ihr Pathos, aber weil das ausgeführte Werk ihm nie gerecht wird, ist es — die Kunst im allgemeinen — Gegenstand haßerfüllter Schmähung und spricht Bernhard davon als vom «Mißbrauch der Wörter» (Büchnerpreis-Rede).
Sie sei immer nur in der Mitte ihres einzigen Gedankens erfunden, diese Poesie, das heißt, sie wäre, mit einer Formulierung des Fürsten, «immer alles und alles immer» (V 167). Insofern ist sie «augenblicklich», und zwar im Sinne des gleichermaßen dynamischen wie statischen «stehenden Augenblicks» (*nunc stans*) der Mystik, worin Zeit im doppelten Sinn aufgehoben ist, sozusagen verräumlicht. Als wirkliche Poesie aber, als geschriebene, die in der Zeit sich entfalten muß, ist sie, weil «augenblicklich», nicht. Und doch ist die utopische Poesie auch in dieser Hinsicht — Konzentration in ihrem einzigen Gedanken — Richtmaß bzw. Folie von Bernhards Dichtung. Lineare Abhängigkeiten (zeitliche, kausale) sind nach Möglichkeit außer Kurs gesetzt; Bernhard breitet Zustände aus, und Geschichten, wo er nur eine Andeutung davon auftauchen sehe, schieße er gab (DREI TAGE, I 152). Es dürfte in ihr keine Nebensächlichkeiten geben; in jedem Teil ist das Ganze gegenwärtig, und da dieses (der «einzige Gedanke») abstrakt nicht faßbar, nicht artikulierbar ist, immer nur in allen Teilen[1]. Jeder Begriff, sagt der Fürst, der sich selber als Pantheist bezeichnet (V 170), sei «in sich wieder unendlich viele Begriffe» (V 206). Alles hängt aufs engste mit allem zusammen, durch «Myriaden von Analogien» (U 30), in einem System dichterischer Metasprache. Im Fortgang des Werks verschieben sich Perspektiven, verlagern sich Akzente, werden Zusammenhänge, Berührungen, Überschneidungen sichtbar, die im Rückblick dann als im System je schon angelegte, nicht ausgeführte oder beiläufig ausgeführte zu erkennen sind. Das vorsprachliche Zentrum, die «Grundfarbe» (B 25), der «Tonfallgrund» (F 115), Äquivalent des «einzigen Gedankens», bestimmt, indem es zum metasprachlichen System sich entäußert, Thematik, Wortbildung, Wortwahl, ebenso Satzbau, Interpunk-

tion, den Rhythmus der Form. Im Reden über einen solchen Gegenstand, zwangsläufig fragmentarisch, lassen sich Überschneidungen und Wiederholungen nicht vermeiden. —
Das «einzige Wahre», das Strauchs vorsprachliche Poesie sei, sei auch «das einzige wahre Wissen», und zwar vorerst nicht als menschliches Wissen, als das Wissen eines menschlichen Subjekts, sondern als das Wissen der Luft, das Wissen, das die Luft selber sei. Sie sei die Wahrheit und zugleich das Wissen von ihr, Objekt und Subjekt in einem. Sie ist «pneuma», Metapher des göttlichen Gedankens, der die Welt ist und im Wissen von sich als von der Welt sich selber denkt. Diese Bedeutung kommt der Luft, einer beharrlich wiederkehrenden Chiffer, durchgehend zu, bis hin zu Caribaldis bzw. seiner Celli Luftempfindlichkeit. Der eine der Brüder, der Wissenschafter, in der Erzählung AM ORTLER, ist mit einer Studie über die Luftschichten befaßt, durchaus vergleichbar Konrads Studie über das Gehör (DAS KALKWERK): akustische wie klimatische Phänomene (von Strauch wird gesagt, sein Fall sei ein «klimatologisch interessantes Ganzes» (F 254)) sind Luft-Phänomene. Der Erzähler in AMRAS fühlt die «Strömungen aus der Unendlichkeit in das Inntal herein» als «lauter Frühlingsluftzüge ungeheueren Weltverstandes» (A 61 f.).
Durch den Menschen also, der die «Luft» fühlt, der ihren Einwirkungen offen ist, ihre Gedanken denkt, denkt sich der göttliche Gedanke («Weltverstand») und ist insofern sein (des Menschen) Wissen und Gedanke (seine Poesie), wie ebenso nicht *sein* Wissen und Gedanke (nicht *seine* Poesie). Im Augenblick medialer Teilhabe ist aber solche Differenz, als die von Subjekt und Objekt, hinfällig: Das menschliche Denken, auf seine eigene Mitte hin k o n z e n t r i e r t , vermag darum das Universum aus seiner (seiner eigenen, wie: des Universums) Mitte heraus zu denken[2]. Dafür ein Beispiel aus AMRAS:
«... in einem bestimmten Verhältnis unserer Schläfenknochen zum Erdmittelpunkt, den wir uns für uns und für alles bestimmen konnten, waren wir eingeweiht in die Schöpfungsvorgänge, in die Willensstärke der ganzen Materie... Wir waren uns dann unser selbst als zweier doppelter Spiegelbilder des Universums bewußt... Himmelserscheinungen, Höllenreflexe... In Meeren und Wüsten zugleich die Erschütterung der Atmosphären... oft waren wir wirklich so hoch in der Sternbildanschauung, daß uns fröstelte, *selbst* Wasser, Gestein... im Vorteil der Sterblichkeit, wenn wir

horchten und dadurch begriffen ... wir fühlten und wir begriffen ... wir schauten, nicht mehr auf Vermutungen angewiesen, auf die Berechnungen klaren Menschenverstandes ... in wie feiner, nicht kopfzerbrechender Schweigsamkeit konnten wir uns in solchen Augenblicken verständigen, uns erneuern ... Wir hüteten uns davor, das Gesehene anzusprechen ... Das Phantastische enthüllte uns alles sekundenlang nur, um es wieder *für sich* zu verfinstern ... die höchsten Augenblicke waren naturgemäß immer die kürzesten, überhaupt allerkürzeste Augenblicke ... Unsere Schläfen an Böden und Mauern gedrückt, beobachteten wir die Drehung von Millionen von Lichtjahren, weit entfernt ... konische Kreisel, kugelförmige Himmelskörper, die präzise Gelenkigkeit der Mathematik ...» (A 29 f.).
Auch hinsichtlich dieses ihres Aspekts der «Teilhabe» ist Strauchs utopische Poesie Richtmaß bzw. Folie für Bernhards Dichtung. Darin gründet ihr Anspruch auf Objektivität, auf Totalität. Er soll erfüllt werden gerade durch unbedingte Subjektivität, des Autors und seiner monologisierenden Helden. Indem er alle besonderen Bindungen durchschneidet, aus der Welt sich zurückzieht (teil*haben* ja, aber nicht teil*nehmen* (Jg 56)), vermag der Einzelkopf Membran zu sein des metaphysischen «Klimas», der «Geisteswitterung» des Zeitalters[3]. Zu analogen Schlüssen gelangte Adorno hinsichtlich der Situation der Kunst und des Künstlers in der gegenwärtigen Gesellschaft: «Nicht steht es beim Subjekt als dem Organon von Kunst, die ihm vorgezeichnete Absonderung, die keine von Gesinnung und zufälligem Bewußtsein ist, zu überspringen[4].» Denn: «Wohl ist das der Kunst unabdingbare mimetische Moment seiner Substanz nach ein Allgemeines, nicht anders zu erlangen jedoch als durch unauflöslich Idiosynkratische der Einzelsubjekte hindurch.» Darin allein, in den Idiosynkrasien des abgesonderten Einzelkopfs, wird der ideologische Schein durchbrochen und findet das schlechte gesellschaftliche Allgemeine zu adäquatem Bewußtsein, wird die Heteronomie aufgekündigt, die jenes dem je Besonderen auferlegt. «Solange Besonderes und Allgemeines divergieren», sagt im selben Zusammenhang Adorno, «ist keine Freiheit[5].» In Strauchs utopischer Poesie, wenn sie nämlich auch die *seine* wäre, wäre das Subjekt, in der Wahrheit und in Freiheit, im Einklang mit dem Allgemeinen. Ein solches Allgemeines ist aber so sehr aus dem Bereich des Möglichen entrückt, daß es diskursivem Denken und Sagen, in dem allein das herrschende

gesellschaftliche Allgemeine sich reproduziert, vollständig sich entzieht, wie andererseits diesem unversöhnlich das Besondere entgegensteht. Der Vorwurf der Irrationalität, der — nebst dem der Subjektivität — gegen Bernhard häufig erhoben wird, richtet sich demnach gegen seine beharrliche Weigerung, die Utopie an das tatsächliche Allgemeine, die herrschende Rationalität, zu verraten.

Strauchs Denken, in seiner Äußerung über Poesie, kreist um eine Mitte, die alles und aus der alles sei; aber diese Mitte entzieht sich seinem Denken. Auf sie hin *konzentriert,* ist der Denkende, wie aus dem Zitat aus AMRAS hervorgeht, bei sich und ebenso bei der Welt, die ihm, wie der Kulterer sagt (B 19), «einfach durchforschbare reinigende Unendlichkeit» ist (ins Politische übertragen: er ist freies Subjekt einer vernunftgemäß strukturierten Gesellschaft). Als sich entziehende aber wird die Mitte zum Abgrund heilloser Verstörung, das Denken ist von ihr bzw. von sich als von einer Dauerirritation *beherrscht,* ohne die Möglichkeit von Verständnis und Verständigung; die Analogien sind «krankhafte Nervenprozesse» (U 31). Erkenntnis, als ‹Teilhabe›, beruht, wie erläutert, darauf, daß im menschlichen Denken sich der Gedanke, der die Welt ist, denkt. Auf diese Weise mittelbar, und auf keine andere Weise, ist subjektives Denken objektiv. Sowie diese vermittelnde Instanz, in Karls Papieren (U 48) «neutrales Gehirn» und «dritte Person» geheißen, entfällt, ist ein Übergang vom Subjekt zum Objekt so wenig mehr möglich wie vom Besonderen zum Allgemeinen (und umgekehrt). Das solchermaßen vom Objekt abgeschlossene, in sich eingeschlossene Denken ist sich selber Subjekt und Objekt.
Aus Anlaß seines ersten Auftretens im Roman wird der «Gedankenmensch» Strauch auf die folgende bildhafte Formel gebracht: «Widerwillig, wie ich glaubte, bewegte sich der Maler von einem Baumstumpf zum andern. Stützte sich auf seinen Stock, mit dem er sich dann antrieb, so als wäre er Viehtreiber, Stock und Schlachtvieh in einem» (F 9). Sehen wir von den leitmotivischen Bedeutung ab, die im Roman dem Begriffsfeld Schlachthaus, Schlachtvieh, schlachten etc. zukommt, kann das Vergleichsbild, auf sein formales Gerüst reduziert, heißen: In sich (sein Denken) eingeschlossen, ist er Subjekt und Objekt seines Denkens, ebenso, durch sein Denken, von sich, als dem Objekt seines Denkens, unterschie-

den. Und wieder umgekehrt: auch das von ihm Unterschiedene ist doch immer er selbst. So interpretiert, bedeutet das Bild die Form, die Erfahrung, Selbsterfahrung wie Welterfahrung, weil es das «neutrale Gehirn» nicht mehr gibt, angenommen hat. Die Metapher «Baumstumpf» signalisiert (wie in WATTEN die «faule Fichte») diese verkrüppelte Form von Erfahrung und also eine verkrüppelte (geistig verkrüppelte) Existenz.
Die Gleichung des Novalis: «Was außer mir ist, ist gerade mein — und umgekehrt»[6], sie wird jetzt zur Formel für das Tautologische des in seinem Zwiespalt sich reproduzierenden Denkens. Sowie es auf ein Ziel hin sich in Bewegung setzt: auf einen Gegenstand, ein menschliches Gegenüber, in der Absicht wahrzunehmen, zu verstehen, zu begreifen, oder umgekehrt in der Absicht, sich verständlich zu machen, bewegt es nur sich «von sich fort auf sich zu» (V 164).
Der Vorgang von Erkenntnis wird dem eingeschlossenen Denken zum bloßen «Vermutungsspiel» (P 29). Durch Vermutungen versucht es sich einem Sachverhalt anzunähern bzw. einen Ausweg zu finden aus seinem Spiegellabyrinth. Der Erzähler in der Prosa DIE MÜTZE hat auf einem seiner täglichen Gänge (in nächtlicher Finsternis) eine Mütze gefunden, eine Schildmütze, «wie sie die Fleischhauer, aber auch die Holzfäller und die Bauern in der Gegend auf dem Kopf haben». Er fragt sich, was er mit der Mütze tun solle. «Angenehm, eine solche Mütze, dachte ich, aber du kannst sie nicht aufsetzen, weil du weder ein Fleischhauer, noch ein Holzfäller, noch ein Bauer bist». Vielleicht, denkt er, habe sie einer der Holzfäller verloren. «Oder ein Bauer? Oder ein Fleischhauer? Wahrscheinlich ein Holzfäller. Ein Fleischhauer sicher! Dieses Hin- und Herraten, wer die Mütze verloren haben könnte, erhitzte mich. Zu allem Überfluß beschäftigte mich auch noch der Gedanke, was für eine Farbe die Mütze wohl hat. Ist sie schwarz? Ist sie grün? Grau? Es gibt grüne und schwarze und graue... wenn sie *schwarz* ist... wenn sie *grau* ist... *grün*... In dem fürchterlichen Vermutungsspiel entdeckte ich mich noch immer auf der selben Stelle, auf welcher ich die Mütze gefunden habe.» (P 28 f) Er geht nach Parschallen, wo, wie er glaubt, der Besitzer der Mütze wohne. Er spricht bei den Fleischhauern, Holzfällern, Bauern vor. Überall wird er beschimpft, wird ihm die Türe zugeschlagen oder wird er vor die Türe hinausgeworfen, beargwöhnt als Landstreicher, Dieb, Verbrecher, bzw. annehmend, daß er als Landstreicher, Dieb, Ver-

brecher beargwöhnt werde. Das selbe Spiel in Burgau, wohin der letzte der Parschallener Bauern ihn schickte. Aber auch keiner der Burgauer Fleischhauer, Holzfäller, Bauern hat die Mütze verloren. «Jeder hat die gleiche Mütze auf, sagte ich mir, als ich den Heimweg nach Unterach antrat, ‹alle dieselbe Mütze, alle›, sagte ich. Plötzlich lief ich, und ich fühlte gar nicht mehr, daß ich lief, nach Unterach hinein, und ich hörte von allen Seiten: ‹Du mußt die Mütze zurückgeben! Du mußt die Mütze zurückgeben!› Hunderte Male hörte ich diesen Satz: ‹Du mußt sie ihrem Besitzer zurückgeben!› Aber ich war zu erschöpft, um auch nur noch einen einzigen Menschen zu fragen, ob er vielleicht die von mir gefundene Mütze verloren habe. Ich hatte keine Kraft mehr. Ich hätte ja noch zu Dutzenden von Fleischhauern und Holzfällern und Bauern gehen müssen. Auch habe ich, wie mir einfiel, als ich bei mir zu Hause eintrat, schon Schlosser und Maurer mit einer solchen Mütze gesehen. Und wer weiß, ob sie nicht einer aus einer ganz anderen als der oberösterreichischen Provinz verloren hat? Ich hätte noch Hunderte, Tausende, ich hätte noch Hunderttausende von Männern fragen müssen. Niemals, glaube ich, war ich so erschöpft, wie in dem Augenblick, in welchem ich mich entschlossen hatte, die Mütze zu behalten.» (P 35 f.).

Alle Anläufe, den Besitzer der Mütze ausfindig zu machen, das heißt, ihre Identität (und dadurch mittelbar die eigene) zu bestimmen, führen zu immer größerer Unbestimmtheit und schließlich gänzlicher Auflösung des zu Bestimmenden. Es wäre demnach im Verhältnis Mütze zum zugehörigen Kopf unter anderem die Form des Urteils zu sehen. Dem Bemühen des Erzählers entspräche dann das Postulat Moros, man müsse «aus dem Zustand der Beobachtung heraus in den Zustand der Beurteilung kommen» (U 41). «Annäherung an den Gegenstand allerdings (...) entzieht uns den Gegenstand» (U 41). Dadurch aber gehorcht das «Vermutungsspiel» zunehmend den auf der zweiten Seite der Erzählung genannten «erbärmlichsten Kategorien der Selbstbetrachtung»: «ständig alle meine Auswege betrachtend, ohne einen Ausweg zu finden» (P 17). Eine Vermutung, die als zutreffend verifiziert, das heißt, in den Stand eines Urteils erhoben werden könnte, wäre ein Ausweg. Dazu wäre aber wieder das «neutrale Gehirn», das nicht vorhandene tertium comparationis, erforderlich (was im besondern Fall auch hieße: ein gesellschaftliches Allgemeines, mit dem das Besondere, damit es seine Identität finde, zu vermitteln wäre). Jede

Vermutung, als möglicher Ausweg, ist ein *unmöglicher* Ausweg: Vermutungen anstellend, mauert das Denken sich in sich selber ein. Daß der Erzähler die Mütze für sich behält («Niemals, glaube ich, war ich so erschöpft») würde also das Tautologische seines Denkens bedeuten, und zwar nicht allein bezüglich einer Erkenntnis, sondern auch bezüglich des Versuchs, mit einem anderen Menschen in eine «brauchbare Beziehung» (F 194) zu treten. — Von der Dämmerung, von der Finsternis, die aus dem Hochwald in das Haus hereindrängen, davon, wie diese (metaphysische) Dämmerung und Finsternis (Metapher für die «philosophischen Irreparabilitäten» (U 50)) auf ihn einwirkten, sagt der Erzähler, sei die Rede. Vor ihr, dieser Dämmerung und Finsternis, die er am meisten fürchtet, flieht er und kehrt nach seinem Gedanken-Gang, dem durch Dämmerung und Finsternis bedingten, von ihr beherrschten, in sie zurück (ins Haus zurück), ihr so unausweichlich ausgeliefert wie kaum zuvor. — «Ich weiß keine Straße mehr die hinausführt / ich weiß keine Straße mehr / komm hilf / ich weiß nicht mehr / was mich befallen wird / in dieser Nacht / ich weiß nicht mehr was Morgen ist / und Abend / ich bin so allein / o Herr» (*in hora mortis* 9).

Das selbe Denken, weil immer auf das Ganze, die «einzige Wahrheit» bezogen, ist andererseits, als mit sich selber kurzgeschlossen, apodiktisch. In sich schlüssige Folgerungen sind jederzeit nur vorgetäuscht und kehren unweigerlich zurück in die Prämisse als ihr Resultat («ein Resultat also, das mir bekannt ist, weil mir bereits das Ganze bekannt ist» (I 91)), gemäß einer Konsequenz, die nicht die überprüfbare von Grund und Folge ist, sondern, mit Strauch gesagt, die «Verpflichtung des eigenen Abgrunds» (F 93): «Der Fuhrmann sagt» — jetzt folgt, kursiv gedruckt, die These — «*der Lehrer sei ein armer Mensch*. Ein armer Mensch? frage ich. Ja, sage ich, der Lehrer ist natürlich ein armer Mensch. Dazu fällt mir ein, daß der Lehrer nichts von dem, was er hat erreichen wollen, erreicht hat. Zu Hochschulstudien, wie er sie sich gewünscht hat, ist der Lehrer niemals gekommen. Die Naturwissenschaft oder die Musik, hat sich der Lehrer immer wieder gesagt, studieren. Aber er hat weder Naturwissenschaft noch Musik studiert. Er wäre aber auch kein Naturwissenschaftler geworden, sage ich zum Fuhrmann, auch kein Musiker. Der Lehrer wäre immer nur Lehrer geworden, sage ich. Aber auch als Lehrer ist der Lehrer gescheitert, sage ich. Dreißig Jahre hat er sich vorgemacht, er sei Lehrer, aber in Wirklichkeit ist er nicht einmal Lehrer, sondern nur ein armer Mensch, wie Sie ganz richtig sagen, sage ich zum Fuhrmann» (W 82). Der Gedankengang, eine Möglichkeit nach der andern als Unmöglichkeit ausweisend, baut einen Ausweg nach dem andern zu (bzw. vergewissert sich, daß er nicht besteht) und bekräftigt, wovon er ausgegangen ist: die grundsätzliche Unmöglichkeit, Heillosigkeit einer Existenz, von Existenz schlechthin.

Als das «neutrale Gehirn», auf dessen Nichtvorhandensein Karl in seinen Papieren die «philosophischen Irreparabilitäten» (U 50) zurückführt, auf das aber doch alles bezogen sei, könnte in jener utopischen Gesellschaft, in der das Besondere frei mit dem Allgemeinen vermittelt wäre, wo also die Sache auf ihren Begriff zu bringen wäre und umgekehrt dieser der Sache zum Bewußtsein verhülfe, die Sprache gelten. Indem aber Sprache, als symbolische Darstellung herrschender Ideologie, die von ihr bedeuteten Sachverhalte erst erschafft, ihre Begriffe und Strukturen allein gesellschaftlichen Schein reproduzieren, stellt sie, wie es in Handkes erstem Roman DIE HORNISSEN heißt[7], sich als «taube Wand», Wahrnehmung und Erkenntnis verhindernd, zwischen Subjekt und Objekt, sowie, Verständigung verhindernd, zwischen Subjekt und Subjekt, und sie trennt das Subjekt von sich selber, Selbstsein und Selbsterkenntnis verhindernd[8].
Eine Aufzeichnung des Erzählers in AMRAS: «Der Bach ist zu, der Frühling ist zu, der Sommer ist zu, Menschen, Tiere, Empfindungen, alles... das gesprochene Wort, das die Welt einfach abschließt» (A 83) — umgekehrt: uns *ein*schließt: «Es ist alles Lüge, was gesagt wird. Die Phrase ist unser lebenslänglicher Kerker.» (W 23) — «Die Wörter sind dazu geschaffen, das Denken zu erniedrigen, ja, er gehe sogar so weit zu sagen, die Wörter seien dazu da, das Denken abzuschaffen», sagte Konrad (K 147), der, weil es so ist, nie dazu kommt, seine Studie, obschon fertig im Kopf, auch niederzuschreiben, «aufs Papier zu kippen». Auf der einen Seite also ein Denken, das unter der Schwelle der Artikulierbarkeit bleibt (die Begriffe, sagt Moro (U 29), seien jene, «welche am weitesten von uns entfernt sind. Insofern sind die Begriffe keine Begriffe»), ein Denken, in das Umwelt als Inbegriff von «Verletzungsmöglichkeiten» (K 245) und die Wörter, die Begriffe nicht heißen können, als «Reiz- und Empfindlichkeitswörter» (Handke)

hereinreichen, im Innern Verstörung bewirkend ... im andern Extrem Absorption des Denkens (wodurch es «abgeschafft» wird) durch die verdinglichte Sprache.[9]
Was Konrad von den Wörtern sagt, wiederholt er — folgerichtig — an anderer Stelle (K 81) bezüglich der Gesellschaft: daß sie nichts so sehr verfolge wie Gehirn und Gehör, wo immer sie sich zeigten; die völlig gehirn- und gehörlose Masse wäre ihr Ideal (K 81). Die «geschlossene» oder, wie der Historiker Reinhard Wittram[10] sagt, stillgelegte Sprache (ans stillgelegte Kalkwerk ist zu denken): undialektisch, ahistorisch, gegen Erfahrung und Denken abgedichtet, sie ist die Sprache der geschlossenen, nur mehr blind funktionierenden verwalteten Gesellschaft. Konrad: «Alle funktionieren, es gibt keine Menschen mehr.» (K 26). Auf Horváth sei verwiesen, dessen Herr Reithofer prophezeite, daß bald «alle echten Menschen zugrundegehen» würden, daß es dann nur noch «künstliche Menschen» gebe[11]. Auch in Horváths Werk hat diese — noch gar nicht so weit gediehene — Künstlichkeit ihre Entsprechung in einer weitgehend zum Zitat verfestigten Sprache, die Erfahrung und Denken verhindert.
Die stillgelegte Sprache reproduziert nurmehr sich selbst (weil die bürokratisch-technokratische Gesellschaft nurmehr ihren Leerlauf reproduziert). Sie lasse zu nichts besser sich gebrauchen, schreibt Oswald Wiener im Roman DIE VERBESSERUNG VON MITTELEUROPA, als zu sagen, was andere sagten[12]. Dem entspricht Helmut Heissenbüttels poetische Doktrin der Reproduzierbarkeit. Der Fürst (V 169): «Das Zitieren geht mir auf die Nerven. Aber wir sind eingeschlossen in eine fortwährend alles zitierende Welt, in ein fortwährendes Zitieren, das die Welt *ist*» (als das Unwahre und das Nichtwissen, im Gegensatz zum Wahren und wahren Wissen, das die «Luft» sei).
Alles, was wir im Roman DAS KALKWERK über Konrad und seine Frau erfahren, sind Aufzeichnungen des Erzählers (ausgerechnet eines Agenten in Lebensversicherungen), entweder von bloßen Gerüchten oder von Äußerungen verschiedener Personen, die mit Konrad in Berührung kamen und die wiedergeben, was sie sahen oder was er zu ihnen sagte, oder auch, was sie selber bloß andere über die Konrads sagen hörten. Die Wahrheit über die Konrads entzieht sich gerade hinter den Zitaten, die von verschiedenen Seiten ihr sich annähern. Statt Wahrheit im besten Fall Wahrscheinlichkeit, statt Erkenntnis ein «Vermutungsspiel». Gemessen an der

ungeschriebenen Studie, daran, die Sache selbst in ihrer Wahrheit, in ihrem «einzigen Gedanken», sich entfalten zu lassen, ist der Roman das Protokoll eines wenn auch notwendigen Scheiterns.[13]
Am Gegenpol solchen Zitatenbetriebs steht die den Roman FROST dominierende Sprache Strauchs. Sie folgt ihrer eigenen «Grammatik des Ausdrucks der Empfindung»[14], entfernt sich also so weit als nur möglich von einer «Grammatik nach dem Muster von Gegenstand und Bezeichnung»[14] und nimmt zwangsläufig, hinsichtlich ihrer Begrifflichkeit, den Charakter einer nicht mehr kommunizierbaren Privatsprache an («Ich arbeite mit meinen Begriffen, die ich dem Chaotischen abgehandelt habe, ganz aus mir» (F 66)), oder sie funktioniert a-begrifflich, durch affektiv ihre Bedeutung übermittelnde Schmerzwörter, durch eine Syntax, welche die Dynamik eines Affekts, einer Art zu denken, nachvollzieht. Der Erzähler ahnt zumeist mehr, was der Maler sagen will, als daß er ihn verstünde (bzw. er versteht ihn, aber es ist kein diskursives Verstehen, sondern eines durch Identifikation), und der Maler weiß um die Unzulänglichkeit und letztlich Vergeblichkeit seiner Wortkatarakte, immer am Rand zum Verstummen, darüber hinaus. — Die Alternative heißt, im Extrem, Verstummen oder Zitieren, und sie ist kennzeichnend für die Literatur der Moderne, abzulesen am Spätwerk Paul Celans und Günter Eichs, am Werk Konrad Bayers, bei Jürgen Becker, Gerhard Fritsch, bei Handke, Jonke, Wiener, Heisenbüttel. Vom Buchstäblichen (das, nach Adorno[15], das «Barbarische» ist) würde immer alles vernichtet, sagt der Fürst: «Und man kann nicht mehr anders, als ins Buchstäbliche hineingeboren werden. Wenn wir den Mund aufmachen, begehen wir Rufmord, gleichzeitig Rufmord und Selbstmord. Aber wenn wir den Mund *nicht* aufmachen, sind wir bald verrückt, wahnsinnig, nichts mehr.» (V 199)
Dem Kopf, der nicht bewußtlos der Heteronomie des Buchstäblichen verfallen ist, bleibt, um nicht in der wahnsinnsgemäßen Isolation gänzlichen Verstummens zu ersticken, die Möglichkeit, «Sätze so zu bilden, wie sie glauben, daß sie gebildet gehören» (U 67), dadurch den Schein wenigstens von Verständigung aufrechtzuerhalten. Oswald Wiener[16] beschreibt ausführlich, wie jemand, nachdem er aus der Sprache herausgefallen ist, sie ihm, als — hinsichtlich Struktur und Begrifflichkeit — seiner Erfahrung inadäquat, zum sinnlosen Geräusch geworden war, lernt, wie man schwim-

men lerne, Sprechen zu *spielen,* alles in Anführungszeichen zu sprechen... wie auch der Fürst sagt: «Alles was ich sage, ist in Anführungszeichen gesagt» (V 178). Es ist dies die List des denkenden Einzelkopfs, in der Gesellschaft gegen sie sich zu behaupten, ohne an ihren Trug und an ihren Stumpfsinn sich zu verlieren. Oehler: «Wir können nur immer wieder Ja sagen in dem, zu welchem wir bedingungslos Nein sagen müssen.» (G 46) Und: «Nur dadurch, daß wir Handlungen und Dinge als Handlungen und Dinge bezeichnen, die diese Handlungen und Dinge überhaupt nicht sind, weil sie diese Handlungen und Dinge überhaupt nicht sein können, kommen wir weiter, nur dadurch, sagt Oehler, ist etwas möglich, ist also alles möglich.» (G 16) Das heißt, nur als Lüge, Fiktion, Als-Ob, nur als *Theater* ist alles möglich. — Schon 1901 hatte Fritz Mauthner lakonisch festgestellt (in seiner ungemein kühnen, vorausblickenden, überdies brillant geschriebenen KRITIK DER SPRACHE: «Die Sprache verbindet die Menschen nicht, aber sie ist ein Zeichen der Verbindung.[17]» Demgemäß der Fürst: «Jeder spreche immer eine Sprache, die er selbst nicht verstehe, die aber *ab und zu* verstanden wird. Dadurch könne man existieren und also wenigstens *miß*verstanden werden. Gäbe es eine Sprache, die verstanden wird, sagte der Saurau, erübrig(t)e sich alles.» (V 168).

Der orientierenden Mitte verlustig, ohne den «Boden unter den Füßen», von dem der Kulterer spricht (B 19), versucht das Denken sich gleichsam an sich selber festzuhalten bzw. — im Versuch, seine Isolation zu durchbrechen — sich von sich abzustoßen. Obzwar nicht konzentriert, aber Konzentration imitierend, bildet es rudimentäre Zentren, so daß sich als Fortgang des Erzählens eine ruckweise Abfolge von kleinern oder größeren Stauungen ergibt, auf die Zeitgerade aufgetragene Zentren verschiedenen Umfangs, sie fortgesetzt durchbrechend, ihr aber insgesamt, naturgemäß, doch nicht entrinnend, obschon, wie wir wissen, gerade dies solchem Erzählen als Utopie vorschwebt: «alles in einen einzigen Satz zu sagen» (P 27), der sprachlichen Entsprechung des «einzigen Gedankens». Als solche ‹Stauungen› wirken sich die Spiegelungen, Inversionen von Wortverbindungen, Wortgruppen oder ganzen Sätzen aus: schwarzgrün — grünschwarz (V 111); Hirn und Maul — Maul und Hirn (F 128), mir und ihm — ihm und

mir (V 98); einen Schwerverbrecher als Bruder — einen Bruder als Schwerverbrecher (V 76), Lächerlichkeit als Peinlichkeit — Peinlichkeit als Lächerlichkeit (K 82); eine perfide Ungezogenheit — eine ungezogene Perfidie (P 38); man kann es zurückdrängen — zurückdrängen kann man es (F 126), daß ich in dieser Tatsache allein bin — daß ich allein bin in dieser Tatsache (V 116) usf. Beispiele begegnen auf fast jeder Seite. Thematisch sind diese Sprachformen (Denkformen) in einer Gruppierung wie «Körper, Verstand, Kopf, Verstand, Körper» (M 43): Spiegelachse, Zentrum, ist der «Kopf», ist das Denken in seiner Bewegung «hin und her, her und hin» (V 293), von sich zu sich: als stete Erneuerung des Leidens an seinem Eingeschlossensein ein «philosophischer Masochismus — masochistischer Philosophismus» (U 22).
Die letzten drei Gruppen von Beispielen — Zentrierung durch Austausch grammatischer Funktionen (das Adjektiv wird zum Substantiv, das Substantiv zum Adjektiv), sowie durch Umstellung der Satzglieder — leiten über zu der Zentrierung durch Umfunktionieren von Satzgliedern und Gliedsätzen im Satzgefüge: «Diese jungen Menschen habe ich gelehrt, wie man eine Welt, die vernichtet gehört, vernichtet, aber sie haben nicht die Welt vernichtet, die vernichtet gehört, sondern haben mich, der ich sie gelehrt habe, wie man die Welt, die vernichtet gehört, vernichtet, vernichtet.» (W 77) (Auch in diesem Beispiel ist eine Form der Rückbezüglichkeit thematisch: diejenige der Selbstdestruktion, als welche aus Notwehr erfolgende Destruktivität gegen Sprache bzw. Gesellschaft gegen das Subjekt selber sich kehrt). — Grammatisches Umfunktionieren bedeutet eine Verschiebung des Blickwinkels, der Perspektive, und wo Umfunktionieren zum Selbstzweck wird, Primat der Perspektive über den Gegenstand (zentrales Motiv in Konrad Bayers Roman DER SECHSTE SINN), Dominanz des Denkens (als spontanen Akts) über mögliches Gedachtes, über mögliche ‹Inhalte›. Diese Dominanz ist sinnfällig vor allem in den zahllosen, von den Verben denken und sagen beherrschten Satzgefügen.
Das betrifft erneut die «Technik der Zitatenmontage» (Knapp/Tasche), die die Mechanismen des eingeschlossenen Denkens zur Voraussetzung hat. Ich erinnere an die zitierte Beschreibung des ersten Auftretens Strauchs (F 9); später sagt er: «Ich laufe immer hinter mir her» (F 28), und an anderer Stelle, er bleibe oft stehen und drehe sich um, in der Meinung, von hinten angerufen zu wer-

den (ein Gefühl, das der Erzähler, wie er sagt, auch habe), aber er sehe nichts (F 56). Oehler: «Die Wahrheit ist, daß sich Karrer ständig beobachtet fühlte und daß er immer so reagierte, als fühlte er sich ständig beobachtet, dadurch hatte er nie auch nur einen einzigen Augenblick Ruhe.» (G 68) Er fühlt sich beobachtet von sich als einem andern; und es gilt auch das Umgekehrte: «Wenn wir uns selbst beobachten, beobachten wir ja niemals uns selbst, sondern immer einen andern.» (G 87) Strauch duldet nicht, daß der Erzähler hinter ihm geht, stößt ihn mit seinem Stock vor sich her: er verhält sich zu ihm wie zu sich als dem Objekt seines Denkens, und er fühlt sich von ihm, sofern er hinter ihm geht, verfolgt als von seinem eigenen Denken, von sich als dem Subjekt seines Denkens. Solches Verhalten ist in der Erzählstruktur insofern nachvollzogen, als den Protagonisten immer ein Beobachter beigegeben ist. In der Regel ist dem Erzähler diese Rolle zugewiesen: In FROST, wo er, ein Arzt, den Maler Stranch im Auftrag seines Bruders, des Arztes Strauch, zu beobachten hat; in AMRAS, wo der Erzähler der Beobachter seines Bruder und Herausgeber von dessen Aufzeichnungen (Selbstbeobachtungen) ist. In UNGENACH teilt der Erzähler unter anderm Papiere seines Bruders mit, die, unter anderm, Beobachtungen, ihn, den Erzähler, betreffend, enthalten. In WATTEN hat der Erzähler, wieder ein Arzt, von einer Drittperson den Auftrag erhalten, alle seine Wahrnehmungen des vorangegangenen Tages aufzuzeichnen, das heißt, den Auftrag der Selbstbeobachtung. Der Erzähler in GEHEN gibt Beobachtungen über Karrer und Oehler wieder, Beobachtungen, sein Verhältnis zu Karrer und Oehler betreffend, Beobachtungen Oehlers, Karrer betreffend sowie sein (Oehlers) Verhältnis zu Karrer und zum Erzähler, ferner Beobachtungen Oehlers, den Nervenarzt Scherrer betreffend und dessen Reaktionen auf die Karrer betreffenden Beobachtungen, die er (Oehler) ihm mitgeteilt habe. Besonders kompliziert, eine Kette von Reflexionen als Reflexion der Reflexion usf. bildend (ich beobachte mich als Beobachtenden usf.), sind die Verhältnisse in VERSTÖRUNG: Der Erzähler, Sohn eines Arztes, begleitet seinen Vater — «studienhalber» (V 98) — auf dessen Krankenbesuchen. Zuletzt, auf der Burg Hochgobernitz, beobachtet er den in endlosem Selbstgespräch begriffenen Fürsten, und er beobachtet die Rolle seines Vaters, Beobachters des sich selber beobachtenden und seine Beobachtungen, seinen Sohn sowie Bewerber um eine Verwalterstelle betreffend, sowie die Beobach-

tung dieser seiner eigenen Beobachtungen mitteilenden Fürsten. Im Erzählduktus erscheint solcherart potenzierte Reflexion als mehrfache Brechung der Erzählperspektive, und im weitern, da das Denken beliebig zwischen den verschiedenen Graden von Reflexion hin und her springt, als deren Verschachtelung, als fortgesetzter sprunghafter Wechsel der Modi — direkte und indirekte Rede, Indikativ und Konjunktiv — sowie der Zeitformen.
«‹Aber überhaupt, sagte ich doch›, sagte der Fürst, ‹ich sagte, lächerlich das zu sagen, überhaupt hatte ich den Eindruck, daß der Mann seine Kräfte überschätzt. ‚Sie überschätzen Ihre Kräfte bei weitem!' sagte ich›». (V 94)
«Traf man einander, sagte der Wirt zum Reisenden, sagte der Fuhrmann, kam man sofort auf den Siller. Er sei nur mit einer langen braunen Wochentagshose und mit einem grauen Wochentagshemd bekleidet gewesen, sagten die beiden, der Wirt und der Reisende, sagte der Fuhrmann, der Reisende sagte wieder, daß er aus der Hosentasche des Siller eine Samtagsausgabe des Linzer Tagblattes habe herausschauen sehen, die aber dann, wie man den Siller vom Baum heruntergeschnitten hat, merkwürdigerweise, sagte der Reisende jetzt, meinte der Fuhrmann, nicht mehr in der Hosentasche des Sillers gesteckt habe. Ich habe aber mit meinen eigenen Augen gesehen, habe der Reisende gesagt, sagte der Fuhrmann, daß in der Hosentasche des Siller das Linzer Tagblatt steckt.» (W 44)
Was solches Erzählen praktiziert, ist die von Moro (U 29) so genannte «Spiegelung aller Gehirne», als welche die Vervielfältigungen des einen, sich in sich spiegelnden Gehirns des Erzählers sich darstellen. Dieser «Gedankenbetrieb» (F 95) ist Zerrbild von Strauchs utopischer Poesie des Augenblicks, Pervesion der Form der aus dem eigenen Denkmittelpunkt als dem Mittelpunkt des Universums heraus erfolgenden Erkenntnis jener «allerkürzesten Augenblicke», von denen im Zitat aus AMRAS die Rede war. Zwar ist darin gleichfalls das Kontinuum von Zeit, Ursache und Folge, die Kontiguität von Ereignis durchbrochen, und es gilt, im Hinblick auf die sprunghaft wechselnden Modi und Zeitformen, was der Erzähler von Strauch sagt (F 63): «Wie er Zukunft, Gegenwart und Vergangenheit in sich selber vereinigen konnte und dieses Spiel entwickelte, bis er es oft schon nicht mehr ganz zu überblicken vermochte.» In solchem «Spiel» aber ist Zeit nicht aufgehoben (und ist demgemäß nicht die Grenze zwischen Subjekt und Objekt

aufgehoben), wie sie aufgehoben ist in der «einfach durchforschbaren reinigenden Unendlichkeit» des ‹stehenden Augenblicks›, sondern nur als objektive, erfüllte, *negiert* in der Rückbezüglichkeit aller Vorstellungen an die Spontaneität des Denkens. Es ist nicht alles *konzentriert* im Einen als in seinem «einzigen Gedanken», sondern es ist alles *beherrscht,* und zwar von subjektiver Willkür. Die einzige Wahrheit aller Vorstellungen ist die abstrakte des subjektiven «Ich denke».

In dieser ihrer «einzigen Wahrheit», also nur gerade aus Spontaneität (Negativität), als jene «Kraft zum Widerstand», die, wie Adorno in einem seiner letzten Aufsätze schrieb[18], Denken «vor allem besondern Inhalt» sei, behauptet Subjektivität, als — wenngleich abstrakt — autonome, sich gegen das schlechte Allgemeine von Sprache bzw. Gesellschaft. Sofern also hinsichtlich der jederzeit an die Spontaneität des Erzählsubjekts rückbezogenen Erzählweise von einem «Distanzierungsprogramm» (Knapp/Tasche) gesprochen werden kann, dann nicht allein im Sinne einer Distanzierung von sprachloser, wahnsinnsgemäßer Erfahrung, sondern gleichermaßen vom Zwang zu Heteronomie, den Sprache, ihrerseits «vor allem besondern Inhalt», darstellt und gegen das Denken ausübt. In solcher Erzählweise wird Sprache, wie Oswald Wiener verlangt, und worauf Bernhards kategorische Forderung nach «Auflösung aller Begriffe» (Büchnerpreis-Rede, V 204) zielt, «verschlissen» (Wiener). Im Bereich von Gesellschaft und Politik kehrt die Forderung wieder als «Liquidation» überlieferter Strukturen (Besitztümer), als Entfesselung von «Anarchie», hinsichtlich der eigenen Existenz als die Forderung, alles wegzuwischen (Jg 106), Schluß zu machen (z. B. G 13).

Als subjektives, das heißt, als menschliches, bleibt Denken verwiesen an sein anderes. Indem aber dieses nur immer wieder es selbst ist — es selbst sich als Objekt, als seine Vorstellung —, ist es von sich als von seinem andern *beherrscht.* Seine Spontaneität ist gleichermaßen Obsession. «Das ganze Leben: ich will nicht ich sein. *Ich* will sein, nicht *ich* sein...» (A 64). An diesem Fels zerschlägt Handkes Quitt sich den Kopf[19]. — Meine Vorstellungen beherrschend, bin ich von ihnen beherrscht, die Sprache beherrschend, bin ich von ihr beherrscht. Ich bin von mir als von meinen Vorstellungen, meiner Sprache, beherrscht. Gegen meine Vorstellungen, meine Sprache, vorgehend, gehe ich gegen mich selber vor, wie beispielsweise der Vater des Fürsten, in VERSTÖRUNG, gegen sich selber vorgegangen ist, wie der Erzähler in WATTEN gegen sich selber vorgeht usf. Wäre die Forderung nach «Auflösung aller Begriffe» (der Sprache) erfüllt, hätte ich aufgehört zu denken, aufgehört zu sein — wie anders ich aufhören würde zu denken und also zu sein, wenn ich an meine Vorstellungen, meine Sprache, mich preisgäbe. *Ich* kann nicht sein, ohne *ich* zu sein. Für jeden Begriff, jede Vorstellung, den (die) ich auflöse, springt ein anderer (eine andere) ein, und alle bedeuten für mich das gleiche. So hetzt Denken, willens, seiner Verdinglichung (Abschaffung) zu entgehen, nur immer sich im Kreis herum. Der Mechanismus ist analog demjenigen des Vermutungsspiels, weil Freiheit, als erfüllte Autonomie (bzw. deren Unmöglichkeit) Freiheit zum Objekt (bzw. deren Unmöglichkeit) mit einschließt und umgekehrt. Alle Begriffe, als aufgehoben in der einfach durchforschbaren reinigenden Unendlichkeit, haben für den Kulterer dasselbe bedeutet: Konzentration. Für mich, als isoliertes Subjekt, bedeuten alle mein Eingeschlossensein, meine Obsession, und also Irritation.

In Beispielen wie dem folgenden dreht sich das Denken um eine einzige Vorstellung, um ein einziges Wort, von dieser einen Vorstellung, diesem einen Wort beherrscht (irritiert, attackiert) und in eins damit es verschleißend. Es hetzt sich mit diesem Wort (bzw. wird von ihm gehetzt) im Kreis herum, bis die gegenständliche Bedeutung als bloßer Katalysator der Bewegung von dem Wort abfällt: «Endlich die Brille! wiederholt sie, es mache ihr nichts aus, daß sie acht Wochen lang auf die Brille warten und fast zehnmal wegen dieser Brille in die Stadt habe fahren müssen, daß sie der Optiker so lange zum Narren gehalten hatte, die Optiker halten einen immer zum Narren, sie habe ihre Brille, und die Brille sei gut, gut und schön, und sie will mir die Brille zeigen und nimmt die Brille herunter, und ich sage, sie solle die Brille wieder aufsetzen, und sie setzt die Brille wieder auf, und die Brille zerfällt. In sieben oder acht Stücke zerfällt die Brille. Ja, sage ich zum Fuhrmann, wie mit dieser Brille, ist es mit allem.» (W 32) Anschließend bemächtigt die rotierende Bewegung sich des Wortes «Schnalle», dann des Wortes «Gummischuhe» usf. Das wohl exzessivste Beispiel findet sich in der Prosa GEHEN, in der Schilderung des Aufenthalts Oehlers mit dem während dieses Aufenthalts gänzlich wahnsinnig werdenden Karrer im rustenschacherschen Laden (G 53 ff, kulminierend Seite 73: «schüttere Stellen»). An der Konsequenz Karrer wird vollends deutlich, daß jede Vorstellung

stellvertretend gebraucht ist für eine Irritation, deren Ursache der aktuelle Anlaß nicht ist. Die je besondere Vorstellung ist Ersatzobsession, Ersatzirritation, und es kann darum irgend eine andere für sie einspringen. Biegierig, in zwanghafter Selbstquälerei, stürzt das Denken sich auf jede Irritationsmöglichkeit, um nur von der unerträglichen Irritation, von der es gerade beherrscht ist, loszukommen — und durch jede besondere sucht es doch nur von der einen umfassenden sich abzulenken. Vor ihr ist es auf der Flucht, von Unerträglichkeit zu Unerträglichkeit, und also immer unausweichlicher ihr sich ausliefernd: seinem «eigenen Abgrund» (V 167).
Die Stelle des die Irritation auf sich ziehenden einzelnen Wortes kann, im Fall einer vergleichsweise komplexen Vorstellung, ein Satz oder eine größere Einheit einnehmen, wie in der folgenden Sequenz aus VERSTÖRUNG, die sich um die Vorstellung dreht: Jemand bewirbt sich auf Grund eines Inserats um eine Stelle, ohne über die nötigen Qualifikationen zu verfügen. Es läßt sich in dem Maß, wie der Fürst in die Vorstellung sich hineinbohrt (von ihr beherrscht ist), der immer stärker werdende «Primat der Perspektive über den Gegenstand» feststellen, indem jene mit jeder neuen Umdrehung gewechselt wird — Beispiel dafür, daß Herrschen (hier: über die Sprache, über die eigene Vorstellung) und Beherrschtsein sich dialektisch bedingen. (Der besseren Übersicht halber habe ich die Drehungen numeriert und abgesetzt).
(1) «‹Unsinnig, daß er sich um die Verwalterstelle bewerbe. Eine Art von mysteriösem Größenwahnsinn seinerseits komme da deutlich zum Ausdruck, wo ihm doch sämtliche Voraussetzungen für die Stelle abgingen, fehlten, er habe nicht die geringsten Voraussetzungen dazu, sagte ich. Ich könne mir aber gut vorstellen, was ihn dazu veranlaßt habe, dem von mir aufgegebenen Inserat, so drückte ich mich aus, *nachzugehen*.
(2) Unsinnig, sagte ich», sagte der Fürst. ‹Ein Mensch liest in einer Zeitung ein Inserat, in welchem eine Stellung offeriert wird, von welcher dieser Mensch weiß, daß er sie nie bekommen wird, weil ihm, wie gesagt, die Voraussetzungen für diese Stellung vollkommen fehlen, dieses Inserat reizt ihn aber, er kann sich dem Inserat nicht mehr *entziehen*, er entzieht sich dem Inserat einfach nicht mehr, er bewirbt sich um die Stellung, er weiß, daß es absurd ist, sich um die Stellung zu bewerben, er erkennt, daß alles, was er in Bezug auf das Inserat tut, absurd ist, alles, und geht ihm doch nach.

(3 a) Das kann ich mir gut vorstellen, habe ich zu Zehetmayer gesagt›, sagte der Fürst, ‹daß ein Mensch ein Inserat liest und daß der Mensch glaubt, dieses Inserat sei für niemand anders als für ihn aufgegeben worden (bestimmt!), und daß der Mensch von dem Inserat völlig gefangen ist und sich, so unsinnig das auch sein mag, um die inserierte Stelle bewirbt. (3 b) Da er, Zehetmayer, sich völlig bewußt sei, nicht die geringste Voraussetzung für den von mir ausgeschriebenen Verwalterposten zu besitzen, sich bewußt sei, immer bewußt gewesen *ist,* daß er Lehrer sei, von Wald- und Forstwirtschaft, geschweige denn -wissenschaft nichts verstehe, die Natur nicht verstehe, weil er an die Einfältigkeit der Natur glaube, als ein willenloses Opfer der Natur, immer nur *in der Natur sei,* sei es nichts als krankhaft, sich um die Verwalterstelle zu bewerben›.»
(V 96 f)
Die Sequenz schließt sich gesamthaft zu einem Kreis, indem (3 b), quasi Coda des Ganzen, die Perspektive von (1) wieder aufnimmt, der abschließende Hauptsatz («krankhaft, sich um die Verwalterstelle zu bewerben») den gleichsam als These hingesetzten ersten Satz («Unsinnig, daß er sich um die Verwalterstelle bewerbe»).
Das Inserat, von dem der Fürst spricht, ist wieder eine Art Zentrum einer übergeordneten, sich über 28 Seiten erstreckenden Erzähleinheit, innerhalb derer von ihm, beziehungsweise um es herum, in mehreren Schüben die Rede ist, bevor es endgültig abgelöst wird (durch das Wort «Geräusch»). —

Wie im Urbild, als dessen Perversionen und Verstümmelungen wir alle die kleinern und größeren Erzähleinheiten zu begreifen versuchten, immer alles, das Ganze, gemeint ist, so ist in diesen die zwanghafte Tendenz zu einer über alle Grenzen, Beschränkungen, Bedingtheiten sich hinwegsetzenden Verallgemeinerung und Verabsolutierung isolierter Vorstellungen und Gedanken wirksam, sämtliche Proportionen auf groteske Weise verzerrend. Ich erinnere an das Brillen-Beispiel:... «die Optiker halten einen immer zum Narren»... und... «wie mit dieser Brille, ist es mit allem»... Ferner:... «was alles zwischen ihm und mir, mir und ihm, was alles betrifft» (V 98); «die Künstler, das sind die großen Erbrechenerreger unserer Zeit, das waren immer schon die großen, die allergrößten Erbrechenerreger» (F 111). Alle diese Übertreibungen, Steigerungen, Verallgemeinerungen wollen die begrifflichen Grenzen sprengen («Auflösung aller Begriffe»), es sind Versuche, aus dem

Kerker, aus der tödlichen Umklammerung auszubrechen, mit der Intensität der erlittenen Irritation. Die selbe Absicht wird verfolgt durch Kraftwörter wie Sprengladungen: «Gesetzesbrechermaschinist» (F 57), «Wirklichkeitsverachtungsmagister» (F 57), «Katastrophalcephalökonomie» (K 23) usf., durch das stereotype Attribut «ungeheuer» oder gar «ungeheuerlichst», durch Türme von Appositionen, Partizipalkonstruktionen usf.

Das Zeiterleben, das den beschriebenen Sprachformen bzw. Denkformen zugrundeliegt, stimmt im wesentlichen mit dem von Ludwig Binswanger für die manische Existenz als charakteristisch erkannten überein: «Die Zeit ist durch Fragmentierung momenthaft geworden; ohne Öffnung auf Vergangenheit und Zukunft kreist sie bald in Sprüngen, bald in Wiederholungen um sich selbst. Auf dem Grund so gestörter Zeitlichkeit muß die Ideenflucht mit ihrem charakteristischen Wechsel zwischen thematischen Wiederholungen und sprunghaften, unlogischen Assoziationen verstanden werden[20].» Insgesamt kann die Obsession des Denkens durch seine eigene Vorstellung, also durch sich selber, als krankhaft, ja, als Wahnsinn bezeichnet werden (in diesem Sinn ist Karrer wahnsinnig, ist der Erzähler von DIE MÜTZE nahe am Wahnsinn, desgleichen der Fürst usf.). Sogleich ist jedoch mit Michel Foucault zu erinnern, daß «die Inhalte des Wahnsinns ihren Sinn aus dem erfahren, was ihn als Wahnsinn abweist»[21]: In der Obsession des Denkens durch seine Vorstellungen (Sprache) reproduziert sich die Herrschaft des gesellschaftlichen Allgemeinen über das Besondere. Als Wahnsystem, als das es in Sprache sich darstellt, verhindert es Selbstsein und Sein zum andern — und ist eben dadurch einzig möglicher Inhalt meines Denkens, meiner Vorstellungen. So bin ich beherrscht von meinen Vorstellungen, die nicht die *meinen* sind, beherrscht von meiner Sprache, die nicht die *meine* ist, beherrscht von meinem Denken, das nicht *meines* ist. Als von etwas beherrscht, das, wie Strauch sagt (F 57), mit mir «gar nichts zu tun hat», bin ich von mir beherrscht, der ich ein anderer bin.

Diese Dialektik tritt besonders deutlich im Roman DAS KALKWERK hervor. Durch Isolation meint Konrad sich absichern zu können gegen eine Welt, die gekennzeichnet sei durch Lüge und Gewalt, durch den Mißbrauch der Natur durch den Menschen und des

Menschen durch den Menschen, die immer mehr veröde durch den
«Fortschritts- und also Maschinenwahnsinn» (K 221 f), der alle
Unterschiede, zum Beispiel von Stadt und Land, nivelliere (K 221),
einen «Gesellschaftsvermischungsprozess» bedinge (K 222), «an
dessen Ende der qualifizierte Mensch als Unmensch und das heißt
als Maschine herauskomme» (K 222). Seine Studie über das Gehör, an die er seine ganze Existenz gehängt habe (K 71), niederzuschreiben, was äußerste Geisteskonzentration und also Stille erfordert, wird ihm unmöglich gemacht durch eine Umwelt, die
nichts so sehr haßt, nichts so sehr verfolgt, als, wo immer sie sich
zeigen, Gehirn und Gehör (K 81). Um, wie er meint, die Studie,
und also sich selber, nicht preiszugeben zu müssen, bezieht Konrad zusammen mit seiner verkrüppelten, an den Rollstuhl gefesselten Frau das aufgelassene Kalkwerk, das er wie eine Festung vergittert und verrammelt. Das vermeintliche Idyll (K 98) ist in Wahrheit eine doppelte Einsamkeitshölle, deren Insassen reproduzieren,
wovor sie geflohen sind: Gewalt, Lüge, Mißbrauch, Unruhe (innere
Unruhe, bei äußerer Ruhe), Verödung («Geistes- und Gefühlsöde») (K 226). — Gewalt: Konrad erschießt seine Frau. Lüge:
Sie lebten beide im «Zustand der Dauerlüge» (K 97), «sie belüge sich, er belüge sich, dann belügten sie sich gegenseitig»
(K 97), «um einfach doch noch eine Zeitlang weiterzukommen»
(K 43). Das heißt, sie spielen sich Kontakt, Verständigung nur
vor: «Es habe längst keinen sogenannten Gedanken-, nurmehr
noch einen Wörteraustausch zwischen ihnen beiden gegeben»
(K 178); «wahrscheinlich tauschten sie, indem sie gegenseitig die
ganze Skala von Alltagswörtern und Notwendigkeitsfloskeln
austauschten, nurmehr noch gegenseitigen Haß aus» (K 178). Konrad mißbraucht die Frau zu sinnlosen Experimenten nach der Urbantschitschen Methode: er spricht Wörter in sie hinein und
testet ihre Reaktion, macht also sie zum Objekt in einem nur noch
als sadistisch zu bezeichnenden Vorgang, der, als wissenschaftliche
Erforschung der Kommunikationsfähigkeit, das Gegenteil ist von
Verständigung, vielmehr zur Voraussetzung hat, daß sie unmöglich geworden ist, ja, allenfalls noch mögliche verhindert (obschon
der Erfinder der Methode damit das Gegenteil beabsichtigt habe[22]).
Die Frau dagegen, die Konrads Pflege und Handreichungen bedarf, sekkiert ihrerseits ihn, wo immer möglich. — Trotz allem ist
man versucht zu sagen: Konrad liebt seine Frau (und umgekehrt). An
der Intensität eines unter Zwang verdrehten und verkehrten Ver-

haltens, an der wie immer gearteten Intensität ihrer beider Gemeinsamkeit läßt sich ablesen, wozu Liebe, die Beschwichtigung schönen Scheins verschmähend, durch die gesellschaftlich bedingte Verkrüppelung des Einzelmenschen im Extrem geworden ist.
Den Rückzug ins Kalkwerk setzt Konrad gegen den Willen der Frau durch; erpreßt zu der falschen Alternative Frau oder Studie (K 222) — und nur falsche Alternativen sind, der geschichtlichen Situation gemäß, in Bernhards Werk anzutreffen —, entscheidet er sich für die Studie. Für ihn, heißt es, sei die Studie alles, für die Frau sei die Gesellschaft alles (K 175). Gesellschaft und Studie (Kopf) bedingen und negieren sich wechselseitig. So sagt der Fürst, nie sei Hochgobernitz (Allegorie auch, unter anderm, des Kopfes) «so von der Welt abgeschlossen, gleichzeitig auf die Welt angewiesen» gewesen (V 223). Die Aporie reproduziert sich im zwischenmenschlichen Verhalten, indem Konrad und die Frau sich gegenseitig bis aufs Blut peinigen und doch aufeinander angewiesen sind. Durch die Entscheidung für die Studie richtet Konrad die Frau zugrunde und dadurch mittelbar sich selbst; würde er aber, um der Frau willen, auf die Studie verzichten, richtete er seine eigene Existenz, die ganz auf die Studie gestellt ist, zugrunde, und also — mittelbar — auch diejenige der Frau, die auf ihn angewiesen ist. Im Entschluß für die Studie, das heißt, für die Kopfexistenz, für authentische Subjektivität (bzw. deren Idee), ist Scheitern ebenso notwendig enthalten wie im Verzicht (der bedeuten würde: Preisgabe des Denkens an die Heteronomie des gesellschaftlichen Allgemeinen). Die Alternative heißt: willentlich, mit Bewußtsein, sich (und die Frau) zugrunderichten oder bewußtlos (zusammen mit der Frau), als «willenloses Opfer» (V 97), zugrundegehen: mittelbar durch die Gesellschaft zugrundegehen (durch sich selber als durch die Gesellschaft) oder unmittelbar durch die Gesellschaft; einer «indirekten Erpressung der eigenen Person» (K 222) nachgebend oder einer direkten.
Durch seinen Entschluß wird Konrad der Frau gegenüber — in ihren Augen zuerst und in den Augen der Außenstehenden, zuletzt vor sich selber — zum «Unmenschen» (K 221). Er wird *da*durch (willentlich, in eigener Verantwortung) zum «Unmenschen», daß er dem Nivellierungsprozeß entflieht, «an dessen Ende der qualifizierte Mensch» (unwillkürlich, verantwortungslos) «als Unmensch (...) herauskomme» (K 222). Aber auch wenn er an die Niederschrift der Studie denkt, schon wenn er aufwache, «überziehe ein

entsetzlicher wie Gehirnfäulnis schmeckender Film von Gewissensqual seine Umgebung und drücke auf seinen Hinterkopf» (K 161). Er ist auf jeden Fall schuldig und verurteilt, und dementsprechend erfährt er das Kalkwerk als Kerker, Arbeitshaus, Strafanstalt, Zuchthaus (21).

Alle Protagonisten Bernhards erleben ihre zwar willentlich gesuchte, aber doch erzwungene Isolation, unter der sie gleichermaßen leiden wie immer tiefer in sie hinein sich vermauern, als Schuld, als Verurteilung, als Strafe — nach moralischen Kategorien so wenig zu bemessen wie anders Schuld und Strafe im Werk von Kafka. Er wisse, daß er keine Schuld habe, sagt der Fürst, er habe sich immer bemüht, sich verständlich zu machen (V 224). Andererseits hat er immer den Eindruck, «daß er einem Höchstgericht ausgeliefert sei, um ihn herum stünden Geschworene, von denen er nicht wisse, wer sie seien» (V 194). Die Schuld also besteht unabhängig davon, ob einer sich bemühe; sie besteht in der objektiv verhängten Isolation als der Unmöglichkeit von Selbstsein und Sein zum anderen[23].

Eine Bestimmung dieser Schuld scheint mir nahegelegt durch zwei Träume Strauchs. Im ersten Traum bläht sein Kopf sich auf und rollt vom Hügel herunter, auf dem er gestanden war, Bäume und Menschen erdrückend. Hinter ihm war alles abgestorben, um ihn Finsternis (F 31 f.). Im zweiten Traum (F 242 f.) füllt sein Kopf das ganze Gastzimmer aus und zerquetscht die Menschen an den Wänden. «Gegenstände und Menschen zu einem Brei. Und die Gefühle der Gegenstände und der Menschen auch» (F 242). «Da weinte ich, weil ich alles getötet hatte» (F 243). — In beiden Träumen erscheint Schuld als tödliche Anmaßung des Kopfes gegen das Kreatürliche (das Konrad, wie er sagt, haßt), gegen Natur und Menschen. Das heißt, der in sich abgedrängte, sich in sich einmauernde Einzelkopf vollstreckt und erleidet für sich, was der Fortschritts- bzw. Maschinenwahnsinn objektiv herbeiführt: er (der Kopf wie der Fortschritts- bzw. Maschinenwahnsinn) unterwirft die Welt der «wilden Verhexung intellektuellen Grauens» (F 248).

Der «Fortschritts- und also Maschinenwahnsinn» ist die Folge einer auf Natur- und damit auch Menschenbeherrschung gegründeten Rationalität, welche, als diejenige der Wissenschaft, auf die Natur sich projiziert und solchermaßen sie «verfinstert» wie der aufgeblähte Kopf in Strauchs Traum. Ihr Begriff von Verstehen impli-

ziert experimentelle Nachprüfbarkeit, das heißt, Manipulierbarkeit («alles wird nurmehr gehandhabt», sagt Strauch (F 20)), ihre Verstehensmodelle sind Herrschaftsmodelle. Solche Rationalität, ob als theoretische (wissenschaftliche) oder praktisch-politische, hat ihr Ziel erreicht, wenn es ihr gelungen ist, alles Lebendige auf Mechanisches (Maschine) zu reduzieren, alles abzutöten. Das ist vorgezeichnet in ihrer Prämisse, als wahr und wirklich nur gelten zu lassen, was zählbar und meßbar ist, in der Reduktion also der unendlichen lebendigen Fülle von Qualitäten auf das (beherrschbare) Einerlei von Quantität (bzw. des Tauschwerts): Im ersten Traum bringt Strauchs Kopf Klänge (Musik und menschliche Stimmen) und Farben zum Verschwinden, im zweiten sind ausdrücklich die Gefühle der Menschen und auch der Dinge genannt.
Theoretisch ist die Reduktion erstmals konsequent vollzogen in der die weitere Entwicklung philosophischen Denkens entscheidend bestimmenden mathematisch-mechanistischen Philosophie Descartes'. Diese kann, wie Borkenau dargelegt hat, verstanden werden als der ideologische Überbau der gleichzeitig sich ausbreitenden Manufaktur, mit der in der Praxis der gegen Geist und Natur gerichtete «Abtötungsprozeß» (F 214) seinen Anfang nimmt. «Die mittelalterliche Qualifikation besteht in der allseitigen Beherrschung eines begrenzten Produktionsprozesses und gipfelt in seiner traditionell gebundenen, aber dennoch individuellen künstlerischen Verfeinerung. Die Qualifikation der *Manufaktur* besteht in der größtmöglichen Schnelligkeit und Präzision in der Ausführung *eines* durchaus einfachen Handgriffs. Dieser soll nach Möglichkeit jedermann, auch einem Kinde, auch einem Schwachsinnigen, zugänglich sein; die Vollkommenheit wird ausschließlich durch immer wiederkehrende Wiederholung dieses einen Handgriffs erzielt. Dadurch aber entfällt jede besondere Schulung, die Arbeit wird zur reinen Arbeitsquantität[24].» Damit ist die manische, in Wiederholungszwängen sich erschöpfende Obsession des Denkens, wie sie Bernhard am Ende der Epoche als wahnsinnsgemäße diagnostiziert, in Beziehung gesetzt zur Gestaltung des Produktionsprozesses, wie sie tendenziell schon deren Beginn charakterisierte. Es sind so auch die praktischen Voraussetzungen gegeben für den «Gesellschaftsvermischungsprozeß» als Nivellierungsprozeß, an dessen Ende, wie Konrad sagt, der qualifizierte Mensch als Unmensch und das heißt als Maschine herauskomme (K 222). In der «totalitären Massendemokratie» (Marcuse), dem politischen Äquivalent der mono-

polistischen Industrialisierung, hat die Norm, der die Manufaktur die ihrem Produktionsprozeß Unterworfenen unterstellte, endlich ihre allgemeine Realisierung gefunden. —
Jean Paul hatte gegen die natur- und menschenbeherrschende Rationalität, deren totalitärer Anspruch ihm in der Philosophie Fichtes entgegentrat, noch auf der Unmittelbarkeit der sinnlichen Qualitäten, des Gefühls, auf erfüllter, wenn auch schon in die Bezirke des Pathologischen abgedrängter Individualität bestehen können als einem Bereich wie immer auch reduzierter Freiheit: Freiheit zu sich selber und zum andern. Dieses «Reich der Freiheit» aber muß, wie Marcuse mit Bezug auf Marx sagt, «angesichts der sich rasch ausdehnenden totalitären Massendemokratie als ‹romantisch› erscheinen: es stipuliert ein individuelles Subjekt der Arbeit» (auf das, nach Borkenau, der mittelalterliche Produktionsprozeß abgestellt war), «eine Autonomie der schöpferischen Tätigkeit und Muße, eine Dimension der unbeschädigten Natur, die schon lange im Fortschritt der Herrschaft und der Industrialisierung liquidiert worden sind»[25]. Objektiv stößt dadurch menschliches Denken und Handeln immer und überall nur auf seine eigene Hervorbringung; Wahrnehmung und Erkenntnis, sowie jegliches Tun, schließen sich zum Zirkel der Reproduktion, Selbstreproduktion des Immergleichen, des *durchaus bekannten Wahnsinns* (V 199). Das bedeutet auch subjektiv den Verlust des eigenständigen andern, sei es Natur oder menschliches Gegenüber; dadurch verarmt, verkrüppelt, erstickt (Metaphern, die leitmotivisch gebraucht sind für, summarisch gesagt, Ichverlust und Weltverlust) das Subjekt. Von Strauch wird gesagt: «Ein Fenster nach dem andern mauert er zu. Bald hat er sich eingemauert. Dann, wenn er nichts mehr sieht, weil er nicht mehr eintamen kann, ist er überzeugend, weil er tot ist» (F 15). Überzeugend, weil wahr: Wahrheit, sagt Strauch, sei ein «Abtötungsprozeß» (F 214). Das ist sie als geschichtliche, als Wahrheit des gesellschaftlichen Prozesses, den subjektives Denken mit Bewußtsein nachvollzieht, aufgrund der am Beispiel Konrads aufgezeigten Dialektik nachzuvollziehen *gezwungen* ist.
Die wahnsinnsgemäße Beziehungslosigkeit des eingeschlossenen Denkens reproduziert, obzwar dessen Negation, das hermetische, gegen alles was anders wäre abgedichtete Wahnsystem des gesellschaftlichen Apparats (ebenso reproduziert das hermetische System Bernhardscher Metasprache dessen Darstellung als Sprache, gegen die es gestellt ist). Jean Paul, wieder als Antwort auf Fichte, hat

diesen Wahnsinn imaginativ vorweggenommen in der Gestalt seines Leibgeber/Schoppe, der, wie der Fürst, «dazu verurteilt» war, «zu denken, es sei überhaupt nichts wirklich« (V 202), sondern Produkt des seine Vorstellungen aus eigener Machtvollkommenheit erzeugenden, sich multiplizierenden und dividierenden Denkens. «Wie du weißt, sage ich immer zu mir», sagt der Fürst, «ist immer alles und alles immer in deinem Kopf. Alles ist immer in allen Köpfen. Außerhalb der Köpfe ist nichts» (V 163). «Weil wir den Gegenstand durch Vorstellung bestimmen, glauben wir, in der Erfahrung zu sein» (V 204). «Die einzige Kraft ist die Einbildungskraft. Alles ist eingebildet. Einbilden aber ist anstrengend, ist tödlich» (V 196). Er blickt auf seine Schwestern und seine Töchter, sieht sie alle zusammen, auch seinen abwesenden Sohn: «Insgesamt sehe ich alle als *durch mich*, und mir kommt eine ungeheure Konstellation, eine, möglicherweise die Fürchterlichkeit überhaupt zu Bewußtsein: ich bin der Vater!» (V 138). Jean Pauls Leibgeber versetzt entsprechend sich in die Rolle des Adam, dem die gesamte Geschichte der Menschheit, als aus ihm, dem Urvater, entstehend, bekannt ist. — Sie alle wüßten, sagt der Fürst, «daß die Welt einstürzt, wenn ich plötzlich nicht mehr da bin» (V 180). Eine scheinbar entgegengesetzte Äußerung ergänzt die eben zitierte (und auch sie wäre ganz im Sinne Jean Pauls, in Konsequenz des in Leibgeber/Schoppe gestalteten Prinzips): «Immer mehr befindet sich der Denkende in einem riesigen Waisenhaus, in welchem ihm ununterbrochen bewiesen wird, daß er elternlos ist. Wir sind alle elternlos, niemals einsam, aber immer allein» (V 203).
Vater sein, in den zuerst zitierten Beispielen, meint, von allem der Erkenntnisgrund sein, im Sinne des idealistischen erkenntnistheoretischen Solipsismus'; im letzten wird das Fehlen des Realgrundes beklagt, dem in der religiösen Mythologie Gottvater entspricht, dessen (des «neutralen Gehirns») Dasein Voraussetzung ist der Wirklichkeit der Welt. Der Tod des Vaters, mit dem auch in UNGENACH der Zerfall, die Parzellierung des allegorischen Großwaldbesitzes in Zusammenhang gebracht wird («daß unser Vater nicht mehr existiert, bedeutet, daß Ungenach nicht mehr existiert» (U 51)), meint unter diesem Blickwinkel den von Nietzsche, dem in Fragmenten denkenden Liquidator systematischer Metaphysik konstatierten «Tod Gottes», und die Fürchterlichkeit des Vaterseins («Fürchterlichkeit überhaupt») die durch den Tod Gottes bedingte Hypostasierung des Erkenntnisgrundes als Realgrund: daß

der Vorgang, der zuvor Erkenntnis heißen konnte, Realität jetzt erschafft, produziert: «Alles ist eingebildet. Einbilden aber ist anstrengend, ist tödlich.»
Der wie der Fürst selbst als wahnsinnig bezeichnete Vater des Fürsten hatte sich in den letzten Wochen vor seinem Tod in sein Zimmer eingeschlossen, hin und her gehend, unverständliche Selbstgespräche führend. Türen und Fenster hatte er versperrt, also sich «eingemauert» wie anders Strauch. Zuletzt, völlig entkräftet, weil er jede Nahrungsaufnahme verweigerte, sei er verstummt und nur noch hin und her *gekrochen*. Er hatte aber «die entscheidenden Seiten» seiner früheren Lieblingsbücher (V 187), zu denen DIE WELT ALS WILLE UND VORSTELLUNG gehörte, herausgerissen und aufgegessen. (Bücher, sagt auch der Fürst, obschon nicht buchstäblich gemeint, seien seine «Lebensmittel» gewesen (V 177)). Wenige Stunden vor seinem Selbstmord habe er auf einen Zettel geschrieben: «Schopenhauer ist für mich die allerbeste Nahrung gewesen» (V 187). Zuerst, meint der Fürst, habe er sich aufhängen wollen, im letzten Augenblick aber habe er sich für erschießen entschieden. Und so seien das letzte, was er mitgeteilt hat, die beiden auf ein herausgerissenes Vorblatt der WELT ALS WILLE UND VORSTELLUNG geschriebenen Wörter gewesen: «erschießen besser» (V 188).
Die Mitteilung bezieht sich nicht allein auf die Alternative «erhängen», sondern, als auf ein Vorblatt von DIE WELT ALS WILLE UND VORSTELLUNG geschrieben, ebenso auf dieses Werk. Schopenhauer beschreibt die Welt als Schloß (das «geistige Hochgobernitz»), zu dem von außen kein Zugang sei[26], wohl aber von innen, durch den Willen (Weltwillen), der im denkenden Subjekt, durch es hindurch, zur Vorstellung seiner selbst gelange, dadurch sich objektiviere, als Vorstellung des Subjekts. In diesem Denkmodell ist dasjenige des «Augenblicks» wieder zu erkennen (mit dem es historisch zusammenhängt), im «Willen», der Einer sei, das ‹Denken› des «neutralen Gehirns». Die Welt nun als Vorstellung des isolierten Subjekts, ist Funktion von dessen eigenem Gehirn, also «Einbildung» im Sinn der Äußerungen des Fürsten. Der Vater, als «hochintelligenter Mensch», hat die tödliche Anmaßung des in seinem Wahnsystem sich einschließenden Denkens gegen das, was nicht er selber ist, erkannt und daraus für sich die Konsequenz gezogen: Auf dem ganzen Körper des Vaters habe man nach seinem Selbstmord «Spuren grausamer Mißhandlungen entdeckt, die er sich selber zugefügt hatte». «Gleichmäßig», sagt der Fürst, sei

sein Körper von Mißhandlungen «gezeichnet» gewesen (V 187). Er fügte sich die Mißhandlungen zu, welche das solipsistische Denken im geschichtlichen Prozeß der Natur, menschlicher und außermenschlicher, zufügte — sühnnend für, wie der Sohn des Fürsten im Traum des Fürsten denkt, «möglicherweise nicht nur jahrhunderte-, sondern jahrtausendealtes Unrecht» (V 149)[27].
Horkheimer und Adorno haben in DIALEKTIK DER AUFKLÄRUNG dargelegt, wie rationalistische Naturbeherrschung sich fortsetzt nicht allein als Gewaltherrschaft von Menschen über Menschen, sondern auch des Einzelmenschen über seine innere Natur. Der Fürst spricht von der Natur als von der «physikalischen und chemischen Universalmaschine» (V 134); in der Ferne, im Tal unten, sehen er und seine Besucher Arbeiter einem unsichtbaren Vorarbeiter gehorchen, «wie auf einem von unten herauf mechanisierten Marionettentheater» (V 139), und er sagt: «Sich zu beherrschen sei das Vergnügen, sich vom Gehirn aus zu einem Mechanismus zu machen, dem man befehlen kann und der gehorcht» (V 148). — Strauch (wovon schon die Rede war) treibt mit seinem Stock den Erzähler voran und sich selber; als «Meister der Menschenbeherrschung» bezeichnet er sich (F 218). Es gilt aber zwangsläufig, was er von seinen «Theorien» sagt, auch bezüglich der Menschen: er sei ihr Opfer, gleichzeitig ihr Beherrscher (F 36).
Alle Beziehungen zwischen Menschen, zwischen zwei Menschen besonders, sind solche von beherrschten Herrschenden, herrschenden Beherrschten (jeder für sich und wechselweise), die ineinander «verhaßt» sind (FB 35). Destruktives Verhalten, gegen sich und gegen andere, ersetzt die als utopisch beschriebenen «brauchbaren Beziehungen» (F 194). Erich Fromm[28] hat auf seine Weise gezeigt, daß es dabei sich nicht mehr um vereinzelte Aberrationen handelt, daß vielmehr im bereits als normal zu bezeichnenden destruktiven Verhalten der einzelnen das gesellschaftliche Allgemeine sich reproduziert — sei es direkt, bei der Mehrzahl der bewußtlos Angepaßten («willenlosen Opfer»), oder mittelbar, in der für Bernhards Protagonisten zutreffenden Weise: Fromm stellt die Frage, was in einer Welt von Geisteskranken, Geisteskrüppeln, mit einem gesunden Menschen geschehe, und er kommt zum Schluß, daß dieser, als von den übrigen isoliert, ohne Verständigungsmöglichkeit (keine gemeinsame Sprache), seinerseits neurotisch oder psychotisch werde, also, wie Konrad, aus sich heraus *durch* die Gesellschaft. Das destruktive Verhalten ist, wie der englische Psychiater Ro-

nald Laing ausführt, Folge zerstörter Erfahrungsfähigkeit und -möglichkeit, des Selbst- und Weltverlustes des normal entfremdeten, verdinglichten Menschen: «Wenn das Schreckliche schon Ereignis ist, können wir kaum etwas anderes erwarten, als daß dies ‹Ding› nach außen die Zerstörung weitergeben wird, die im Innern schon angerichtet ist[29].»

In einem Angsttraum (F 83 ff), worin der Erzähler in die Rolle eines Arztes («medizinische Kapazität», wie der Doktor in DER IGNORANT UND DER WAHNSINNIGE) gezwungen wird (also «beherrscht» ist (F 84)) und als solcher unumschränkte Gewalt über die Patienten hat, auf deren Rücken er hinunterblickt, als ob sie Tiere wären (F 84), betritt er, auf der Flucht vor der ihn verfolgenden (beherrschenden) Ärzteschaft, einen schlachthausähnlichen, weißgekachelten Raum. Er findet darin den Maler auf einen rotierenden Operationstisch geschnallt (rotierend: das in sich rotierende eingeschlossene Denken) und wird durch die drohenden Stimmen («Kinderstimmen»: Regressivität technokratischer Rationalität) der Ärzteschaft gezwungen, ihn zu «operieren». Sie feiern dann seine «großartige Leistung», und von ihnen im Triumph emporgehoben, blickt er hinunter «auf einen Haufen vollkommen verstümmelten Fleisches, das sich unter elektrischen Schlägen zu bewegen schien, zu zucken schien, einen Haufen völlig zerstückelten Fleisches» (F 86). Der Traum ist zunächst aus der Romanfiktion zu verstehen, indem unter der Ärzteschaft auch Strauchs Bruder ist, der dem Erzähler den Auftrag erteilte, den Maler zu beobachten und über seine Beobachtungen ihm Bericht zu erstatten. In Ausführung des Auftrags, dem gemäß Strauch für ihn ein ‹Fall› sein müßte, Objekt von Wissenschaft und also Experiment (wie anders für Konrad die Frau Objekt von Experimenten ist), fühlt sich der Erzähler dem Maler gegenüber schuldig. Diese Motivation des Traums wird ergänzt durch die entgegengesetzte, daß er in den Maler so sehr sich eingefühlt, eingedacht hat, daß er an ihm im Traum zu vollziehen gezwungen ist, was jener, «beherrscht von seiner Zersetzungsapparatur wie von einem lebenslänglichen Unrecht» (F 93), mit sich selber vornimmt: seine mit selbstmörderischer Konsequenz und Rücksichtslosigkeit betriebene Selbstbeobachtung, Selbstzergliederung, Selbstzerstörung. Der Maler selber aber (in der Wirklichkeit gegen sich) wie der Erzähler (im Traum gegen ihn), sie vollziehen, was ihnen auferlegt ist, handeln als

Opfer einer Rationalität — «Kapazitäten» beide in ihrer Beherrschung —, die das Lebendige erniedrigt und zerstückelt, nur beobachtend, herrschend, verfügend sich verhält (zu Dingen und Menschen) und also Erfahrung nicht heißen kann (auch nicht Erkenntnis), die immer, wie Laing darlegt, «Intererfahrung» ist, das heißt ‹Dialog› zwischen Mensch und Welt, Mensch und Mensch.

Der Handlungsweise des Erzählers analog ist die vom Fürsten geträumte des Sohnes: daß er Hochgobernitz, den Großgrundbesitz, der Allegorie ist für Weltverhältnisse (Natur und Gesellschaft) wie Denkverhältnisse, «zerstückeln» werde... ebenso der Mord Konrads an seiner Frau, deren Kopf durch die Schüsse «zur Gänze zerfetzt» gewesen sei (K 12). Der Mord (und indirekt Selbstmord Konrads, indem er dadurch dem Wahnsinn verfällt und seine Studie, also seine Existenz, sich als endgültig gescheitert zeigt) ist die unausweichliche Konsequenz einer mörderischen Entwicklung bzw. eines Zustands, dessen Wahrheit dadurch manifest wird: daß beider Existenzen, durch die beschriebenen objektiven Zwänge, sinnlos, oder eben «zerfetzt», «zerstückelt», lange schon waren.

Der Lehrer, den der Arzt, der Vater des Erzählers, am Morgen zuerst besuchte und der ihm «gleich unter den Händen gestorben» sei (V 61) — im Gesicht des Sterbenden habe der Arzt «deutlich die Anklage eines Menschen gegen die Welt gesehen, die ihn nicht hat verstehen wollen» (V 62) —, er sei in den letzten Monaten seines Lebens «zu einer erstaunlichen Kunst des Federzeichnens» gelangt: In «feinen Linien zeichnete er eine Welt, ‹die eine sich selbst vernichtende Welt ist›, die sie (nämlich seine Angehörigen) verängstigte, je mehr von dieser Welt er ihnen ‹zusammenzeichnete›: zerfetzte Vögel (an die zerfetzten Dohlen in der Ordination des Arztes in WATTEN ist zu erinnern), auseinandergerissene Menschenzungen, achtfingrige Hände, zerbrochene Köpfe, von unsichtbaren Körpern abgerissene Extremitäten, Füße, Hände, Geschlechtsteile, im Gehen (Denken) erstickte Menschen usw.» (V 64) Es handle sich überhaupt nicht um ein Surreales, sagt der Arzt; was der Lehrer auf seinen Blättern zeige, sei vielmehr «nichts als die Wirklichkeit». (V 64).

Den Reflex dieser Wirklichkeit im Bewußtsein der Individuen beschreibt Ronald Laing, in auffallender Übereinstimmung, wie folgt: «Wenn unsere personalen Welten wiederentdeckt werden und sich wieder entfalten dürfen, entdecken wir zuerst ein Schlachtfeld: Halbtote Körper; Genitalien dissoziert vom Herzen; das Herz getrennt vom Kopf; Köpfe dissoziiert von Genitalien. Ohne innere Einheit, mit gerade genug Kontinuitätsgefühl, um nach Identität zu schnappen — die übliche Idolatrie. Körper, Geist, Seele von inneren Widersprüchen zerrissen, in verschiedene Richtungen gezerrt: ‹der Mensch› abgeschnitten vom eigenen Geist, abgeschnitten ebenso vom eigenen Körper — halbtolle Kreatur in verrückter Welt.»[29]

Der Arzt berichtet von einem Kindheitserlebnis des Lehrers, von dem er «in aller Zukunft verdorben gewesen» sei (V 66), das demnach sein weiteres Leben bestimmte und wirksam war in den Umständen seines Todes, also auch Ausdruck fand in seinen Zeichnungen: Er hatte sich beim Brombeerpflücken mit der Großmutter im «tiefen Wald» verirrt (Strauch: «tief im Wald, wo die Dunkelheit den Strick zuzieht» (F 56)). Sie hätten ständig den Ausgang (Ausweg! zum Beispiel im «Vermutungsspiel») aus dem Wald gesucht, aber nicht finden können. Es sei auf einmal finster gewesen» (von der Finsternis, der aus dem Wald hervorbrechenden, sei in der Erzählung DIE MÜTZE die Rede (P 19)), «und sie hatten noch keinen Ausweg gefunden. Sie gingen immer in der falschen Richtung.» (V 62 f) Erst am dritten Tag fanden sie «plötzlich», ihrer Heimat entgegengesetzt, aus dem Wald heraus und erreichten völlig erschöpft ein zunächst gelegenes Bauernhaus. Für die Großmutter habe das Erlebnis zum schnellen Tod geführt. (Zu vergleichen die Erzählung ATTACHÉ AN DER FRANZÖSISCHEN BOTSCHAFT, wo der junge Mann, der im Wald «die Orientierung verloren» hatte (P 71), sich erschießt.)

Inwiefern im Wald sich verirren tödlich ist, wird in WATTEN näher ausgeführt: Der Erzähler ist regelmäßig ins Waldgasthaus watten (Karten spielen) gegangen, bis zu dem Tag, wo, durch einen «Föhnexzess» (also durch die «Gewaltanwendung der Luft»), alle Teilnehmer der Runde im Wald die Orientierung verloren (W 37 f). Der Lehrer (der «arme Mensch») habe sich den Kopf angeschlagen, sei in den Tümpel gefallen und halb erfroren; der Erzähler kann seither seine gewohnten Wege nicht mehr gehen (denken!), und der Papiermacher Siller hat sich erhängt. Da Kartenspiel für den Ablenkungsmechanismus einer zur Gewohnheit gewordenen Existenz steht, bedeutet, daß alle, statt watten gehen zu können, an dem Tag im Wald sich verirrten, die jähe Erkenntnis der Wahrheit ihrer schon immer unerträglichen Existenz. Der Erzähler, ebenso der Lehrer, hat (seither?) jeden Abend vor dem Einschlafen, während er «in Wirklichkeit gänzlich mit der Bemühung beschäftigt» sei, «aus *allen* Krankheiten *eine* Philosophie zu machen», die Vorstellung, von allen Seiten in den Wald herein zu kommen, um watten zu gehen: «Tatsächlich komme ich mitten im Wald von allen Seiten auf mich zu, um watten zu gehen.» (W 15) Eben diese Vorstellung enthält aber in nuce die *eine* Philosophie *aller* Krankheiten (im Sinne auch von Schellings Bestimmung der Krankheit als Vereinzelung): daß nämlich Denken, statt aus seiner als aus der Mitte zugleich des «neutralen Gehirns» heraus in Beziehung zu einer beseelten Mannigfaltigkeit zu treten, die nicht es selber wäre, von sich als von seinen eigenen Vorstellungen umstellt ist. Da Philosophie nichts anderes mehr sein kann, als dieser Wahrheit, dieser Krankheit (Todeskrankheit) sich auszuliefern, geht man in sie hinein wie in diesen «entsetzlichen Wald der ungeheuerlichsten Verletzungsmöglichkeiten» (W 78). Der Wald (bedeutsam in JAGDGESELLSCHAFT) kann also, vereinfachend gesagt, als Chiffer begriffen werden für — jetzt — lebensgefährlich gestörte Denkverhältnisse, ihrerseits Reflex tödlich verwirrter Weltverhältnisse. Sie, als das nunmehr tote, in Fetzen gerissene, einstmals lebendige Ganze, sind es, die in den Federzeichnungen des Lehrers ihre bildliche Darstellung finden.

Die körperliche Zerstückelung (wie auch Verkrüppelung) ist Metapher einer geistigen — der selben, die Jean Paul in der «Rede des toten Christus vom Weltgebäude herab, daß kein Gott sei», dargestellt hat. Seine Traumvision ist eingeschoben in den Siebenkäs-Roman und steht dort, als Menetekel der Philosophie Kants und Fichtes, für die wahnsinnsgemäße Konsequenz Leibgeber als für das Syndrom des eingeschlossenen Denkens, wozu unter anderm gehört, daß gelebte Zeit (als Kontinuum) zu einer schlechten Ewigkeit mechanischer Reproduktion erstarrt (Jean Pauls Uhr ohne Zeiger). Die Zuordnung von Atomisierung und eingeschlossenem Denken ist deutlich in der Äußerung Strauchs, «er komme sich jetzt oft wie unter Wasser treibend vor, dann wieder eingefroren in die Welt, irgendwo, *wo nichts zu etwas Verbindung habe*» (von mir hervorgehoben): ‹Man kann nicht schreien, weil man nicht einmal den Mund aufmachen kann.› Es gehe so dahin und gehe gar nicht dahin: ‹Als ob die Zeit stillstände.›» (F 123 f) Im Schlußabsatz des selben Kapitels (F 128) meint er: «Wie doch alles zerbrök-

kelt ist, wie sich doch alles aufgelöst hat, wie sich doch alle Anhaltspunkte aufgelöst haben, wie jede Festigkeit sich verflüchtigt hat, wie nichts mehr da ist, wie doch gar nichts mehr da ist»...
und der letzte Satz ist: «Gefrorene Luft, alles ist nur mehr gefrorene Luft» (erstarrter, ‹toter› Geist, also Geistlosigkeit — als Sprachverhalt artikuliert: Buchstäblichkeit).
Der Fürst überträgt den metaphysischen Befund auf den Zustand der Gesellschaft, wenn er sagt (V 179): «Ganz Europa läuft in total ausgefransten Fetzen herum. Jeder schlüpft in ein Geschäft wie in ein Kleid hinein, und in ein Studium hineinschlüpfen heißt genauso in ein Geschäft wie in ein Kleid hineinschlüpfen. Die meisten in den Geist Hineingeschlüpften haben schließlich nur noch lächerliche Fetzen an.» (Diese geistige ‹Fadenscheinigkeit› ist der konkrete Sinn der «schütteren Stellen», über deren Betrachtung — ob sie nun an den Hosen im rustenschacherschen Laden tatsächlich feststellbar sind oder nicht — Karrer wahnsinnig geworden ist.) In ein Kleid hineinschlüpfen meint, was einmal «Verwirklichung» der besondern Existenz im Rahmen der Allgemeinheit genannt werden konnte. Doch die Kultur, die europäische, die solcher «Verwirklichung» die Leitbilder geben konnte, ist tot, abgetragen, verschlissen (auf ganz Europa bezieht der Fürst (V 223) entsprechend auch die Feststellung, daß wir alle elternlos, Vollwaisen seien, das heißt, mit der Formel gesagt, eingeschlossen in unser Denken), und demgemäß ist «Verwirklichung», für den Sohn des Fürsten, im Traum des Fürsten, gleichbedeutend mit «Vernichtung» (von Hochgobernitz als Sinnbild europäischer Kultur), was einschließt: Selbstvernichtung. Statt daß es dem Einzelnen möglich wäre, in eine Rolle ‹hineinzuwachsen› (zu welcher Redensart sich für gewöhnlich das Adverb «organisch» gesellt), drapieren Gespenster sich mit den Fetzen aus dem Fundus eines Theaters, dessen letzte Spielzeit zuendegegangen ist. Die Fetzen sind dem je Einzelnen zufällig, äußerlich (irgend etwas muß man ja sein, um überhaupt zu sein), Maskeraden, die notdürftig verbergen sollen, daß die Existenz sinnlos geworden ist. Entsprechend kann nicht von einem Zusammenspiel der ‹Rollen› die Rede sein; sie durchmischen sich im Chaos eines «Totenmaskenballs» (F 15).
Der Fürst hat zwei sich ergänzende apokalyptische Vorstellungen, die erste unmittelbar anschließend an seine Äußerung, die «Fetzen» betreffend. Er habe sämtliche Bäume seines Besitzes umschneiden lassen, stellt er sich vor: «Ich schaue von der Burg hin-

unter und sehe nur noch Millionen umgeschnittene Bäume.» Er hat die Idee, «*was wäre,*» wenn er diese Bäume in Stücke schneiden und schließlich von den Arbeitern pulverisieren ließe. «Plötzlich habe ich das ganze Land von dem Pulver meiner Bäume bedeckt gesehen, und ich bin in dem Baumpulver bis an die Mur hinunter und dann bis an den Plattensee hinunter gewatet. Menschen waren keine zu sehen, keine *mehr*. Wahrscheinlich, habe ich gedacht, sind sie alle unter dem plötzlich auf sie hereinbrechenden Baumpulver erstickt.» (V 179 f)
Wenig später erzählt er von seiner Vorstellung, «daß die Erdoberfläche nach und nach zu einem vollkommen luftleeren Raum wird.» Er beobachte die Menschen, die auf den Straßen zu Boden stürzen. «Bald ist die ganze Straße, sind alle Straßenzüge von erstickten Menschen, Leichen bedeckt, alles ist zum Stillstand gekommen, viele von herrenlosen Maschinen verursachte Katastrophen werden, weil sie nach dem völligen Auslöschen der Menschheit erst stattgefunden hatten, und folglich sind sie gar keine Katastrophen mehr, gar nicht mehr wahrgenommen.» (V 181). In Wirklichkeit sind die Menschen, die darauf angewiesen sind, mit anachronistischen Fetzen sich zu drapieren, als geistige Existenzen schon ‹erstickt›. Unter der Voraussetzung, daß die Katastrophe objektiv bereits geschehen, nur von der Mehrheit nicht bemerkt worden ist, bezeichnet der Zustand nach dem Ende, wo die Maschinen sich selbst überlassen sind, den hier und jetzt herrschenden Maschinenwahnsinn, durch den aus Menschen Funktionäre wurden. — In den beiden Vorstellungen des Fürsten ist der Augenblick festgehalten («plötzlich»), wo die Einsicht in ihre tatsächlichen Verhältnisse die Menschen, alle zugleich, überfallen würde, denn: ... «wenn wir zu denken anfangen, wie wir sind, lösen wir uns in der kürzesten Zeit auf.» (V 202) Weil der Wald (die «immergrüne metaphysische Mathematik» (V 53)) zerstückelt, pulverisiert ist, durch die Atomisierung also des lebendigen Ganzen, aus dem, an ihm teilhabend, individuelles Bewußtsein seine Identität gewinnen konnte, befindet der geistige Mensch sich in einem Vakuum («luftleeren Raum»). Er erstickt an der Atomisierung (Isolierung), er erstickt «unter dem Baumpulver» in Ermangelung von Luft (pneuma), die ihm geistiges Atmen ermöglichte — wie anders Strauch in der «gefrorenen Luft». Außerdem stehen Bäume in Bernhards Werk für Menschen; die Pulverisierung der Bäume als je einzelner meint demnach die «Existenzzerbröselung»

(W 47), die mit der Auflösung des Ganzen (des Waldes) zwangsläufig einhergeht, und es läßt sich ebenso, also auf andere Weise metaphorisch, sagen, daß daran die Menschen zugrundegehen. — Weil das lebendige Ganze von Natur und Gesellschaft zerstückelt ist, ist individuelles Bewußtsein isoliert, und, in der Isolation die Beschaffenheit des Ganzen reproduzierend, selber zerstückelt. Mit den Energien seines Kopfes hätte Strauch «Jahrtausende zurückdrehen und in anderer, besserer Richtung sich wieder entwickeln lassen» wollen. So aber, das heißt in der Isolation, «konzentrieren sich meine Kräfte auf meinen Kopf, auf meinen Kopfschmerz, und alles ist sinnlos» (F 35). Kopfschmerz, an dem die meisten Protagonisten leiden, ist Leiden an der Sinnlosigkeit der Existenz, an der Isolation, welche wiederum bedingt ist durch die historische Fehlentwicklung, die zu korrigieren aber gerade das eingeschlossene Denken nicht mehr imstande ist. Ein «unbeholfener Erdball» glühe in der Mitte von Strauchs Kopf, «und alles ist voll zerrissener Harmonien!» (35) Seine Erinnerungen seien «Fetzen von Merkwürdigkeiten» (36), «Wortfetzen und verschobene Satzgefüge» (180) sei er nur noch gewesen (von «Sätzezerbröckelungen» ist in AMRAS die Rede (A 22). Daß Bilder in seinem Kopf sich plötzlich umdrehten, auseinandergerissen würden in «lauter Fetzen», versteht er selber als Symptom einer «unheilbaren Krankheit» (F 71), die, wie wir wissen, nicht als individuelle Pathologie zu erklären ist.

II

«Es gibt hier auch ganz eigensinnige Täler und in diesen Tälern Herrenhäuser und Schlösser. Man geht in diese Herrenhäuser und Schlösser hinein, und man sieht gleich: Die Welt, aus der man ist, hat hier nichts mehr zu suchen. Das müssen Sie sich alles ganz unwirklich vorstellen, *so wie die tiefste Wirklichkeit,* wissen Sie. Türen gehen auf, hinter denen Menschen in kostbaren Kleidern sitzen, Thronsesselmenschen, wie aus einem erdachten Gemälde geschnitten, die, wenn man auf sie zutritt, weil man sie berühren will, zu leben anfangen. Wird man von ihnen angeredet, glaubt man, noch niemals eine Stimme gehört zu haben, nie eine Sprache, sei immer unkundig gewesen in der Kunst, einem Sprechenden zuzuhören, ein Wort zu sagen, habe überhaupt keine Ahnung von

Wörtern. Man spricht ja auch nicht, staunt nur und horcht: alles hat brauchbare Beziehungen zueinander, keine Irrtümer, der Zufall und das Böse sind ausgeschlossen. Einfachheit wölbt sich wie ein klarer Himmel über das, was man denkt. Nichts Phantastisches, obwohl alles der Phantasie entsprungen. Wohlhabenheit, die einfach, Menschenwärme, die ohne die Spur eines Verbrechens ist. Von Zwist keine Rede. Immerwährende Schonzeit. Der kühle Verstand und das Angeborensein der Begriffe und das Herz. Gute, wie für immer geformte Gesichter. Die Luft ist auch klar durchdacht, und ‹Mein Gott› sagt Tauglichkeit. Langsam bewirken die Redewendungen, die Gefühle den Höhepunkt, das kunstvolle Staunenmachen. Gesetze ohne Gewalt haben hier Geltung, Geist und Charakter sind schön in der Menschennatur vereinigt. Logik ist in Musik gesetzt. Das Alter plötzlich wieder zur Schönheit fähig, die Jugend wohl wie ein Vorgebirge. Die Wahrheit liegt auf dem Grund wie das Unerforschliche» (F 193 f.).

Es scheint, daß die Kirchgänger, denen der Maler im Hohlweg begegnet, mit in diese Märchenwelt hineingehören. Menschen seien das gewesen, «aus einer Zeit, die Jahrtausende zurückliegt, große Menschen, die schreiten, als würden sie an allem nur vorübergehen. Vorübergehen an einer Welt, die ihnen allzu kleinlich und verdorben erscheint. Vorübergehen an einem Späteren, vor dem sie einst wohl gewarnt worden sind» (F 95). Von seinen Großeltern sagt er, sie seien «Herrenmenschen» gewesen (F 25). Bernhard in DREI TAGE: «Die Leute vor mir, meine Vorfahren, waren wunderbare Menschen» (I 148). Es dürfte möglich sein, in der All-Harmonie, der Utopie schöner Herrschaftlichkeit, die Fortdauer kindlichen Erlebens bzw. kindlicher Omnipotenz-Phantasie su sehen: dafür wäre ein weiteres Indiz die Beschreibung, die der Erzähler in FROST von seinem Kinderzimmer gibt, wo «alles mit allem in Zusammenhang» gewesen sei (F 100); unter anderm erwähnt er auch die Bilder des Großvaters und der Großmutter (wobei naheliegt, an die Großeltern zu denken, bei denen Bernhard seine Kindheit verbrachte).

Die mögliche Genese eines zentralen Motivs aus der Biographie deute ich nicht deshalb an, um es darauf zu reduzieren; es in seinem Bedeutungsreichtum zu verstehen, erfordert nicht im geringsten, auf die Biographie Rekurs zunehmen. Es dürfte aber, wenn man auch die anfangs erwähnte Todeserfahrung Bernhards mit berücksichtigt, der Schluß zulässig sein, daß Bernhards dichterische

Einbildungskraft gleichsam drei konzentrische, nach außen sprunghaft an Umfang gewinnende Kreise umfaßt: im Innersten das biographische Material (individuelle Geschichte), dann würde nach außen der Erfahrungsbereich Österreich folgen (österreichische Geschichte), sodann die an nationale Besonderheit nicht gebundene Erfahrung der Jetztzeit (allgemeine Geschichte). (So entspricht etwa das ambivalente Verhältnis zur Tradition sowohl der Haßliebe zu Österreich als auch der zwiespältigen Fixierung auf die Kindheit — das letzte schließe ich unter anderm aus dem Kurzschauspiel DIE ERFUNDENE, dem Monolog einer Frau, die, wie es dann in FEST FÜR BORIS heißt, an der «Todeskrankheit der Bewegungslosigkeit» leidet — was durchgehend Metapher ist für das eingeschlossene Denken bzw. für Beherrschtsein durch Tradition —, die aber auch sagt: «Ich fürchte mich vor dem geöffneten Fenster» (durch Öffnen des Fensters wird sie am Schluß getötet) «wie vor dem Abschied von meiner Kindheit».) Die drei Bereiche sind als analog zu denken (das heißt, die grundlegende Figur von Bernhards Einbildungskraft gilt für alle drei gleichermaßen) — Analogie, die aber nicht als Resultat einer Schlußfolgerung von innen nach außen zu denken ist im Sinne einseitiger Ableitung der dichterischen Welt aus der Kindheit, aus den österreichischen Verhältnissen (worauf sie dann auch zu reduzieren wäre), sondern naturgemäß, da die subjektive Erfahrung nicht unabhängig ist davon, daß sie in Österreich, zu dieser Zeit, gemacht wurde, die Erfahrung der Zeit nicht unabhängig davon, daß dieses Subjekt sie macht, in Österreich, usf., als Resultat einer Wechselwirkung. —

Die im Gegensatz zu Strauchs als unwirklich vorzustellender «tiefsten Wirklichkeit» stehende wirkliche Unwirklichkeit wird im Roman repräsentiert durch den Gebirgsort Weng, der «von ganz kleinen, ausgewachsenen Menschen» bevölkert sei, «die man ruhig schwachsinnig nennen kann» (F 8). Es werde hier «das Menschenmögliche unmöglich gemacht» (F 57), überall biedere sich Häßlichkeit an «wie ein sexueller Notstand» (F 57). Der Maler hat hier «die Vorstellung der Auflösung alles Lebendigen» und den «Geruch der Auflösung aller Vorstellungen und Gesetze» (F 44); alles sei hier »an ein Verbrechen gekettet» (F 44), und die Luft ist nicht «klar durchdacht», sondern «der Angstschweiß der Träume» (F 212), «fürchterliche Gewaltanwendung» (F 226), also, wie es in AMRAS heißt, das «teuflische Oxygenische» (A 23)[30].

Die Entgegensetzung von Utopie und Wirklichkeit (die begriffen

ist als Negativ, als Auflösung des utopischen Zustands) kehrt in späteren Werken als diejenige von einstigem und jetzigem Zustand allegorischer Großgrundbesitze wieder. Sie sind zunächst Umsetzungen der Visionen der «allerkürzesten Augenblicke» ins Räumliche (was insofern naheliegt, als Zeit, im ‹Augenblick› aufgehoben, schon gleichsam verräumlicht ist). Die «einfach durchforschbare reinigende Unendlichkeit» stellt sich jetzt dar als «Hierarchie» (B 19). Damit ist ausdrücklich eine Ordnung gemeint, die Darstellung «harmonischer Weltverhältnisse» (Novalis) wäre, worin Vernunft und Schicksal eins wären (B 18). So ist «Hierarchie» im besondern gesellschaftliche, politische Utopie, und zwar in eben dem Sinn rückwärtsgewandte Utopie wie diejenige des Goldenen Zeitalters, die der romantische Antikapitalismus der «Zerstückelung» durch Arbeitsteiligkeit, Konkurrenz, Besitz (als ausschließendem, Herrschaft begründendem) entgegensetzte. Ernst Fischer[31] hat diese Funktion der Utopie an Grillparzers Dramen nachgewiesen, vor allem für den vorgeschichtlichen, mythischen Zustand in LIBUSSA, dessen Ende deutlich die Kennzeichen des aufsteigenden kapitalistischen Bürgertums trägt. Im BRUDERZWIST, im Denken Rudolphs II. (von dem überliefert ist, daß er einen großen Kopf und dünne Beine hatte, was auch für Bernhards Strauch gilt), und im OTTOKAR (Gründungs-Mythos der Habsburger Monarchie) hat Grillparzer die Idee des Goldenen Zeitalters auf ein ideales, verklärtes Kaiserreich übertragen. Desgleichen sind Bernhards Hierarchien, in ihrem ursprünglichen Zustand, mit der Idee der alten Donaumonarchie obzwar nicht zu identifizieren, aber doch, unter anderm, zu assoziieren. In einer Erläuterung zu ROSEN DER EINÖDE (1958, ungedruckt) sagt Bernhard, die Beschäftigung «mit der so glücklichen und unglücklichen Geschichte dieses zerschlagenen Reiches und gepeinigten Volkes» sei Voraussetzung für ein Verständnis dieser seiner Szenen. In der Rede, verfaßt zur Entgegennahme des Wildgans-Preises der österreichischen Industrie (1968) spricht er, im Zusammenhang mit «Todeskrankheiten», von den «Resten des Reiches», und er sagt, er habe «ein paar Geschichten im Kopf, oder ein Märchen wie *Das Märchen vom schönen Österreich, als es noch etwas war* oder *Von der schönen Stadt Wien, als sie noch etwas war* oder *Von den Österreichern, als sie noch etwas waren*»[32].
Der «allgemeinen Entwicklung entsprechend» (U 78), ist so beispielsweise Ungenach, einst der «Ort der Großzügigkeit und der Menschlichkeit und der Kultur und der besseren Herrschaftlich-

keit», jetzt «eine einzige Natur- und Geistesverheerung und -verwüstung», eine «Hölle der Geschmacklosigkeit» (U 78)... einst «eine Natur für sich», jetzt «eine groteske Künstlichkeit» (U 81). Analoges gilt für Hochgobernitz, einst Zentrum der Künste und Wissenschaften (V 214), wo aber jetzt das Chaos sich ausgebreitet hat: als Unordnung im Haus (V 190), in gestörten, haßerfüllten Familienverhältnissen, als Verwüstung (Hochwasser) der Besitztümer, im Wahnsinn schließlich des Fürsten, der sich ins kleinste, finsterste, feuchteste Zimmer seiner Burg zurückgezogen hat. Ebenso ist Stilfs, das einst als «Inbegriff von Stille und Andacht» gegolten habe (M 13), jetzt völlig verwahrlost, nur die Wirtschaft (wozu auch zu sagen wäre: «der allgemeinen Entwicklung entsprechend») ist noch intakt. Um das Kalkwerk herum, das angelegt war als «Herrenhaus» (K 33), an dem man «gut die folgerichtige Menschheitsgeschichte der letzten vier oder fünf Jahrhunderte» studieren könne (K 122), indem jedes Jahrzehnt etwas umgebaut, angebaut, abgerissen worden sei (K 31), ist alles «verrostet und verfault» (K 39 f.), und drinnen ein «heilloses Durcheinander» der Möbelstücke und Einrichtungsgegenstände (K 40), ein «Möbelstückechaos» (K 42).

Im Bild der allegorischen Güter, wie sie *einst* waren, ist demnach die Vorstellung eines vorgeschichtlichen, mythischen Zustands überlagert von derjenigen geschichtlicher Kontinuität («alles, was mit Ungenach zusammenhängt, diese ganze Geschichte» (U 20)). Die Gleichung ist möglich, weil Geschichte nicht so sehr als zeitliche Abfolge gedacht ist, sondern selber als in sich dynamische Totalität, im besondern als die Gesamtheit überlieferter Kultur. Darauf deuten zum Beispiel die überall vorhandenen Bibliotheken (als deren Urbild die Bibliothek von Bernhards Großvater anzunehmen ist): in Hochgobernitz, Ungenach, im Herrenhaus in DER ITALIENER, auch das Bücherzimmer in der Baracke des Erzählers in WATTEN, sodann die riesige Bibliothek in Stilfs, in der «drei ungeheure Hinterlassenschaften von Büchern» zu einer einzigen zusammengeschlossen seien (M 30). Überlieferung, geschichtliches Leben, ist *jetzt* erstarrt in einer der ursprünglichen Vollkommenheit konträren, also chaotischen, anarchischen Zuständlichkeit; sie bedeutet das Ende der Geschichte, das Ende der Kultur.

Als von diesem Antagonismus abgeleitet, ihm analog, scheint zunächst derjenige von Oben und Unten sich darzustellen. ««Gehen Sie jetzt zum Saurau *hinauf*?› fragte der Industrielle. ‹Ja›, sagte mein

Vater, ‹aber vorher muß ich noch einmal zur Fochlermühle *hinunter*›» (Hervorhebung der beiden Wörter von Bernhard). Die metaphorische Bedeutung dieses Oben-Unten machen zwei Zitate aus UNGENACH und FROST deutlich: ...«obwohl Ungenach tatsächlich tief in der Ebene liegt, hatten wir immer unter dem Eindruck, es seien die Gebäude auf eine Anhöhe gebaut, gelebt, obwohl Ungenach tatsächlich tiefer liegt als alle andern nicht zu Ungenach gehörenden Gebäude» (U 76). Umgekehrt liege Weng, von dem der Erzähler sagt, es sei «der düsterste Ort», den er je gesehen (F 7), «hoch oben, aber noch immer wie tief unten in einer Schlucht» (F 8). Als Transposition des Gegensatzes Vorher—Nachher unterscheidet Oben und Unten «die von Natur aus verhaßten höheren Wesen unter den Menschen, die am aussterben sind und die schon beinahe vernichtet sind», von der «Masse der gemeinen und niedrigen» (U 28). Da andererseits das Obere selbst, die Herrschaftsgebäude bzw. das Denken ihrer Bewohner, jetzt als in Zerstörung begriffen vorgestellt werden muß, unterscheidet Oben sich nicht von Unten[33], Hochgobernitz beispielsweise nicht sich von der in der lauten und finstern Schlucht gelegenen Fochlermühle, die einst zu Hochgobernitz gehörte (Teil war des gesamthaft zerstörten «Ganzen»), bevor ein Vorfahr des jetzigen todkranken Fürsten sie einem Vorfahr des jetzigen todkranken und verkrüppelten Besitzers schenkte. Eine Tiefe sei immer eine Höhe, sagt der Fürst, «je tiefer die Tiefe der Höhe, desto höher die Höhe der Tiefe und umgekehrt» (V 168), und in AMRAS findet sich die fragmentarische Bemerkung: «... von unten nach oben, um höher unten zu sein...» (A 42). Otto Lederer[34] hat in der Romankomposition von VERSTÖRUNG eine von dem «Advokaten in Grundstückangelegenheiten» über den Industriellen im Jagdhaus («Festung») Hauenstein auf den Fürsten auf Hochgobernitz verweisende Steigerung festgestellt, zu der entgegengesetzt die «Steigerung» von dem Totschlag der Wirtin zu der Brutalität in der Fochlermühle verlaufe — Entgegensetzung, die also ebensosehr als gleichlaufende Steigerung zu begreifen ist; die Steigerungsstufen beider Reihen bedingen sich wechselseitig.

In der Paraodoxie artikuliert sich der identische Gegensatz von Subjekt und Objekt, Denken und Sein. Zehetmayer, sagt der Fürst, sei für den Verwalterposten ungeeignet, weil er «von Wald- und Forstwirtschaft, geschweige denn -wissenschaft nichts verstehe, die Natur nicht verstehe, weil er an die Einfältigkeit der Natur glaube, als ein willenloses Opfer der Natur, immer nur *in der Natur sei*»

(V 96 f.). Verstehen aber, im Sinn des Fürsten, ist nichts anderes als willentliche Reproduktion dessen, was Leute wie Zehetmayer als «willenlose Opfer», in, wie der Kulterer sagt, «radikal selbstmörderischer Bewußtlosigkeit» (B 19), bloß erleiden. Der Fürst also reproduziert mit Bewußtsein, in seinem wahnsinnsgemäßen Monolog, was der Wirt, die Bergmänner, die Leute in der Fochlermühle, bloß bewußtlos erleiden und ebenso bewußtlos in ihrem praktischen Verhalten reproduzieren: «die Todespathologie der Natur» (U 92). «Verbrechen», sagt der Advokat in der Erzählung DER ZIMMERER, «seien Krankheitserscheinungen; die Natur bringe unaufhörlich alle möglichen Verbrechen, darunter die Menschenverbrechen, hervor (...) Alles sei immer in der Natur und aus der Natur, die Natur sei von Natur aus verbrecherisch» (P 113). «Denken wir nicht», sagt Moro, «denkt die Natur» (U 10), und das heißt, da ein Denken der Natur nur durch das menschliche Denken hindurch denkbar ist: Wir denken, was die Natur denkt: «Wahnsinn durch sich selbst als Wahnsinn der Welt, der Natur» (V 183). (Der Fürst bezeichnet sein Gehirn als «qualvoll für die ganze Menschheit mißbrauchte Membran» (V 124)[35].) Die objektive Signifikanz der pathologischen Verhaltensweisen, von denen die Rede war, ist damit ausdrücklich bestätigt.

Diese Objektivität sei eine gesellschaftlich vermittelte; Bernhard aber, könnte eingewendet werden, spricht überwiegend von der «Natur». Sein Naturbegriff jedoch ist nicht derjenige der als Naturwissenschaft geltenden positivistischen «Ersatzursachenforschung» (K 174), sondern ein philosophischer und im weitern also ein historischer Begriff. So ist beispielsweise das Hochwasser zwar ein Naturvorgang, aber ebenso, als Metapher der Verwüstung des geistigen Hochgobernitz» (V 140), ein philosophisch bzw. politisch zu begreifendes Phänomen (es reproduziert sich als «Getöse» im Gehirn des Fürsten, und ein «ungeheures Getöse» (V 181), sagt er, werde «das Ende» sein, das Ende der zivilisierten Welt). — Natur, Geschichte, Philosophie stehen in durchgehender Analogie, daß heißt, jeder Komplex ist metaphorisch in den andern transformierbar. Der erstarrten Zeit beispielsweise, wie sie der Innsbrucker Kaufmannssohn (Selbstmörder) als Übereinstimmung individueller und allgemeiner Geschichtlichkeit erlebt (P 72 ff), entsprechen in der Natur Gesteins- und Hochgebirgsformationen. Die Berge, sagt Strauch, seien «Gehirngefüge» (F 11); umgekehrt ist in AMRAS die Rede von den «Methoden des Grauens des in die Ge-

hirne der Menschen vorgerückten Gesteins» (A 84). Mehrfach begegnen Steinbrüche in Bernhards Werk (zum Beispiel in JAUREGG, wo der Steinbruch Zeichen des eingeschlossenen, von Vergangenem beherrschten Denkens ist); der Erzähler in VERSTÖRUNG studiert Montanistik: Gesteinsforschung ist gleicherweise Gehirnforschung wie Geschichtsforschung (sein Gang zum Fürsten, in Begleitung des Vaters, lenkt ihn also nicht ab vom Gegenstand seiner Studien), Erforschung der «geologischen Genealogie» (P 78). Sie ist mitgemeint, wenn der Erzähler in AMRAS unmittelbar vor dem gemeinsamen Selbstmord der Familie die «durch die Berge schon beinahe völlig verfinsterte Straße» (A 17) wahrnimmt: Verfinsterung durch Familie, «Urgestein und Familie» (A 39), durch die «präpotente Last» (U 19) der Geschichte. — Ferner kehrt *in* der Natur, im Verhältnis Luft — Gestein, der Gegensatz von Bewußtsein und Bewußtlosigkeit wieder: Der «radikal selbstmörderischen Bewußtlosigkeit» der «willenlosen Opfer» entspricht «die von lauter Finsternis und Naturrätsel und Verstandeserschütterung taube (...) jederzeit nur in strafbaren Handlungen existierende (...) Hochgebirgslandschaft» (A 14 f.), als deren «furchtsame Eingeweide» der Erzähler in AMRAS seine Eltern bezeichnet: «furchtsame Eingeweide des in Millionen Jahren wie *für sie* (wie für uns), die *Unbewußten, Todessüchtigen,* entstandenen Oberinntals...» (A 94). Die Landschaft aber ist, wie die in ihr Lebenden es sind (mittelbar oder unmittelbar), Produkt der «fürchterlichen tirolischen Oxydationen» (A 94), also klimatischer Vorgänge, wobei zu denken ist an die «konfusen Strömungen (...) aus der Unendlichkeit in das Inntal herein» (A 61), die der Erzähler fühlt als «lauter Frühlingsluftzüge ungeheuren Weltverstandes» (A 61 f.). An Strauchs mediale Beziehung zur Luft, die «in seinem Gehirn den Verstandesklöppel anschlagen läßt» (F 208), ist zu erinnern, etc.
Solche Panmetaphorik, die Natur, Geschichte, Denken zu einem einzigen Unbedingten, Absoluten vereinigt, setzt doch so etwas wie ein «neutrales Gehirn» voraus, einen «Weltverstand» oder «Weltgeist» (I 91), der aber konfus, verstört ist. Die Panmetaphorik ist also grundsätzlich widersinnig. «Wo wir hinschauen», sagt Moro, »Myriaden von Analogien», setzt aber gleich hinzu: «krankhafte Nervenprozesse» (U 30 f.). «Die Analogien sind tödlich», sei einer der «immer wiederkehrenden entscheidenden Sätze» des Fürsten (V 123); dennoch besteht er auf seinem «Pantheismus», im Gegensatz zum «Apostatischen», zur «Scheinmetaphysik» seines Sohnes

(V 170). — Im mystisch/pantheistischen Denkmodell ist alles Gleichnis: des Ganzen, und dadurch vermittelt wechselweise der Teile untereinander — als All-Sympathie und -Harmonie, und gerade nicht als Zerstörung, Desintegration, Anarchie, Disharmonie. Bernhard benutzt also die Metapher als Sprach- und Denkform, negiert aber in eins damit ihre Voraussetzungen (deus sive natura). Das Paradox ist Ausdruck eines Denkens, das im Begriff ist, seine eigenen (historischen) Voraussetzungen zu liquidieren, sich selber zu liquidieren, in radikal selbstmörderischer Bewußtheit.
Das durch Panmetaphorik jederzeit auf das Unbedingte bezogene Denken überspringt allerdings, wenn man seine Äußerungen aufs Buchstäbliche behaftet, alle besonderen historischen, politischen Bedingtheiten, oder schiebt sie als irrelevant beiseite. Es wird dies gern zum Anlaß genommen, Bernhards radikaler, aus unbedingtem Betroffensein heraus erfolgender Zeitdiagnose die Triftigkeit abzusprechen (zum Beispiel von Wendelin Schmidt-Dengler[36]). Erkenntnis von Wirklichkeit aber vermitteln Bernhards Dichtungen — wie alle bedeutende Dichtung — in ihrer Totalität, als das «totale Geistesprodukt» (K 77), das allein noch ermögliche, sich mitzuteilen. Die Unterstellung, eine treffende Darstellung der gesellschaftlichen Wirklichkeit hätte auf diskursivem Weg zu erfolgen («differenziert» zu sein), will das Subjekt dichterischer Aussage auf die Rationalität verpflichten, die es willentlich zurückweist. Der offen oder versteckt erhobene Vorwurf der Irrationalität zielt auf die Radikalität der Kritik: sie dürfe gegen dieses und jenes sich richten, habe aber dem Ganzen, der allgemeinen Sprache und dem gesellschaftlichen Allgemeinen (ob es dann Sozialismus oder freiheitlichdemokratische Marktordnung heiße) sich zu bequemen. — Als Moment dichterischer Totalität kann ein Sprachgestus beispielsweise, in seiner Emotionalität, so viel sagen wie das in ihm wörtlich Bedeutete, ja, dieses kann oft nur in Relation zu jenem überhaupt sinngemäß verstanden werden. Die kategorische Unbedingtheit mancher Äußerungen zum Beispiel braucht nicht gleich auch historischer Besinnung standzuhalten, um wahr zu sein. Ihre Wahrheit ist die der Ausweglosigkeit, der katastrophalen Situation, in der wir stecken, und jede Einschränkung würde dieser Wahrheit, der durchgehend intendierten ganzen Wahrheit, die das Produkt ist vielfältiger Erfahrung, Abbruch tun. Darauf ist anzuwenden, was Marcuse über die «große bürgerliche Kunst» schrieb, in einem Aufsatz, der sonst gerade ihre kritische

Relativierung sich zum Ziel setzt: «Wenn sie den Schmerz und die Trauer, die Not und die Einsamkeit zu metaphysischen Mächten steigert, wenn sie die Individuen über die gesellschaftlichen Vermittlungen hinweg in nackter seelischer Unmittelbarkeit gegeneinander und gegen die Götter stellt, so steckt in dieser Übersteigerung die höhere Wahrheit: daß eine solche Welt nicht durch dieses oder jenes geändert werden kann, sondern nur durch ihren Untergang[37].»
Bernhards Naturbegriff, sagten wir, sei ein historischer Begriff (gesellschaftliches Sein bedeutend). Bekanntlich läßt die geistige Physiognomie von Epochen sich an ihrem Naturbegriff ablesen. Derjenige der Aufklärung ist ein grundlegend anderer als der des Mittelalters, und die Opposition der Romantik gegen das Denken der Aufklärung (gegen die bürgerliche Gesellschaft) fand nicht zuletzt ihren Ausdruck in einem Gegenbegriff von Natur. Bernhards Begriff einer verbrecherischen und zerstörerischen Natur entspricht auffallend demjenigen des Marquis de Sade, der, wie Horkheimer und Adorno in DIALEKTIK DER AUFKLÄRUNG dargelegt haben, Reflex naturbeherrschender Rationalität ist, deren radikale Kritik ist als ihre Verwirklichung bis in die letzten Konsequenzen, die offizielle Aufklärung, gehindert durch säkularisiert religiöse Humanität, welche als systemfremder Anachronismus stehen geblieben ist, zu ziehen sich scheute — nicht aber die gesellschaftliche Praxis der letzten 150 Jahre [37a], so daß es der jüngsten Zeit vorbehalten blieb, in Sades Schriften mehr zu sehen als die pathologischen Phantasien eines Außenseiters. Man darf vielleicht so weit gehen, in Bernhards Hochgobernitz etc. ein Äquivalent zu Schloß Silling in Sades DIE 120 TAGE VON SODOM zu sehen: In der strengen Systematik der dortigen Vorgänge, in ihrer vom Wort, vom Gedanken ausgehenden Planmäßigkeit reproduziert sich die Systematik philosophischer Deduktionen[38]; ebenso ist das geistige Hochgobernitz (als «Einbildung») eine Welt der Allmacht des Denkens, also — deutlich in der obzwar auf Ungenach bezogenen Charakterisierung als «menschenverschleißender Grundstückedespotismus» (U 51) — Darstellung auch der verwalteten, naturbeherrschender Rationalität (die mittelbar menschenbeherrschende ist) unterworfenen Welt. Die mögliche Beziehung auf Sade besagt, daß Bernhards Werk selber begriffen werden kann als im buchstäblichen Sinn radikale, nämlich an die (historischen) Wurzeln zurückgehende Kritik an Rationalismus und «Aufklärung».

Alles in allem läßt also die Formel: «Wahnsinn durch sich selbst als Wahnsinn der Welt, der Natur», ohne Gewaltsamkeit sich transformieren in: Wahnsinn durch sich selbst als Wahnsinn der Gesellschaft. Die Formel besagt: Was *in* der «Natur» ist, wird zerstört, was *über* ihr ist (‹oben›), zerstört sich selbst, ist für sich, was die «willenlosen Opfer» an sich sind: «zerstörender Mittelpunkt aller Zerstörung» (A 23). (Wenn wir für «Natur» Gesellschaft setzen, ist damit beispielsweise die Dialektik des KALKWERKS beschrieben.) Verstehen, im Sinne der Zehetmayer betreffenden Äußerung des Fürsten, ist «Einübung in den Selbstmord» (A 10), Philosophie der «philosophische Masochismus» (U 22), wie ihn beispielsweise der Erzähler in WATTEN praktiziert, wie ihn Strauch praktiziert, «von sich beherrscht, von seiner Zersetzungsapparatur, wie von einem lebenslänglichen Unrecht» (F 93), und wie ihn der Vater des Fürsten praktizierte, der, vom Gedanken an Selbstmord beherrscht, «Denken in Selbstmordmöglichkeiten als eine Wissenschaft» (V 227) betrieben hat. — Wahnsinn durch sich selbst als Wahnsinn der Welt: «Die Frage, ob all dies zum physischen oder psychischen Selbstmord führt, ist müßig, nachdem die Selbstverstümmelung im vollen Gang und ein Wandel kaum abzusehen ist.» So zu lesen in der ZEIT (25. August 1972), in einem Aufsatz, der sich mit dem universalen, wahnsinnsgemäßen, Städte und Landschaft verwüstenden, als Lärm geisttötenden Terror durch Automobilisterei befaßt, worin die gegen Geist und Natur gerichtete Destruktivität der totalitären Demokratie symptomatischen, komprimierten Ausdruck findet. «Können wir mehr tun», fragt demgemäß Laing, «als den Niedergang um uns und in uns zu reflektieren?»[39] Adorno hat festgestellt, daß nur die ohnmächtige, also die Fatalität reproduzierende Reflexion als Menschliches noch bleibe; vergleichbar der Fürst: «Es gibt überhaupt kein Praktisches, nur ein Theoretisches» (V 199). Insofern sind allerdings Oben und Unten, obzwar substantiell nicht verschieden, dennoch als Wert und Unwert zu begreifen: weil im Denken — Denken im, wie Adorno sagt, «emphatischen Sinn», als Auflösung aller Begriffe — die Zerstörung als solche zu ihrem Bewußtsein findet, wodurch mittelbar, als Negation der Negation, der menschenwürdige Zustand, gleichermaßen Erinnerung wie Utopie, wenigstens postuliert bleibt.

Politische Artikulation des chaotischen Zustands nach Zerfall der «Hierarchie» als des Inbegriffs von Menschlichkeit und Kultur ist

die totalitäre Massendemokratie, die durch ihr quantifizierendes, also die Mechanismen des Markts imitierendes Prinzip allein schon die Liquidation aller ein geistiges Leben ermöglichenden Werte eingesteht. In ihr hat die mit dem Manufakturwesen, seinen Erfordernissen entsprechend eingeleitete Entwicklung ihre Vollendung erreicht: als jene Atomisierung (Zerstückelung) des Einzelmenschen und der Gesellschaft, die ursprünglich Ergebnis erpresserischer Gewalt der ökonomisch Stärkeren gegen die Schwächeren war und nunmehr zur zweiten Natur geworden ist («Die Entfernungen unter den Menschen vergrößern sich, wie sich die Isolation des einzelnen vergrößert» (U 28))... als Atomisierung und dadurch ermöglicht als Nivellierung, gemäß der von Borkenau festgehaltenen Tendenz: auf der untersten Ebene bewußtlosen Funktionierens, also der Dummheit, die Grillparzer noch als Milderungsgrund gelten ließ (weil er sie noch nicht als willentliche erkannte), obschon sie, wie Moro sagt, immer die Gewalt hat und die Mittel, «alles auszulöschen, auszulöschen und zu vernichten, was nicht ebenso dumm ist wie sie...» (U 27). Davon hat der Vormund der Brüder gesprochen, als er feststellte, daß nichts erbärmlicher, grauenhafter sei, als «die von Natur aus verhaßten höheren Wesen unter den Menschen, die am Aussterben sind und die schon beinahe alle vernichtet sind, zu vernichten», statt «die gemeinen und niedrigen (...) anzuleiten, anzulernen zu höheren, möglicherweise zu dem eigenen höheren Wesen». «Aber die Menschen», setzt Moro hinzu, «sind vernarrt in den Fatalitätsweg (...) und die Demokratie, in welcher der größte Dummkopf das gleiche Stimmrecht und das gleiche Stimmgewicht hat wie das Genie, ist ein Wahnsinn...» (U 28); insofern sei die Welt, «wenn dieser Ausdruck überhaupt noch zu halten ist», heute schon über das Ende hinaus.
Die «Abschenkung» (Zerstückelung) von Ungenach bezeichnet Moro als «revolutionäres Element» (U 10) und, was gleichbedeutend ist, als «philosophischen Masochismus» (U 22), denn: «...Kommunismus, Sozialismus, Demokratismus lächerlich als ein Weltmasochismus...» (U 19) (Unmittelbar anschließend spricht er, wie nach den Äußerungen über Dummheit und Demokratie, vom Ende der Geschichte.) Es sei die ihn sein ganzes Leben beschäftigende Tatsache («unter welcher ich meine ganze Existenz geführt habe»), daß die «Welle der Weltdepression und die Welle der Weltperversion», als welche er «Sozialismus und Kommunismus» bezeichnet hat, «über uns weggehen» müsse (U 24). So sei auch,

sagt er zu Robert, die «Abschenkung» (Vernichtung) von Ungenach zu sehen, «die Sie wie ein Verbrecher sein Verbrechen, wie der verurteilte Verbrecher die über ihn verhängte lebenslängliche Kerkerstrafe (...) in der größtmöglichen Gefühlsarmut durchzuführen gedenken» (U 24). Die Schuld, der wir in anderm Zusammenhang begegnet sind, ist hier eindeutig gefaßt als überpersönliche, geschichtliche: In der Vernichtung der Güter, als Verbrechen *und* als Strafe (beides in einem) bezeichnet, wirkt historische Fatalität («Fatalitätsweg» (U 28)), begriffen als eine fürchterliche Gerechtigkeit. Ihr Sinn kann nur sein, daß die Vergangenheit haftbar gemacht wird für den gegenwärtigen Zustand, der aus ihrer eigenen Konsequenz demnach sich ergeben mußte. (Dazu Walther Killy: «Das tiefe Mißtrauen gegen die eigene Gegenwart schlägt sich als Mißtrauen gegen die Vergangenheit nieder, aus der jene stammt[40].») Die Beziehung zwischen *einst* und *jetzt* ist dadurch in vergleichbarer Weise zwiespältig wie die zwischen *oben* und *unten*. Bernhard verwechselt nicht (so wenig übrigens wie Grillparzer, den seine Stellungnahme gegen das kapitalistische Bürgertum und Verklärung der Monarchie nicht daran hinderte festzustellen: «Die Rotte, die uns regiert, ist von einer Schlechtigkeit, welche höchstens in ihrer Dummheit eine Entschuldigung finden mag[41]») die Idee schöner Herrschaftlichkeit mit der Realität von Herrschaft, die immer «Schreckensherrschaft» (U 59) gewesen sei, und das gilt nicht allein für politische Herrschaft, sondern auch für das den Cartesianischen Ansatz weiterführende Denken, für die Philosophie, als deren Allegorie die Güter, wie sich hinsichtlich Hochgobernitz zeigte, unter anderem zu verstehen sind.
— In der Prosa EREIGNISSE steht der Traum eines Großgrundbesitzers, «daß einer seiner Arbeiter viele Stellen seines Landstückes aufgräbt und überall kommt ein Leichnam zum Vorschein. Er läßt den Arbeiter das ganze Gebiet um das Haus umgraben. Aber es gibt keine Stelle, unter welcher nicht ein Toter begraben liegt. Jetzt läßt der Großgrundbesitzer von hunderten von Arbeitern sein ganzes Land umgraben, aber tatsächlich ist es, ohne Ausnahme, unter einer dünnen Erdschicht dicht von Leichen bedeckt. Jede zum Vorschein kommende Leiche, es sind Körper verschiedenen Alters und beiderlei Geschlechts, läßt er sich vorführen, und er erinnert sich, sie alle *eigenhändig* umgebracht zu haben. Die Angst jedoch, selbst getötet zu werden, läßt ihn seine Verbrechen nicht anzeigen. Er kommt auf die Idee, *den oder die Mörder* suchen zu lassen. Zu

diesem Zweck organisiert er einen Apparat von Beamten, die er hoch bezahlt. Schon wenige Tage später ist ein *Mörder* gefunden. Obwohl der Großgrundbesitzer weiß, daß es sich bei dem Mann, der völlig unbekannt ist, nicht um den *Mörder* handeln kann, läßt er ihn einem Gericht ausliefern, das ihn zum Tode verurteilt. Der *Mörder* wird hingerichtet. Auf diese Weise finden die Beamten noch viele *Mörder*. Sie finden schließlich genauso viele *Mörder* als es Ermordete gibt. Sie alle werden hingerichtet und auf dem Grundstück des Großgrundbesitzers eingegraben.» (E 12) Die Leichen, welche die Arbeiter ausgraben, stehen für die Schuld, welche Herrschaft bezüglich der ihr Unterworfenen im Laufe ihres Bestehens auf sich geladen hat. Sie ist vom Besitz nicht wegzudenken, und mit dessen Übernahme lädt der jeweilige Erbe auch die ganze Schuld sich auf als die seine («eigenhändig», erinnert sich der Besitzer, habe er alle die Toten umgebracht). Dieser seiner Schuld (obschon sie ebenso nicht die *seine* ist) wird der Besitzer im Traum gewahr — wie anders sie auf dem Vater des Fürsten von Jugend auf lastete, der für die tradierte Schuld durch Selbstkasteiung und Selbstmord Sühne leistete. Der Gutsbesitzer reproduziert sie durch Jagd auf angebliche Mörder: Der Traum schildert modellhaft den Mechanismus von Herrschaft, die, um sich zu behaupten, auf begangenes Unrecht neues Unrecht häuft.

Am Traum des Großgrundbesitzers, wie an den beiden früher zitierten Vorstellungen des Fürsten, mußte der paranoische Despotismus auffallen, wie ihn Canetti in MASSE UND MACHT, besonders anhand des Falles Schreber, beschrieben hat. Als der einzige Überlebende (Überlebender, um jeden Preis will auch der Großgrundbesitzer sein) blickt der Fürst in der zweiten zitierten Vorstellung (V 181) auf Straßen, angefüllt mit Leichen, in der ersten (V 179) hoch von der Burg hinunter (jeweils die von Canetti als archetypisch beschriebene Situation des Aufrechten über Liegenden, Gefällten) auf unermeßliche Haufen von Leichen (bzw. Baumleichen; auch der Traum des Großgrundbesitzers war dadurch ausgelöst worden, daß er vor dem Einschlafen daran gedacht hatte, am folgenden Tag die zum Schlagen bestimmten Bäume seines Waldes zu markieren). So blickte auch der Erzähler in FROST in seinem Traum nach gelungener Operation von der Decke hoch oben auf den zerstückelt auf dem Operationstisch liegenden Maler hinunter. Und der Topos kehrt wieder in der Vorstellung des Generals, daß die Äste auf dem Boden seines Waldes abgerissene Körperteile gefallener Soldaten seien (Jg 110). Darin ist der «menschenverschleißende Grundstückedespotismus» (U 51), der begriffen werden kann als Gleichnis der natur- und menschenbeherrschenden technologisch-bürokratischen Rationalität, zu äußerster Konsequenz getrieben. Aber im Akt noch der Auflösung der Despotie reproduziert sich ihre Gewalt, wie Denken «im emphatischen Sinn», als «Auflösung aller Begriffe», gegen die Sprache die Gewalt wendet, die ihm von ihr zugefügt wird. Tradition, Inbegriff vergangener Verbrechen, ist nicht nur zu perpetuieren, sondern auch zu liquidieren nur durch neue Verbrechen, neue Schuld, als Reproduktion gleichfalls der alten[42]. Diese Aporie, charakteristisch für Bernhards Beziehung zur Vergangenheit (für sein Denken überhaupt), artikulierte Moro, als er sagte, daß der Universalerbe Ungenach abschenke, wie (einerseits) ein Verbrecher sein Verbrechen durchzuführen gedenke, (andererseits) der verurteilte Verbrecher die über ihn verhängte Strafe.

Die Güter können, wie gesagt, begriffen werden als Umsetzungen des «Augenblicks», als Darstellungen wie von «Weltverhältnissen» so von Denkverhältnissen. Ausdrücklich stellt der Fürst die Gleichung her, wenn er sagt: ... «ich schließe immer von mir, von meinem Gehirn aus, wie von einem geistigen Hochgobernitz aus sozusagen (...) auf das Ganze, auf die ganze Welt usf.» (V 140) Seine Welt («Einbildung») ist wie anders die Poesie Strauchs «immer in der Mitte ihres einzigen Gedankens», in Hochgobernitz also, ‹erfunden›: «Du kannst in die Wissenschaften hineingehen, wenn du magst, in die Künste, hineingehen, du führst alles immer auf deine Grundstücke, auf Hochgobernitz zurück.» (V 174) Entsprechend Robert in UNGENACH: «Wenn wir eine Reise gemacht haben» (wobei «Reise» auch eine in Gedanken bedeuten kann) «war alles nur Vorbereitung auf unser Zurückkommen nach Ungenach.» (U 91) Novalis im «Heinrich von Ofterdingen»: «‹Wo gehen wir denn hin?› ‹Immer nach Hause.›»[43]
Indem aber dieses ‹Zuhause›, auf das doch alles bezogen bleibt, aus dem alles seinen Sinn erfährt, zu einem «vollkommen Unsinnigen» (U 57), zu einer «perversen Fürchterlichkeit» (U 83) geworden ist (wie anders die «Luft» — «Weltverstand» — jetzt als «fürchterliche Gewaltanwendung» (F 226) erscheint), ist die Zentrierung, die Rückbezüglichkeit aller Handlungen und Gedanken auf Ungenach, Hochgobernitz etc. nicht mehr *Konzentration* als

DER EINZIGE GEDANKE

Aufgehobensein in der «einfach durchforschbaren reinigenden Unendlichkeit» (B 19), sondern Beherrschtsein, *Obsession*. Karl weiß, daß in Ungenach bleiben Irrsinn bedeute, doch: «Es ist, als ob ich gar nicht mehr von Ungenach weggehen könnte, augenblicklich so, als wäre es mir gar nicht mehr möglich, mich aus dem Gebäude, in welchem ich untergebracht bin, zu entfernen.» (U 53) Strauch sei dem Ort Weng (der Funktion nach Vorstufe der zerstörten Besitztümer), «wo das Menschenmögliche unmöglich gemacht wird» (F 57), «verfallen» (F 44). Der Fürst empfindet Hochgobernitz als einen «absolut tödlichen», einen «lebenslänglichen» Kerker (V 195), und Stilfs sei ein Ort, «dem wir entkommen wollen, das uns aber mit immer noch größerer Rücksichtslosigkeit einkerkert, einfach zu einem unüberwindlichen Dauerzustand geworden ist» (M 9). — In den zwanghaften Beziehungen ist die Mechanik des eingeschlossenen Denkens wieder zu erkennen, dem es nicht gelingt, seine Isolation zu durchbrechen; wie die Bewohner von ihren Gütern, ist es beherrscht von seinen Vorstellungen, seiner Sprache. So ist der Erzähler, der seine Obsession so beschreibt, daß man für «Mütze» ohne weiteres «Hochgobernitz» einsetzen könnte, von der Mütze beherrscht: ...«alles, was ich denke, was ich fühle, was ich tue, was ich *nicht* tue, alles, was ich bin, was ich darstelle, ist von dieser Mütze beherrscht, alles, was ich bin, ist unter der Mütze, alles hängt auf einmal (für mich, *für mich in Unterach!*) mit dieser Mütze zusammen» (P 27). Die Obsession läßt sich jetzt auch als eine durch Tradition verstehen, die begriffen ist als «präpotente Last» (U 19), als fatale Determination unseres Denkens und Handelns.

Als von ihren Besitztümern beherrscht, sind die Bewohner von Ungenach, Hochgobernitz, Stilfs etc. von ihren die Tradition reproduzierenden Vorstellungen, ihrem die Tradition reproduzierenden Denken, und das heißt: von ihrer Sprache, beherrscht. In ihr hat Tradition sich angesammelt wie anders in den riesigen Bibliotheken sich die Bücher. Immer sei «der ganze ungeheure, vernichtende Wortschatz» sichtbar, «auch dann, wenn er nicht *gebraucht*, sondern *unterdrückt* wird» (V 198). Es ist dieser «vernichtende Wortschatz» das «Buchstäbliche», von dem immer alles vernichtet werde (V 199), die Zitatenwelt, in die wir eingeschlossen sind als in einen «lebenslänglichen Kerker» (W 23) (dem «lebenslänglichen Kerker» analog, der Hochgobernitz dem Fürsten sei), das «Wortinstrumentarium» (V 176), das eigentlich gar nicht

mehr existiere und das also, indem wir es zu gebrauchen doch gezwungen sind, den Geist abtötet: «Im Gespräch machen wir die Toten lebendig, die Lebendigen töten wir.» (V 199) — Oswald Wiener formuliert salopp: «die welt ist sirup aus der sprache unserer väter»[44], und Handkes Quitt, weniger appetitlich: «Was mir herausrutscht, ist nur noch die Jauche vergangener Jahrhunderte.»[45] An Heissenbüttels poetische Doktrin der Rekapitulierbarkeit[46] ist zu denken etc.: «Die Wahrheit ist Tradition, nicht die Wahrheit.» (V 199) — und dementsprechend gilt: «Was Ungenach betrifft sind ja selbst die Lügen wahr.» (U 53) Moro stellt ausdrücklich die Analogie zwischen den Besitztümern und der Sprache her, wenn er sagt: ... «wir reden andauernd so, wie verarmte Leute von ihrem Besitz reden, den sie nicht mehr haben (oder auch nie gehabt haben!)» (U 30). Darum ist alles unbegreiflich, sind die Begriffe keine Begriffe mehr und ist alles «Verständnislosigkeit»: «weil nichts mehr verständlich zu machen ist, wo naturgemäß alles in Auflösung begriffen...» (U 47). Darauf führt auch der Fürst die Verdinglichung und Aushöhlung der Sprache zurück, wenn er sagt (V 178): «Das Chaos ist schon so groß, daß alle schon zu viel allegieren» (= zitieren). —
«Mit von den vergangenen Jahrtausenden zerschmetterten Gliedern liege man auf dem Zellenboden», sagt Strauch (F 174), und Moro sinniert: «... wie wir mit der ganzen perversen Geschichte auf uns durchs Leben gehn...» (U 21). Der Fürst spricht von der Unausweichlichkeit, wo immer er sich befinde, von Hochgobernitz «erdrückt» zu werden (V 220). An Strauchs Traum (F 242 f) ist zu denken, worin sein aufgeblähter Kopf die Leute in der Wirtsstube erdrückt (ebenso erdrückt dieser aufgeblähte Kopf fast ihn selber, seine Brust (F 239)): Zwischen der früher gegebenen Deutung (Anmaßung des Denkens, als naturbeherrschender Rationalität, gegen das Kreatürliche) und derjenigen des Erdrückenden als Tradition, besteht kein Widerspruch, da eben jenes Denken als geschichtlich gewordenes, als Resultat (und Ende) der Geschichte begriffen ist. Das Bild der Zelle, im Zitat aus FROST, wie das des Kerkers in VERSTÖRUNG oder MIDLAND IN STILFS, deutet erneut auf die Schuld der Vergangenheit, die abzubüßen ist (vergleichbar Ingeborg Bachmann, in MALINA: ... «von dieser Stelle aus, wo nichts mehr geschieht, muß man die Vergangenheit ganz ableiden»[47]), und es besagt in diesem Zusammenhang weiter, daß der «Abtötungsprozeß», als der Existieren noch zu begreifen sei,

in dessen Konsequenz vollständige Isolation und Bewegungslosigkeit steht (an den Lehrer ist zu denken, den Strauch sich vorstellt und von dem er sagt, daß er «langsam von seinem Denken in sich hineingezwängt» werde, «in den Begriff des ‹Unaufhörlichen Schnees›» (F 247)), bedingt ist durch die geschichtliche Situation (des posthistoire).

Auf das Erdrückende der Tradition sind, wie Strauchs Traum, unter anderm auch die Vorstellungen des Fürsten zu beziehen, die wir, in Anlehnung an Canetti, als paranoisch bezeichnet haben, und zwar — indem «das Wesen des pathologischen Phänomens in der Gesamtheit der nervösen und vegetativen Reaktionen zu suchen ist, welche die Gesamtantwort des Organismus auf die von der Außenwelt geführte Attacke (...) darstellen»[48] — als Umkehr erlittener Ängste (subjektive Reproduktion der objektiven, erlittenen Gewalt), wie sie Minkowski an einem Fall von paranoidem Wahn feststellte: Der Kranke habe sich permanent von einer Katastrophe bedroht gefühlt: zu Tode gedrückt zu werden von allem, was auf der Welt Rückstand ist: Kadaver, Schutt, Abfall. Die Zeit laufe für ihn nicht mehr vorwärts; «das Vergangene häuft sich an, und die Zukunft (...) verheißt nur eine Zermalmung der Gegenwart durch die ständig schwerer werdende Masse des Vergangenen».[49]

Er wolle nicht «in die Vergangenheit, die wie die Gegenwart und die Zukunft sei, die Gegenwart und die Zukunft *sei*, schauen», sagt der Innsbrucker Kaufmannssohn (P 86). Es heißt dies zunächst, daß er beherrscht ist von seiner individuellen Geschichte, von seiner Erinnerung ans Elternhaus. Die Beziehung des Einzelmenschen zu seiner Erinnerung ist aber analog derjenigen der Besitzer bzw. ihrer Söhne zu den Gütern (der Vater des Kaufmannssohnes ist als «Realitäten- und Menschenbeherrscher» (P 72) charakterisiert, was, um so eher, als «Realitäten» in Österreich Grundstücke und Liegenschaften bedeutet, an den «menschenverschleißenden Grundstückedespotismus«, zu dem Ungenach geworden sei, erinnert), des Denkens zu seinen Vorstellungen. Dem utopischen Zustand bzw. dem «Augenblick» entspricht eine (ausdrücklich als «augenblicklich» bezeichnete) Erinnerung, «die so klar sein kann wie die Luft an einem der Ewigkeit gehörenden Augusttag» (zu vergleichen: «Die Luft ist auch klar durchdacht» (F 194)). Sie befähigte Strauch «zu erstaunlichem Geist und zu erstaunlicher Welterfahrung. Die Geschichte durchforschte ihn, und er tat dasselbe mit der Geschichte — und Einklang herrschte.» (F 62) — Erinnerung bzw. Geschichte als «einfach durchforschbare reinigende Unendlichkeit», worin subjektives Denken aufgehoben ist. Dagegen entsprechen der «Zerstückelung» von Hochgobernitz etc. die «Erinnerungsfetzen» (F 172 und 226), die «Fetzen von Merkwürdigkeiten» (F 36), die eine objektive Entsprechung wiederum finden beispielsweise in der Charakterisierung Wiens als eines riesigen Friedhofs «zerbröckelnder und vermodernder Kuriositäten» (P 85). Zerstückelung bedeutet Isolation und demgemäß Obsession: Erinnerungsbilder sind jetzt Zwangsvorstellungen. Dem Maler tut jede Erinnerung weh, die auftaucht (F 240), und den Brüdern in AMRAS ist die Erinnerung (an die Eltern) «der unerträglichste aller Schmerzen» (A 28). Sie «führe immerfort, unendlich sich selbst auf» (F 36). Auch der Kaufmannssohn gebraucht für den Erinnerungszwang die Theatermetapher: Als eine «eiskalte Bühne» bezeichnet er seine Kindheit, seine Jugend, sein ganzes Leben, «nur dazu da, ihn zu erschrecken» (P 86). «Manchmal weinte er, und wenn ich ihn fragte, warum, dann antwortete er: weil er den Vorhang der Bühne nicht zuziehen könne; er sei zu kraftlos dazu; immer weniger oft könne er den Vorhang der Bühne zuziehen, er fürchte sich davor, ihn eines Tages überhaupt nicht mehr zuziehen zu können; wo er hingehe, wo er sich befinde, in welchem Zustand immer, er müsse sein Schauspiel anschauen; die fürchterlichsten Szenen spielten immer wieder in seinem Innsbrucker Elternhaus, in dem Kaufmannshaus; Vater und Mutter als Triebkräfte seiner tödlichen Szenerie, er sehe und höre sie immer.» (P 86 f) Das Elternhaus, das die tödliche Szenerie seines Schauspiels abgibt, vertritt (wie alle zwanghaften Erinnerungen in Bernhards Werk) ‹Herkunft› als überindividuelle («Tradition»), und demgemäß ist auch von seiner (wie auch des Erzählers) «Schuld», von eines jeden «Verbrechen» (P 80) die Rede (das dann der Kaufmannssohn durch seinen Selbstmord, durch das «Verbrechen» der ‹Liquidation› seiner selbst, ebenso ‹sühnt› wie reproduziert), ohne daß angegeben wäre, worin diese Schuld, dieses Verbrechen, im besonderen bestünde. «Jeder von uns», sagt der Erzähler, «war in seinem vielsagenden Namen eingeschlossen und konnte nicht mehr hinaus» (P 80) (wie beispielsweise Karl in Ungenach). Es seien vor «vielen» bzw. «unzähligen» Generationen im Gebirge entstandene Namen — an die metaphorische Bedeutung von Gebirge im Sinn

von «Urgestein und Familie» (Urgestein *gleich* Familie) ist zu erinnern; der Erzähler spricht denn auch von «unserer und der ganzen geologischen Genealogie» (P 78), womit gemeint ist die «eigene» (als Familiengeschichte) und «die fremde, die allgemeine, uns wahnsinnig machende *große* Geschichte» (A 9), die analog sind. Die Obsession durch Elternhaus und Familie ist darum ebensosehr eine durch die Hauptstadt, die Stadt, die «ein aussterbender Friedhof» (P 88) sei (Ingeborg Bachmann spricht von «Nekropolis»[50]), «in der nun keine Geschichte, keine Kunst, keine Wissenschaft mehr war, in der nichts mehr war» (P 81), die zu verlassen aber «jeder zu schwach» sei (P 88).
Aufgesogen von Vergangenheit, *als* diese ins Endlose prolongierte Vergangenheit, ist die Gegenwart gespenstisch, nur scheinbar wirklich, in Wirklichkeit tot. Der Erzähler in Stilfs (bezüglich des Engländers): «Er mag ja auch wie ich, wenn er denkt, denken, daß alles, das, woraus wir, Franz und ich, wie auch er, wie alle Existierenden, sind, Vergangenheit, tot ist (...) daß alles, was ist, also alles, was gewesen ist, tot ist» (M 32). Die Formulierung «alles, woraus wir sind», bezeichnet wörtlich oder sinngemäß die Beziehung der verschiedenen Erzähler zu Mütze, «Namen», Ungenach, des Fürsten zu Hochgobernitz, von Strauchs Poesie zu ihrem «einzigen Gedanken» etc.: Der Tod ist es, aus dem alles ist, auf den alles bezogen, von dem alles beherrscht ist: Denken, Sein, die Wissenschaften, die Künste, die Politik. Das ist insofern keine «Banalität» (häufigster «kritischer» Einwand gegen Bernhards Dichtung), als damit nicht gesagt ist: Alle Menschen müssen sterben, sondern: sie sind bei Lebzeiten tot (Ms. Nightflower: «Wir stinken alle nach Asche und keine Glut ist mehr da.»); nicht der natürliche Tod ist gemeint (und wenn, dann als «natürliches Ende, das kein natürliches Ende ist» (M 31)), sondern der gesellschaftlich produzierte, als geistiger, seelischer Tod. Heute existieren keine wirklichen Menschen mehr, sagt Strauch, «nur Totenmasken von wirklichen Menschen» (F 209). Was wir wahrnehmen (und zwar mittels einer Sprache, deren Begriffe (Zitate) gleichsam Totenmasken lebendiger Begriffe sind): «Spiegelungen unserer Totenmasken»; die Welt ein «Totenmaskenball» (F 209). Analog der Fürst über das «Schauspiel» der Tradition: «ein auf seinem Höhepunkt erstarrter Maskenwahnsinn» (V 215). —

Die Präpotenz des Vergangenen ist ein durchgehendes Thema österreichischer Literatur seit dem Beginn des Niedergangs des Habsburger-Reiches, also mindestens seit Grillparzer. Als «Dichtung im Zeichen des Todes und Untergangs», als «Totenritual», bezeichnet Hans Mayer die Dichtung Hofmannsthals: «Das Wesentlichste in ihm, so glaubte er zu spüren, war die Vorprägung durch die Toten[51].» Durch Rekurs auf das spezifisch Österreichische wäre aber, Bernhard betreffend, mehr nicht erklärt als allenfalls die besondere Sensibilisierung für einen globalen Sachverhalt. — 1851/52, im «18. Brumaire des Louis Bonaparte», formulierte Marx: «Die Tradition aller toten Geschlechter lastet wie ein Alp auf dem Gehirne der Lebenden.»[52] Im Kommunistischen Manifest ist diese Präpotenz zurückgeführt auf die Akkumulation von Kapital: «In der bürgerlichen Gesellschaft ist die lebendige Arbeit nur ein Mittel, die aufgehäufte Arbeit zu vermehren. In der kommunistischen Gesellschaft ist die aufgehäufte Arbeit nur ein Mittel, um den Lebensprozeß der Arbeiter zu erweitern, zu bereichern, zu befördern. In der bürgerlichen Gesellschaft herrscht also die Vergangenheit über die Gegenwart, in der kommunistischen die Gegenwart über die Vergangenheit[53].»
Diese Deutung scheint im Werk von Bernhard eine Bestätigung zu finden (explizite Bestätigung, die aber nicht Bedingung der Möglichkeit der durch die Marx-Zitate angeregten Deutung ist) durch die Rolle, die der Besitz darin spielt — allerdings überwiegend feudaler Besitz; in der Erzählung DER WETTERFLECK jedoch handelt es sich um bürgerlichen, durch Geschäftstätigkeit erworbenen Besitz, und trotzdem folgt sie dem gleichen Imaginationsmodell: der Unterschied wäre demnach irrelevant. — Die Generalin berichtet, daß sie und ihr Mann «bei Kriegsende» sich im Wald versteckten, weil sie befürchten mußten, umgebracht zu werden. Der Wald wird vom Schriftsteller als Teil des «ungeheuren Vermögens» von General und Generalin bezeichnet, wenn nicht, worauf die parallele Formulierung deutet, sogar damit gleichgesetzt: «Wenn man wie Sie / zu einem so ungeheuren Vermögen gekommen ist / und sich dann / beispielsweise in dem eigenen ungeheuren Wald / verstecken muß» (Jg 38 f.). Kurz darauf, in eindeutiger Gleichsetzung: «Wenn zwei riesige Vermögen / zu einem einzigen riesigen Vermögen gemacht werden / gnädige Frau / in welchem man sich verstecken muß» (Jg. 39). Wohl will der Wald in erster Linie als Inbegriff kultureller Überlieferung verstanden sein (die

Vereinigung der Vermögen ist analog der Vereinigung der Bibliotheken in Stilfs); in der Gleichsetzung von Wald und Vermögen ist aber doch die Erinnerung an die materiellen Voraussetzungen der überlieferten Kultur aufbewahrt, die Erinnerung daran, daß sie diejenige der Besitzenden war, der feudalen und im weitern der bürgerlichen Klasse, die das Erbe der feudalen angetreten hat. Entsprechend bedeutet ihre Liquidation auch die der überlieferten Herrschafts- und Besitzverhältnisse und umgekehrt. Es wäre demgemäß die Beziehung von Oben und Unten (die wir zu begreifen suchten als diejenige von Denken und Sein) zu interpretieren als die von ‹kulturellem Überbau› und ‹materieller Basis›. Dafür könnte sprechen, daß seit dem Hochwasser (dem das plötzliche Auftreten des Borkenkäfers im Wald des Generals analog ist) die Krankheit des Fürsten sich, wie der Arzt sagt (V 125), «mit unglaublicher Vehemenz» vollzogen habe (wie mit dem Auftreten des Borkenkäfers die Krankheit des Generals akut wird), daß also der Zusammenbruch der geistigen Welt des Fürsten und des Generals durch die Zerstörung der ‹materiellen Basis› wenn nicht ausgelöst, so doch beschleunigt und offenkundig gemacht wird. Auch der Untergang der Konrads, die einst unermeßlich reich gewesen seien, geht mit völliger materieller Verelendung einher, und der Selbstmord der Familie in AMRAS hat solche zur unmittelbaren Ursache. In das Bild würden die Diebstähle passen, die mit den Zerfall der «Ordnung» signalisieren: die Holzdiebstähle im Wald des Generals (die ganzen Jahre habe der General den Satz gesagt: «Den Holzknechten auf die Finger schauen», im Schlaf sage er das oft und wache dann schwitzend auf (Jg 26)), sowie die Diebstähle in der Firma der Präsidentin. Sie sind der Bedrohung durch das «Ungeziefer» bzw. durch die «Massen» (DER PRÄSIDENT) analog. Dem würde ferner entsprechen, daß der Fürst sagt, «alles unterhalb der Burg» sei kommunistisch (V 117), wie alles unterhalb Weng (Kraftwerkbau, Zellulosefabrik) kommunistisch ist (F 178). «Der Kommunismus wird alles beherrschen», sagt Strauch, «selbst das entlegenste Tal der Welt. Selbst den abgeschlossensten Winkel des letzten sich gegen ihn wehrenden Gehirns» (F 178). Der Sohn des Fürsten, der nur darauf sinne, den Vater zu «vernichten» (V 234) — wie der Sohn des Präsidenten — und den Besitz Hochgobernitz, diesen, wie er im Traum des Fürsten sagt, «ungeheuren Land- und Forstwirtschaftsanachronismus» (V 143) zu «zerstückeln», liest «Kautsky, Babeuf, Turati und solche Leute» (V 149) und schreibt eine «durch und durch politische Arbeit» (V 167); er habe «das Proletariat angezogen» (V 170) — was zuerst proletarische Kleidung meint, im weitern aber wohl auch proletarische Gesinnung —, das er aber, was der Fürst abstoßend findet, «jeden Moment wieder ausziehen kann» (was heißt, daß er mit der proletarischen Revolution bloß kokettiere). — Zwar ist auch für Bernhard der «Kommunismus» das Resultat der überdies als unvermeidlich angenommenen Entwicklung; diese aber bedeutet nichts als Auflösung, Zerfall, und zwar aus direkter Konsequenz der Geschichte (was wohl spezifisch heißen muß: aus Konsequenz der Geschichte des Bürgertums, also fortschreitender Atomisierung und Nivellierung), deren Ende dadurch manifest werde.

Politische und intellektuelle Verrottung sind als identisch gesehen, gleichsam nur wechselnde Ansichten des einen «Fatalitätswegs» (was deutlich wird an der Selbstverständlichkeit, mit der Strauch von «entlegenstem Tal» auf «abgeschlossensten Winkel des Gehirns» wechselt). Die Möglichkeit, etwa durch eine Veränderung der ‹Basis› auf den ‹Überbau› einzuwirken, also durch Veränderung der Produktionsverhältnisse dem Bewußtsein die Voraussetzung zu schaffen, die erdrückende Last des Vergangenen abzuschütteln (im Sinn des Zitats aus dem Kommunistischen Manifest), rückt für Bernhard überhaupt nicht erst in den Blick. Durch die als revolutionär bezeichete Entwicklung, ob ihr Ziel nun Kommunismus, Sozialismus, Demokratismus, Anarchie heiße, werde die Herrschaft materieller Reproduktion über das Reich der Freiheit nicht beseitigt, sondern im Gegenteil allererst absolut. Es werden vollends die «Vorteilsmenschen» (V 121) vom Schlag eines Henzig (Technokrat) und Moser («eine Person (...) die grundsätzlich alles weiß, was ihr nützt» (V 148)) triumphieren, denen der Sohn des Fürsten, im Traum des Fürsten, seinen Entschluß entgegensetzt (der im übrigen drastisch zeigt, wie sehr man in die Irre gehen würde, in ihm einen Revolutionär im Sinn von Sozialismus oder Kommunismus, im üblichen Wortverstand, zu sehen), die ganze Ökonomie von Hochgobernitz zu ruinieren, die landwirtschaftlichen Maschinen zu verschleudern, das Gesinde zu entlassen und die Ernte verfaulen zu lassen. Gegen alle Vorhaltungen, es könnten von der Ernte so und so viele Leute ernährt werden, so und so viele würden als Erntearbeiter einen Verdienst finden, stellt er sich taub, um den Preis, als «verrückt» zu gelten. (Auch dem Erzähler in WATTEN ist «alles Nützliche verhaßt» (W 66).)

DER EINZIGE GEDANKE

Es gibt keine positive Alternative zum Bestehenden, nur diejenige der Vernichtung, die aber ihrerseits (der Sohn nennt sie seine «Konsequenz», seine «Verwirklichung» (V 155)) nur die Wahrheit des Bestehenden zutage fördert, den ihm immanenten Zerfall beschleunigt und offenkundig werden läßt: «denn im Gefolge von Sozialismus und Kommunismus gehen wir alle zusammen genauso zugrunde, wie wir im Gefolge der Kaiser- und Königreiche zugrunde gegangen sind, *weil wir zugrunde gehen müssen* ... denn der Untergang ist es, worauf schließlich alles bezogen ist...» (U 24).
Damit gibt Bernhard seiner Enttäuschung über die Ergebnisse von Revolutionen, sei es die bürgerliche oder die proletarische, Ausdruck («Daß die Revolutionen uns nicht gebracht haben, was wir erwartet haben»[54]), und er trägt der Entwicklung der seit dem Kommunistischen Manifest vergangenen rund 125 Jahre, vor allem aber der letzten Jahrzehnte Rechnung: dem von Kracauer[55] schon 1930 beschriebenen Übergang des liberalen Kapitalismus (der liberalen Demokratie) zum «organisierten» oder Monopolkapitalismus (zur totalitären Demokratie) mit der charakteristischen, von Kracauer erstmals analysierten Vermarktung der Freizeit und der Träume. Als «totale Mobilmachung» hat Marcuse die Entwicklung charakterisiert[56], was besagt, daß jetzt auch jene Bezirke der materiellen Reproduktion unterworfen sind, die der Liberalismus vergleichsweise unangetastet ließ: «Auf einem niedrigeren Stand der Produktivkräfte hatte die bürgerliche Gesellschaft noch nicht die Mittel, Seele und Geist in Verwaltung zu nehmen, ohne diese Verwaltung durch terroristische Gewalt zu diskreditieren. Heute besteht die Notwendigkeit totaler Verwaltung, und die Mittel stehen zur Verfügung: Massenbefriedigung, Marktforschung, industrielle Psychologie, ‹computer mathematics› und die sogenannte ‹science of human relations› besorgen die nicht-terroristische, demokratische, spontan-automatische Harmonisierung von individuellen und gesellschaftlich-notwendigen Bedürfnissen, von Autonomie und Heteronomie» (also die Scheinerfüllung jener Harmonie von Besonderem und Allgemeinem, ohne die nach Adorno keine Freiheit ist) — «die freie Wahl dessen und derer, die gewählt werden müssen, wenn anders dieses Systems fortbestehen und wachsen soll»[57]. Dem ‹common man› geschehe «die demokratische Aufhebung des Denkens»[57] (Konrad: «Abschaffung des Denkens») von selbst und werde von ihm selbst vollzogen[57]. Nachdem

solchermaßen die «totalitäre technologische Gesellschaft» (und unter diesem Begriff sind nicht allein die nominell kapitalistischen Gesellschaften zu befassen, sondern auch die nominell kommunistischen, also staatskapitalistischen) das «Reich der Freiheit jenseits des Reichs der Notwendigkeit»[58] in ihre Verwaltung genommen, das heißt «selbst ihr Gegenbild nach ihrem Bild» geformt, mithin es abgeschafft habe, sei Freiheit allein noch denkbar als «Autonomie über den Apparat»[58]. Damit ist die geschichtliche Voraussetzung jenes Denkens bezeichnet, das seine Autonomie allein darin findet, der Gesamtheit seiner Vorstellungen (der Sprache, als der ‹Verkörperung› verwalteten Bewußtseins) sich entgegenzusetzen als deren unbedingte Negation. Solche Autonomie ist aber buchstäblich utopisch (ortlos), Reflex ebenso unbedingter Heteronomie, der Herrschaft des totalitären Apparats über das Denken. Ihre Realisierung («Verwirklichung») fände sie allein im Akt seiner Zertrümmerung, die Bernhard symbolisch vollzieht (und, da real die Heteronomie unverändert weiterbesteht, immer neu vollziehen muß, von einem Wiederholungszwang erfaßt, der wieder nichts anderes ist als Ausdruck eben der Heteronomie, die zu beseitigen wäre) durch Verschleiß der Sprache und auf der inhaltlichen Ebene durch die exemplarischen Liquidationen, welche die Katastrophe heraufbeschwören, die, wie Marcuse schreibt, vielleicht nur das Monopol (das in eigener Konsequenz, wie in Bernhards Welt die als Inbegriff von Tradition verstandene «Ordnung», auf sie zusteuert) noch brechen könne[59].

Auch Marcuse macht die kulturelle Überlieferung, im Begriff der «affirmativen Kultur», für den gegenwärtigen Zustand mit verantwortlich, bestimmt diese aber zugleich als «die geschichtliche Form, in der die über die materielle Reproduktion des Daseins hinausgehenden Bedürfnisse des Menschen aufbewahrt blieben»[60]. (Dieser zwiefache Aspekt ist auch in der Äußerung des Fürsten enthalten, die Bücher seien «seine Lebensmittel», seien aber jetzt «vergiftet, tödlich» (V 177).) Die «affirmative Kultur» hat zwar die Idee von Freiheit und Menschenwürde weitergetragen, hat aber gleichzeitig mit der realen Unfreiheit und Entwürdigung sich abgefunden — ihre «Schuld» — und dadurch mittelbar ihre eigene Liquidation vorbereitet, wie anders Denken, indem es, als naturbeherrschende Rationalität, über das Kreatürliche im Namen subjektiver Autonomie sich erhob, seine eigene Abschaffung, durch die technokratisch-bürokratische Gesellschaft, in der solche Rationali-

tät schließlich sich objektivierte, betrieben hat. Die Liquidation der Überlieferung ist somit einerseits nichts als Zerstörung von allem, was Existenz zu einer menschenmöglichen machen kann, andererseits notwendig und zu befördern: aufgrund der «Schuld» des Vergangenen, weil die überlieferten Werte angesichts der objektiven Entwicklung zur Lüge, zum Anachronismus, zu «Einbildung» geworden sind: Um der Wahrheit und historischen Gerechtigkeit willen sehen Bernhards Protagonisten sich gezwungen, die objektive Verwüstung subjektiv (in ihrem Denken), aktiv, nachzuvollziehen, gleichsam das Schicksal in ihren Willen aufzunehmen, zu zerstören, was sie am Leben hält. Angefangen mit Strauch, praktizieren sie alle den «philosophischen Masochismus», als den Moro die Abschenkung Ungenachs charakterisierte. So hat auch der Erzähler in WATTEN nach der Liquidation des väterlichen Schlosses sich in eine Baracke zurückgezogen; dort schreibt er seinen Bericht, sein Testament, im einzigen noch bewohnbaren Raum, in dem jedoch «ein unvorstellbares Chaos» (W 62) herrsche (identisch mit dem «ungeheuer Chaotischen der Geschichte» (F 95)) und «der Geruch der ganz bewußt von einem Menschen auf ein bestimmtes, naturgemäß von der Masse verabscheutes und ihr und allen aus allen bekannten Gründen völlig unverständliches Ziel hin praktizierten totalen Verwahrlosung» (W 63). Die Brüder in Stilfs hätten aus der Not, die ihnen Stilfs sei, eine Tugend gemacht, «indem wir von dem Augenblick an, in welchem wir eingesehen haben, daß Stilfs das Ende unserer Entwicklung ist, alles daran setzten, dieses Ende zu beschleunigen» (M 31). Sie unternehmen nichts gegen die «unvorstellbare Verwahrlosung» der Wohngebäude, sie überlassen «das im Grunde Wertvollste in Stilfs, seine Inneneinrichtung, die kunstgewerblichen Schmuckstücke, die zum Großteil dreihundert, vierhundert Jahre alt» seien (M 23), dem «in die Milliarden gehenden Ungeziefer» (M 22). Den Schlüssel zur Bibliothek, um sie nie mehr betreten zu müssen, haben sie in die Alz geworfen (M 31).
Solches Verhalten, obschon beileibe nicht dem Fortschrittsfrohsinn der Gegenwart entsprungen, reproduziert doch deren Geschichtsfeindlichkeit, und was Wittram gegen diese geltend macht, ist auf jenes nicht minder anzuwenden: daß die Vergangenheit nicht aufhört zu wirken, wenn wir ihr den Rücken kehren[61]. An die Äußerung des Fürsten ist zu erinnern, daß der «vernichtende Wortschatz» auch dann «sichtbar» sei, wenn er nicht *gebraucht*, sondern *unterdrückt* werde (V 198). Ebenso ist der Fürst auch in

New York von Hochgobernitz beherrscht (V 220), und der Erzähler von DIE MÜTZE auch in dem, was er *nicht* tut, von der Mütze (P 27): Obsession durch Tradition, ob durch die eigene Geschichte (Erinnerung) oder die «große» Geschichte, ist in jedem Fall Obsession durch das eigene Denken (und umgekehrt) — durch das die Tradition reproduzierende Denken. Demgemäß spricht der Fürst, hinsichtlich seiner Familienangehörigen, die alle durch ihn seien, von der «Vorwirklichkeit, die aus mir ist und aus der ich bin» (V 139). Also: Alles ist Einbildung (ist aus mir), diese Einbildung aber ist vorgebildet, «vorgeschrieben» (V 182), durch Tradition (bzw. *ist* die Tradition). Karl bezeichnet diesen Zirkelschluß, hinsichtlich Ungenach, als «Wechselirrsinn» (U 48). In allen seinen Versuchen, vom Unerträglichen, Vernichtenden sich abzuwenden, der Obsession zu entfliehen, geht also das Denken «von sich fort auf sich zu» (V 164) — wie beispielsweise alle Versuche des Erzählers, die Mütze loszuwerden, dazu beitragen, daß er vollends sich ihr ausliefert — bzw. es schafft, indem es die «Vorwirklichkeit» (Sprache), die, so lange sie besteht, das Denken abschaffe, vernichtet, auflöst, liquidiert, in letzter Konsequenz sich selber ab; das Zerstörende zerstörend, zerstört das Subjekt sich selbst. —

Der Erzähler und der Kaufmannssohn, als in ihre «Namen», in die Hauptstadt eingeschlossen, sind in sich selber eingeschlossen: «Unser Gemüt war, wie unser Geist, so fest verschlossen gewesen, daß wir nach menschlichem Ermessen einmal, wir waren nicht mehr gar zu weit davon, in uns ersticken mußten.» (P 79) Um dem «Namen», um der «Hauptstadt» zu entrinnen, haben sie in ihr Zimmer sich eingeschlossen und ein zu ihrem Schutz gedachtes «Kanalsystem» errichtet (P 81). Doch wie in der «atonischen Atmosphäre der Hauptstadt» ihre Seelen zusammenschrumpfen (P 80), ersticken sie in ihrem Zimmer, in das sie acht Semester lang keine «frische Luft» hereinließen (79), und atmen in ihren «schützenden Kanälen (...) auch ununterbrochen eine tödliche Luft ein» (P 78): «Wir gingen und wir krochen (...) in diesen Kanälen unserer Jugendverzweiflung und Jugendphilosophie und Jugendwissenschaft auf uns zu.» (P 78) Eingeschlossen in ihr Kanalsystem und in ihr Zimmer, haben sie der tödlichen Konsequenz ihres eigenen Denkens sich ausgeliefert und sind darum ebensosehr eingeschlossen in ihre «Selbstmordgedanken» (P 85). Mit größter Deutlichkeit ist die Aporie in der Erzählung AM

ORTLER ausgeführt. Der Aufstieg zweier Brüder auf den Ortler hat zum Zweck die Inspektion einer Sennhütte, die ihnen von den Eltern hinterlassen wurde und die sie zwei Jahrzehnte lang nicht mehr aufgesucht hatten. Sie soll ihnen für zwei bis drei Jahre Zuflucht vor der Welt gewähren, die sie, wie es am Anfang heißt, nichts mehr angehe. Der geplante Rückzug auf die Hütte ist also zu vergleichen dem Rückzug Konrads ins Kalkwerk, des Industriellen in VERSTÖRUNG nach Hauenstein («Konsequenz Hauenstein» (V 53)), der Brüder ins hochgelegene Stilfs. Der Aufstieg führt in immer dünnere, in «scharfe Luft» (M 94): In die isolierte Kopfexistenz. Im Maße aber das Denken aus dem Vorgegebenen sich zu entfernen meint, verfällt es ihm, ist der Aufstieg ein Abstieg ins Vergangene, in die Kindheit (auch Konrads Rückzug ins Kalkwerk hat eine Kindheitserinnerung an dieses Bauwerk zur Voraussetzung). Je weiter die Brüder aufsteigen, um so stärker werden sie überwältigt von Erinnerung. Die tödliche Dialektik findet ihren Ausdruck darin, daß der eine der beiden sich selbst und den andern zu immer größerer Anstrengung mit den Worten und schließlich sogar mit der Stimme des *Vaters* antreibt, der auf den selben Wegen, mit eben diesen Worten, die Brüder rücksichtslos zu immer rascherem Gehen, immer rascherem Steigen angetrieben hatte. Von der Sennhütte, dem Ziel des Aufstiegs (bzw., sofern sie Vermächtnis der Eltern ist, Abstiegs), «war nichts als ein Haufen ungeordneter Steine übrig. Kein Schutzmittel, nichts.» (M 116). Durch den Aufstieg liefern die Brüder ihrer eigenen Todesursache (U 60), ihrer Konsequenz (U 29) sich aus — die aber, es kann nicht genug betont werden, nicht individualpathologisch zu verstehen ist, sondern immer als objektiv vermittelt. — «Sich der eigenen Kindheit als Todesursache ausliefern» (U 67), das ist Bernhards Fassung der Formel des Novalis: «‹Wohin gehen wir?› ‹Immer nach Hause.›» Das Wohin geht restlos auf im jetzt als tödlich begriffenen Woher. Zukunft ist kassiert vom Vergangenen, Utopie von Monotonie.

Die Geschichte des Ortler-Aufstiegs kann auch als Parabel der Aporie des eingeschlossenen Denkens gelesen werden. Wie der eine der Brüder sich und den andern rücksichtslos zum Weitergehen, Weitersteigen antreibt, treibt beispielsweise auch Strauch sich selber und den Erzähler mit dem Stocke an. Vielfach kehrt in Bernhards Werk, fast wie ein Refrain, diese Formel wieder: Weiter, weiter, rücksichtslos weiter. So treibt das Denken als spontane

Subjektivität sich zu rücksichtslosem Vorgehen gegen ‹seine› Begriffe, ‹seine› Vorstellungen an, um solchermaßen gegen die Veräußerung an das schlechte Allgemeine sich zu behaupten, sich zu «schützen» — und erstickt eben dadurch an sich selber als den tödlichen Zwang, dem es zu entfliehen meint, reproduzierendem. Nach Auflösung aller Begriffe («immer dünnere Luft») hat das isolierte Denken in der leeren Abstraktion des Cogito me cogitare sich selber (seiner eigenen Konsequenz) sich ausgeliefert als gleichsam seinem Ursprung, der auch der Ursprung der «auf ihrem Höhepunkt erstarrten» Neuzeit ist. «Kein Schutzmittel, nichts.» Die Freiheit besteht darin, statt willenlos zu ersticken, sich zu erdrosseln. —

Das Modell des Ortler-Aufstiegs kehrt unter anderm wieder in der Äußerung des Mannes im Volksgarten (in der Erzählung IST ES EINE KOMÖDIE? IST ES EINE TRAGÖDIE?), es sei ihm «die Beobachtung an sich selber höchst interessant, daß er (...) am heutigen Tag elf Stunden ununterbrochen — ‹ohne Unterbrechung›, sagte er — in einem einzigen Gedanken gegangen sei, ‹nicht auf und ab›, sagte er, sondern ‹immer geradeaus, und wie ich jetzt sehe›, sagte er, ‹doch immer im Kreis. Verrückt, nicht wahr?›» (P 41) Es bleibt offen, ob der Mann mit den Füßen gegangen sei oder in einem Gedankengang: beides zugleich ist anzunehmen, und zwar aufgrund seiner Gänge durch den Volksgarten, die jeden Tag (während der Theatersaison) bis auf die Schrittzahl genau und immer zur gleichen Zeit die gleichen sind. Er reproduziert darin den «einzigen Gedanken», von dem er beherrscht ist, seine Schuld (ein Mord), seine Erinnerung — eine «Erschütterung» (P 43), die sein ganzes Leben in ein Vorher und Nachher teilt, das heißt, seine zeitliche Dynamik sistierte.

Regelmäßig in Bernhards Werk ist Gedankenbewegung als Bewegung mit den Füßen dargestellt. Denken und Gehen, sagt Oehler (G 85), seien «zwei durch aus gleiche Begriffe» — obschon andererseits die wahnsinnsgemäße Dissoziation von Kopf und Person auch als solche von Denken und Gehen erscheint: im Falle Karrers (GEHEN), des Fürsten (dem sein Denken «Geschwindigkeiten» sei, die er nicht sehen könne (V 210)), und exzessiv, bis zur Auflösung der Syntax getrieben (M 113), im Falle des einen der auf den Ortler steigenden Brüder. «Mit den Füßen philosophieren», sagt der Dichter in der ersten Szene des Spiels DER

BERG. Die meisten Protagonisten in Bernhards Prosa sind Spaziergänger, «sensibelste Anachronistiker» (U 25). («Denken und Gehen, Sinnen und Schreiten, Dichten und Laufen war verwandt miteinander», schrieb der große Spaziergänger, Bummler und Landschweifer Robert Walser[62]). Ursprünglich, noch für Moros und des Erzählers Väter, die Spaziergänger, aber noch keine Anachronistiker gewesen seien (U 25), meinte Spazierengehen wohl die «erstaunliche Welterfahrung» (F 62), von der Strauch bezüglich der «augenblicklichen» Erinnerung spricht. Daran erinnert noch die Äußerung des Schriftstellers zur Generalin, mit ihr «kreuz und quer» durch den Wald zu gehen, das sei sehr schön (Jg 74). Normalerweise aber beschreiben solche Gänge Kreise, oder es ist ein Gehen «hin und her» im Kerker eines verschlossenen Zimmers (des verschlossenen Geistes). Im Extrem steht Gehunfähigkeit («Bewegungslosigkeit») als Bein- oder Fußschmerz (Strauchs, des Erzählers in WATTEN), oder gar Beinlosigkeit (der Guten und der Krüppel aus dem Asyl). — Der Erzähler in WATTEN ist, als er noch gehen konnte, in den letzten zwanzig Jahren, nämlich seit man ihm, einem Arzt, die Praxis sperrte (wobei die gesperrte Praxis in Beziehung zu setzen ist zur Äußerung des Fürsten, es gebe kein Praktisches mehr, nur noch ein Theoretisches (V 199), also zur Ohnmacht des allein in der Reflexion dessen, was es nicht ändern kann, der «Krankheit» der Gesellschaft, noch sich behauptenden Denkens), «mit erschreckender Regelmäßigkeit den immer gleichen Weg gegangen» (W 9): «Baracke, faule Fichte, Schottergrube, faule Fichte, Baracke» (worin, als Wegbeschreibung, die spiegelbildliche Denkform/Sprachform wiederkehrt), und Strauch gehe in Weng «täglich», schon jahrzehntelang (was ihm aber nur so vorkommen muß), den selben Weg, mit den Fixpunkten Hohlweg, Tümpel, Lärchenwald: «Immer dieselben Wege, das zieht sich wie ein Strick zusammen und züchtigt die Gedanken.» (F 264) Die Bewegung ist zwanghaft, fatal, und — die Metapher des Stricks besagt es — eine tödliche Falle. Auch von der Dunkelheit tief im Wald sagt der Maler, daß sie den Strick zusammenziehe (F 56), was zeichenhaft (Dunkelheit, Wald) das Ersticken als metaphysisches ausweist.
Die selbe Auswegslosigkeit wird bezeichnet durch Hinundhergehen. Der Erzähler in JAUREGG geht «jeden Abend nach Büroschluß (...) auf dem geschlossenen, von der Außenwelt völlig abgeschlos-

senen Areal der jaureggschen Steinbrüche» (das heißt in seinem von der Außenwelt völlig abgeschlossenen, weil vom Vergangenen («Steinbrüche») beherrschten Kopf), «und zwar immer zwischen der Büro- und der Arbeiterwohnbaracke, hin und her». Tatsächlich sei er «ein nach Büroschluß wohl zwischen den Baracken Hin- und Hergehender, gleichzeitig aber, und mit viel tieferem Bewußtsein, ein in seiner Krankheit» (die, wie er herausbekommen habe, mit seinen Eltern, insbesondere mit dem Vater zusammenhänge) «Hin- und Hergehender» (P 60). Vom Kaufmannssohn heißt es, daß er «in seinen Verzweiflungen» hin und her ging (P 78). Konrad: «Ich gehe die ganze Zeit in meinem Zimmer hin und her, in diesem meinem Problem hin und her» (K 153); er werde «schon fast verrückt in diesem Hinundherdenken» (K 158). Clov, in Becketts ENDSPIEL, beginnt «mit auf den Boden gerichteten Blicken und den Händen auf dem Rücken hin und her zu gehen. Er bleibt stehen: ‹Meine Beine tun mir weh, es ist nicht zu glauben. Ich werde bald nicht mehr denken können.›»[63] «Hin und her — her und hin» gehend» (V 293), von einer Unerträglichkeit zur andern, in der einen, einzigen Unerträglichkeit von sich zu sich, «von sich fort auf sich zu» (V 164), erfährt Denken seine Ohnmacht. Alle Auswege sind verbaut: «Wenn wir gehen», sagt Oehler, «gehen wir von einer Ausweglosigkeit in die andere.» (G 97) Für solches durch Wiederholungszwang infolge Ichverlust und Weltverlust gekennzeichnetes Eingeschlossensein des von seinen Vorstellungen bzw. von Sprache bzw. von Tradition beherrschten Denkens gebraucht Bernhard die Metaphern des Erstickens, Erfrierens (Kälte, Frost, Schnee, Eis), der Verfinsterung, Verkrüppelung, ferner der Krankheit (immer eine Krankheit, Todeskrankheit, der Bewegungslosigkeit) bzw. des Wahnsinns (immer «Wahnsinn der Ausweglosigkeit» (P 86), also mit der «Krankheit der Bewegungslosigkeit» (FB 33) identisch).

«Alle Auswege sind verbaut, heißt, es gibt keine Alternativen. Das ist der Sinn (Unsinn) der zahllosen, fast schon mechanisch verwendeten Satzkonstruktionen mit «einerseits-andererseits» (womit nie Alternativen, immer Aporien bezeichnet sind bzw. die Unmöglichkeit, einem Gegenstand sich anzunähern), der sich widersprechenden Aussagen, sich zuwiderlaufenden Aktionen wie Fenster aufmachen, Fenster zumachen, Kleidungsstücke anziehen, wieder ausziehen etc. «Ich sage etwas», sagt der Fürst, «und ich sehe sogleich das Gegenteil in mir.» (V 227) Indem es eine wirkliche

Alternative nicht gibt, allein schon deshalb nicht, weil ihr Begriff einen der «Anhaltspunkte», jene «Festigkeit» voraussetzt, die, nach Strauch (F 128), sich aufgelöst und verflüchtigt haben, sind die scheinbaren — vom Fürsten als «Spekulationen» bezeichnet, an denen er zugrundegehe: «Spekulationen» (wie das «Vermutungsspiel» in der Erzählung DIE MÜTZE), weil das eingeschlossene Denken zu Urteilen nicht gelangt, weil ihm der Zugang zu Praxis versperrt ist — beliebig, und so kann der Fürst paradoxerweise sagen: «Die Freiheit legt sich mir wie ein Panzer um mein Gemüt, die *vollkommene* Freiheit, die ich ja habe, und ich ersticke an ihr.» (V 201).[64] —

Vom Wiederholungszwang, der unter anderem in Clovs Hinundhergehen, gedanklichem An-Ort-Treten, sich bekundet, sagte Adorno, er sei «der regressiven Verhaltensweise von Eingesperrten abgesehen», es sei darin «Geschichte storniert»[65]. Durch die bloß noch blind funktionierende, also regressive und repressive Gesellschaft wird die Regression (der «Abtötungsprozeß», das «Zusammenschrumpfen der Seele») des Einzelmenschen erzwungen, ob er bewußtlos ihr sich unterwirft oder mit widerstrebendem Bewußtsein sich unterwerfen muß. Das ganze, sagt Strauch (vor einem Baumstumpf stehend), sei so schauerlich, weil es sich ja um eine «ungenheure verstandesmäßige Verstümmelung» handle, die sich von uns zu den Nächsten in den Gehirnen fortsetze (F 209), und zwar, ist zu ergänzen, durch eine Sprache, die als erstarrte, «stillgelegte», nur den Schein von Verständigung aufrechterhält und deren Begriffe (die keine Begriffe mehr sind) im «Marionettismus» (V 128) der verwalteten Welt die Drähte sind, welche die verstümmelten Gehirne in zwanghafte, mechanische Zuckungen versetzen, die Denken, Wahrnehmen, Empfinden nicht heißen können.

«Wir glauben alle», soll Konrad gesagt haben, «wir hätten schon alles gehört, alles gesehen und alles gehört und alles schon einmal erledigt, uns mit allem schon einmal abgefunden, doch wiederhole sich dieser Prozeß unaufhörlich in aller Zukunft, die eine Lüge sei» (K 176). Der Innsbrucker Kaufmannssohn «wachte jeden Morgen in der festverschlossenen Zelle eines neuen uralten Tages auf (P 86). Analog Moro bezüglich der «großen» Geschichte: «die Neuigkeiten stehen schon ein paar tausend Jahre fertig hinter uns» (U 12), und Strauch sagt, natürlich sei alles «öd, weil abgekartet, feststehend» (F 67): «Etwas herrscht über uns, das, wie es scheint, mit uns gar nichts zu tun hat.» (F 57). Der freie Wille,

sagt der Erzähler in VERSTÖRUNG, sei ein Unsinn, «und uns erschien auf einmal die Welt tatsächlich als eine unheimliche; noch nie hatte ich sie so unheimlich empfinden müssen, als während wir immer weiter in die Schlucht hineinfuhren.» (V 79) —
Die Fatalität, die in Zitaten dieser Art sich bekundet, ist dem Fortschrittsfrohsinn ein Dorn in der Ferse. Es ist darum eine verbreitete Gepflogenheit, vor der Herausforderung durch Bernhards Werk zu kneifen, indem man ihn zum exotischen «Dunkelautor» herabstilisiert. Dabei wird unterstellt, das Ärgernis, das sein Werk ist, sei auf den Nenner weltanschaulicher Beliebigkeit zu bringen, auf undialektisch gefaßte Subjektivität. Indem aber dieses Ärgernis sich darstellt als äußerst dichtes, nach allen Seiten durchreflektiertes poetisches System, weist es sich aus als Artikulation originärer Erfahrung: Erfahrung der gesellschaftlichen Wirklichkeit. Das Ärgernis, weil nicht sein kann, was nicht sein darf, durch das Tabuwort «Fatalismus» beiseitezuschieben, heißt nichts anderes als der Erfahrung sich zu verschließen, ihr mit fertiger, gegen Überprüfung sich sperrender Weltanschauung zu begegnen — also mit dem, was man Bernhard unterstellt. Wer so sich verhält, leistet seinen Beitrag dazu, die Wirklichkeit, die Bernhard darstellt, so wie sie ist, zu stabilisieren. Damit etwas anders werden könnte, muß zuerst ohne Scheuklappen zur Kenntnis genommen werden, wie es ist. Das meinte der anonyme Rezensent, der 1937, aus Anlaß von Jura Soyfers Stück VINETA, worin diese Welt dargestellt ist im Gleichnis einer versunkenen, toten, von Gespenstern bevölkerten Stadt, schrieb: «Sich als Lebender dessen bewußt zu sein, wie tot man ist, mag der Weg sein, der vom Grund wieder ans Licht führt.»[66]

Mit den bisherigen Ausführungen ist auch das meiste gesagt über Bernhards Begriff von Theater. Zum Theater wird Existenz durch Erinnerungszwang bzw. Obsession durch Überlieferung — anders gesagt: Obsession des isolierten Kopfes durch sich selbst. Solche Obsession wurde begriffen als «Todeskrankheit», und insofern können «theatralische Vorgänge» als «Todeskrankheit» gelten und umgekehrt (Jg 55). Regelmäßig erscheint der Tod, erscheint das Tödliche theatralisch, und ist mit der Vorstellung von Theater diejenige des Todes verbunden. Das Lusthaus, im Roman VERSTÖ-

RUNG wie in der Prosa und im Film DER ITALIENER der Ort, wo jedes Jahr einmal Theater gespielt wird, ist auch der Ort, wo die Toten aufgebahrt werden. Der tote Gutsherr im Film ist aufgebahrt auf einem Theaterpodium, es sind noch die Dekorationen für ein Theaterstück zu sehen, «alles sieht so aus, als wäre plötzlich eine Theaterprobe unterbrochen worden» (I 31 f.). Der Tote hatte sich eine Probe des Stücks angeschaut, ging dann hinaus und erschoß sich, offensichtlich, weil er auf der Probe seine Existenz als theatralischen Vorgang, als Todeskrankheit, erkannt hatte. Aufbahrung und Begräbnis finden am Premientag der Komödie statt. Die letzte Aufnahme zeigt den Sohn des Toten und den Italiener am Katafalk, der Sohn ergreift ein Kostüm: «Heute hätten wir das Schauspiel gespielt. Heute. Jetzt!» (I 94) Die Welt, sagt der Fürst, sei eine Probebühne, auf der ununterbrochen geprobt wird: «Wenn der Vorhang aufgeht, ist alles zu Ende» (V 165).

In der Prosa DER ITALIENER ist ans Lusthaus ein Schuppen angebaut, wo die seit Generationen gestapelten Theaterkostüme hingebracht worden waren; der Schuppen (die Kostüme) «war durch einen Bretterspalt von den beiden Totenkerzen im Lusthaus erleuchtet» (B 58). Der im Lusthaus aufgebahrte Vater hatte dieses auch das «Schlachthaus» genannt (B 70), weil darin kriegsgefangene Polen, die Zuflucht gesucht hatten, erschossen wurden. Von seinem Zimmer aus hatte der Erzähler am Mordtag das Schreien der Polen vom Lusthaus herüber gehört. Mit diesem Schreien, das sich *automatisch* jedesmal mit seiner Annäherung an das Lusthaus verstärke, habe er zwei Jahrzehnte, «bis zum heutigen Tag», zu kämpfen gehabt und habe sein ganzes Leben geglaubt, dem Geschrei der an die Wand gestellten Polen nicht mehr entkommen zu können (B 74). Er wird also das Schreien auch gehört haben, besonders eindringlich gehört haben, während der Komödienaufführungen im Lusthaus — Schreien von zu Tode Geängstigten, zum Tode Verurteilten, das den Untergrund und Hintergrund auch der Schauspiele Bernhards ausmacht, von dem sie sich abheben: von dem sie ablenken und in den sie sich aufzulösen streben. An den Schrei ist zu denken, von dem Strauch, ins Schlachthaus (Schlachthaus der Welt, der Existenz) blickend, sagt, daß er immer noch da sei, wenn alle Stimmbänder zerhackt, zerschnitten, tot seien... daß er «das einzig Ewige, Unausrottbare, Immerwährende» sei (F 214 f.).

Von der Walddichtung aus, dem Ort des Massengrabes der «verscharrten» Polen, fällt der Blick des Erzählers auf das Lusthaus: Genau um diese Zeit, dachte er, hätten die Kinder ihr Schauspiel gespielt, und eine ebenso große Menge Leute wäre vor dem Lusthaus versammelt (B 69). Er denkt über den Unterschied der Wörter «Sommerlustspielbesucher» und «Sommertotenbesucher» nach (B 69 f.). Kurz zuvor hatte er aus dem Herrschaftshaus die Schwestern sich streiten hören über die Zusammenstellung des Leichenzugs, die Aufbereitung des Todes also zum Schauspiel. So sagt Strauch von der Wirtin, sie habe am Grab des jungen Holzziehers «einen guten Platz bekommen» (F 220), und die auf den Tod harrenden Familienmitglieder in AMRAS haben sich in der Stube «gegenseitig die besten Plätze angeboten» (A 18). Wie alles mit dem Tod Zusammenhängende Schauspiel, ist umgekehrt Schauspiel, obzwar auch Ablenkung vom Tod, vom Tödlichen der Existenz, immer Totenritual: im doppelten Wortsinn Todes*beschwörung,* als Bann und Evokation. So sei das Kindertheater der Präsidentin zwar Ablenkung vom Tod, aber am offenen Grab glaubt sie sich auf der Guckkastenbühne und muß sich dagegen wehren, nicht den lächerlichen Kindertext herzusagen.

Der Mord an den Polen ist Ursache des Selbstmordes des Vaters; er ist sein «Schauspiel» gewesen, die Erinnerung, von der er, wie anders der Sohn vom Geschrei der Polen, beherrscht war und deren Stellenwert also jede Erinnerung, jedes Schauspiel, für ihn haben mußte, wie für die Gute jede Frage, nach gleich was, nur eine Frage nach dem «Unfall» ist. Weil einerseits Erinnerung als Schauspiel begriffen ist, Schauspiel, das immer den Tod zum Inhalt hat, andererseits jedes Schauspiel das Schauspiel der Erinnerung, also des Todes, vergegenwärtigt, ist zwischen den Wörtern «Sommerlustspielbesucher» und «Sommertotenbesucher» ein wesentlicher Unterschied nicht auszumachen. Der Zusammenhang wird bedeutet dadurch, daß der Erzähler, als er über den Unterschied, der keiner ist, nachdenkt, auf dem Grab der Polen steht (an dem Ort also, wo gleichsam die Erinnerung aufbewahrt ist), sodann durch die Identität von Lusthaus (als dem Ort, wo Theater gespielt wird) und Schlachthaus (als dem Ort, wo die obsessive Erinnerung sich lokalisiert), und schließlich dadurch, daß die Requisiten und Kostüme, von denen der Erzähler sagt, sie seien für ihn «Erinnerungen» (B 53), im Licht der Totenkerzen sichtbar sind.

Daß mit «Erinnerungen» nicht zufällige, individuelle Erinnerungen gemeint sind, geht daraus hervor, daß es sich um seit Genera-

tionen gestapelte Requisiten und Kostüme handelt: Kostüme der Commedia dell'Arte (im Film) bzw. des Großen Welttheaters (in der Prosa (B 58). Ein Fragment aus AMRAS, Tagebucheintragung des zufällig und wider Willen dem mit der Familie gemeinsam geplanten Selbstmord entgangenen Erzählers, lautet: «In der Herrengasse» (Elternhaus) «das Zimmer, in dem die Theaterkostüme aufgehängt waren: Pantalone, Columbine... Unsere Tragödien, *Lust*spiele, *Schau*spiele... bayrisch-italienische... wie gern wäre ich auf dem Dachboden bei den Kostümen, aber es ist mir verboten, ‹unser› Haus zu betreten... Unser Onkel hat es ‹aus gutem Grund› nicht ersteigert...» (A 78 f.). Der Onkel hat aus demselben Grund das Haus nicht ersteigert, aus dem der nach Amerika emigrierte Erzähler in UNGENACH diesen Gutsbesitz liquidiert, «abschenkt»: um nicht dem Vergangenen sich auszuliefern. Die Kostüme sind Sinnbilder der Überlieferung, ihrer fatalen Rollenzwänge: Tödlich ist Theater als «Schauspiel» der Überlieferung (bzw. weil es Welt und Existenz als dieses «Schauspiel» vor Augen stellt), in dem, wie der Fürst sagt, erfrorene Geistesverfassungen, Phantasien, Philosopheme, Iidiotien, ein auf seinem Höhepunkt erstarrter Maskenwahnsinn herrschen «und das *uns* einfriert» (V 215). Dasselbe ist gemeint, wenn dem Fürsten die Wirklichkeit als «grausige Darstellung aller Begriffe» (V 202), der zu Zitaten gefrorenen Sprache (Inbegriff von Tradition) erscheint. Darauf, daß dieser Aspekt in DER ITALIENER zumindest latent ist, deutet die Bemerkung aus Karls Papieren: «Urteile. Massengräber im Gehirn» (U 85 f.).
In fast lyrischer Verdichtung erscheint das Begriffsfeld «Theater» in der Schilderung des Selbstmordabends der Familie in AMRAS. Der Erzähler hat noch einmal die Vorhänge zurückgezogen und beobachtet «auf der durch die Berge schon beinahe völlig verfinsterten Straße» («verfinstert» durch «geologische Genealogie» (P 78), die «ungeheure Gefühls- und Gesteinsgeschichte» (V 124)) «ein paar Menschen (...) die ins Theater gingen», die so wahrgenommen sind, daß unfehlbar die Assoziation eines Leichenzugs bzw. eines Totentanzes entsteht: «Ich beobachtete zwei Geschwistermädchen, ein Brüderpaar, zwei Professoren in schwarzen Mänteln, an ihre Stöcke gewöhnt, mit grauen, schwarzbebänderten Hüten; im Abstand von drei, vier Metern die Frauen der Professoren, auch schwarz gekleidet... diese Leute haben, wie andere ihr Mittwoch- oder Samstag-, ihr Komödien- oder Tragödienabonnement,

ihr Dienstagabonnement... Ich beobachtete den Zeitungsmann, unseren Nachbarn, in einer alten, in militärischem Schnitt gehaltenen Pelerine, ein Fleischhauermädchen mit einem Wurstkorb und einen Unbekannten... Traurig war, was ich sah, traurig war, was ich dachte, traurig zog ich den Vorhang zu, in der Trauer, die vom Verstand gelenkt ist» (A 17). Das Geräusch des Vorhangs hatte den «am Fenster sitzenden, mit seinen Büchern beschäftigten» (Jean Paul, Stifter, Lermontow), «wie studierenden Bruder» erschrocken auffahren lassen. Nachdem der Erzähler den Vorhang wieder geschlossen hat, erschrickt er selber, sich umdrehend, «vor der gespenstischen familiären Abbreviatur» (A 18). Das Attribut «gespenstisch» ist bereits enthalten in der Als-ob-Haltung des «wie studierend» dasitzenden Bruders, und auch vom Vater heißt es, daß er nur «scheinbar im Inteseratenteil unserer Zeitung gelesen» habe. Diese Menschen sind ihre eigenen Denkmäler (als «ein schweigsames Denkmal tirolischer Lebensmüdigkeit» sieht der Erzähler die Mutter), sind Kunstfiguren; sie haben den Tod, ihn erwartend, schon hinter sich. Der gespenstischen Theatralik ist wesentlich der Wiederholungs-Mechanismus der Abonnements (entsprechend den an Wochentage gebundenen Abonnements erzählt der älteste Krüppel (FB 87) die Geschichte seines Unfalls nur am Freitag); sie haben im Beispiel etwa den Stellenwert des Uhrwerks mechanischer Totentänze. —

Die Theatermetapher umfaßt alle Aspekte von Bernhards Dichtung: Die isolierte Kopfexistenz, indem sie sich selber Objekt ist, ist eine theatralische; als von Erinnerung bzw. Tradition beherrscht, ist Existenz theatralisch, redend oder verstummend theatralisch durch Sprache. Bernhard beschreibt sein Geschriebenes gesamthaft als theatralisch: «In meinen Büchern ist alles *künstlich,* das heißt, alle Figuren, Ereignisse, Vorkommnisse spielen sich auf einer Bühne ab, und der Bühnenraum ist total finster» (I 150). Dadurch daß er für das Theater schreibt, wird der imiginäre Bühnenraum gleichsam materialisiert, wird der Bühnenraum seines Kopfes veräußerlicht. Das bedeutet zwangsläufig sowohl eine Vergröberung, indem die reale Theatermaschinerie ungleich schwerfälliger ist als diejenige des Kopfes (in dem Sinn etwa, wie der Fürst die Gedanken seines Sohnes als vom Schnürboden der Welt heruntergelassene Prospekte bezeichnet, das Gehirn als die «Beleuchtungsapparatur», die ständig diese Prospekte beeinflusse (V 172)), reale Schauspieler ungleich weniger agil sind als die aus der Finsternis im imaginären Kopftheater aufscheinenden Figuren... als auch eine Verminderung der Deutlichkeit, indem das in der Helle der Bühne ständig vorhandene Bild die Anschauung, die im imaginären Bühnenraum aus der Finsternis jeweils hervortretende signifikante Erscheinungen erfaßt und, durch nichts sonst von ihnen abgelenkt, auf sie konzentriert ist, nivelliert, und indem die scharf umrissenen Konturen der Wörter und Sätze dadurch daß es Wörter und Sätze eines Schauspielers ‹aus Fleisch und Blut› sind, der auch mit dem entschiedensten Willen und dem größten Talent nicht sich zur «Maschine» machen kann (Jg 51), verwischt oder im besten Fall entscheidend verschoben werden. Bernhards Theatertexte erreichen darum nicht den Beziehungsreichtum, die Dichte, seiner Prosa (er schreibt sie auch sehr schnell, zur Entspannung, während er an einer Prosa unter Umständen jahrelang arbeitet), und aufgrund der zwangsläufigen Verundeutlichung durch das Medium (durch Veräußerlichung) tendieren sie im Gegenzug zur Groteske, zur Farce, wofür insbesondere die letzten beiden Stücke Beispiele sind.

DIE STÜCKE

Frühes Theater

Wohl der erste Text, den Bernhard für das Theater geschrieben hat (wahrscheinlich 1957) und dessen er sich schon gar nicht mehr entsinnen könne, ist die «Szene mit einem Vorspiel und drei Erzählungen» Die Totenweiber. Im Vorspiel beschwören die zwei Totenweiber, sekundiert von einem unsichtbaren Chor, der zumeist flüstert, die Schauergeschichte des auf der Bühne aufgebahrten Mädchens, das in den Wald gegangen war, seinen Liebsten zu treffen, und dabei getötet wurde. Die drei «Erzählungen», deren erste und zweite zum Inhalt haben, wie das Mädchen zweimal dem Tod nahe war, die dritte dann nochmals die Umstände ihres Todes, werden illustriert durch eine Ballett-Pantomime im Hintergrund. Sprachlich besteht die Szene aus forciert expressiven, häufig, gerade in ihrer Verstiegenheit, platten Lyrismen; durch litaneiartige Wort- und Satzwiederholungen sollte eine suggestive Wirkung erzielt werden. Da will einer ein Dichter sein, koste es, was es wolle, gleich mit den allerhöchsten Ansprüchen, an denen gemessen dann das Produkt kläglicher erscheint, als es ist. Bernhard gehört also, das läßt sich an der frühen Szene ablesen, nicht zu denen, die mit einem großen Wurf begonnen haben. Am Anfang steht der Wille, der sich, durch unbeirrtes Weiterschreiten, erfüllt.
Einiges, was für die spätere Schreibweise, zunächst für die Mehrzahl der nachfolgenden Kurz-Schauspiele, typisch ist, läßt sich aber doch an diesem ersten, monströsen Versuch schon ablesen. Einmal die in Rosen der Einöde dann auf die Spitze getriebene Reduktion auf einige wenige, zu einem magischen Ritual gefügte, in wechselnden Kombinationen wiederholte ahnungsschwere, bedeutungsschwangere Bilder bzw. Wörter. Grundsätzlich hat Bernhard die Methode auch in der Reihe der mit Ein Fest für Boris beginnenden, wieder relativ konventionellen Theaterstücke beibehalten, mit dem Unterschied, daß aus den eine ungefähre, zu erahnende Bedeutung suggerierenden bildhaften Formeln Chiffren eines hermetischen Systems geworden sind, das, als nunmehr gedankliches, sich genau aufschlüsseln läßt. — Weitere Eigenheiten, die sich mehr oder weniger ausgeprägt bis in die letzten Stücke gehalten haben, sind: Die Handlung wird nicht vorgespielt (von der Pantomime abgesehen, die auch entfallen könnte), sondern erzählt. Es gibt keinen Dialog in dem Sinn, daß Personen zueinander sprechen würden; Kunstfiguren, Gleichnisfiguren, denen Texte zugewie-

sen sind, reden mehr oder weniger ins Leere hinaus, aneinander vorbei, oder die Rede geht responsorisch zwischen ihnen (und dem Chor) hin und her. Sie sind verkörperte Funktionen; was sie sind und was sie sagen, ist unmittelbar der Idee des Ganzen untergeordnet; sie sind gleichsam Stimmen in einem Konzert, bzw., wie es dann in MACHT DER GEWOHNHEIT heißt: Instrumente.

In sämtlichen frühen Stücken ist das beherrschende Thema der Tod, wie ein Refrain durchziehen die Verse die Szene DIE TOTENWEIBER, mit denen sie beginnt: «Der Tod ist am Abend / Der Tod ist am Morgen.» Ebenso gibt das Bühnenbild eine Anschauung des Todes, enthält bereits die in den ‹großen› Theaterstücken entscheidend wichtigen, auf «Tod» verweisenden Chiffren von Dunkelheit und Kälte («theatralische Eiseskälte» (IW 36)): «Es ist völliges Dunkel: nur die Gesichter der Totenweiber und der Leichnam, in der Folge die Szenen des Ballets, sind von eisiger Kälte beleuchtet.» Bernhards erstes Theaterbild nimmt sein vorläufig letztes (letzte Szene von DER PRÄSIDENT) vorweg.

In einer Reihe von Kurzschauspielen, die meisten 1958 entstanden, hat dann Bernhard schon eine unverkennbar eigene Sprache gefunden, frei vom Krampf des ersten Versuchs, sehr lyrisch (es hatte ihn damals Lorca stark beeindruckt) oder aus surrealen Chiffren gefügt (DIE KÖPFE). Immer ist das Geschehen in irgendeiner Weise Gleichnis und sind die Figuren typisch, bildhafte Umsetzungen von Gedanken. Die Lyrismen (FRÜHLING, GARTENSPIEL FÜR DEN BESITZER EINES LUSTHAUSES, DIE ERFUNDENE) sind ihrerseits empfundene Gedanken (wie später in AMRAS der Erzähler von der Trauer spricht, die vom Verstand gelenkt ist), die in Reflexionen übergehen (und umgekehrt), musikalisch komponierte Äußerungen einer exemplarischen Befindlichkeit, die in einer Bühnenperson bzw. in der Konstellation mehrerer verkörpert ist.

Ein in seiner Art vollendetes Gebilde (nur fünf Seiten im Manuskript) ist FRÜHLING, so schwebend leicht wie sonst nichts mehr in Bernhards Werk. Zu erwähnen ist es auch darum, weil es schon den Keim enthält zu DER IGNORANT UND DER WAHNSINNIGE. Die Sängerin unterhält sich auf dem Totenbett mit dem Arzt, am Ende kommen Leichenträger herein und tun so, als ob sie, nachdem der Arzt den Totenschein ausgefüllt hat, einen Sarg mit der Sängerin hinaustrügen. Sie spricht vor allem von ihrer Koloratur, um deretwillen sie hätte sterben können, der zuliebe sie es auf sich genommen hätte, häßlich zu werden — die also ihr Leben ist. Die Musik (bis zur Haffner-Symphonie in JAGDGESELLSCHAFT dem Reich des Todes zugeordnet) verbindet sich ihr mit dem Duft, von dem sie weiß, daß er sie «entführen» werde, also mit Vergänglichkeit und Tod: «Ein Novemberabend... / Ausgegangenes Licht... / Windschriften, hingeweht auf eine verfallene Terrasse...» Der Arzt hat kaum schon etwas gemeinsam mit dem späteren Doktor, es sei denn, daß er der Sängerin keine Tabletten verordnet, sondern «einen Gedankengang, der sich im Zergehen auf der Zunge entziffert».

DIE ERFUNDENE ODER DAS FENSTER muß erwähnt werden, weil daraus das erste Vorspiel des BORIS geworden ist: ein durch nur jeweils wenige Worte des Dieners unterbrochener Monolog der «Erfundenen», einer Frau, die im Fauteuil sitzt und sich seit Tagen, wie sie sagt, nurmehr noch zwischen ihrem Bett und der Tür bewege. Sie schmäht und erniedrigt den Diener, unter anderm durch Vergleich mit ihrem Hund, um ihn zu provozieren, gegen sie sich aufzulehnen — was auch heißen würde, gegen die erdrückende Last der Tradition («Halten Sie nicht soviel von dem, was sie umgibt, diese lächerliche Ansammlung antiquierter Befähigungen und Kunstgegenstände!») bzw., da die «Erfundene» Einbildung des Dieners ist, Auflehnung gegen die Übermacht der Tradition in seinem Denken. Daß er die Erfundene dadurch tötet, daß er das Fenster weit öffnet («Die völlige Abgeschlossenheit von der Außenwelt beweist mir, daß ich lebe», hatte sie gesagt), kann also heißen, daß er in seinen eigenen Kopf frische Luft hereinläßt, von überlieferten Denkweisen sich losmacht. Nachdem er festgestellt hat, daß die Erfundene tot ist, geht er mit dem Hündchen hinaus, und das Spiel schließt mit der Stimme der «Wirklichen»: «Führen Sie ihn hinunter.» Er hat in Gedanken den Aufstand geprobt, in Wirklichkeit besteht seine «Unterwürfigkeit» weiter.

Im Winter 1957/58 (gemäß Kurzkommentar zum Abdruck zweier Szenen in «Neue Rundschau» 1958/2) schrieb Bernhard DIE ROSEN DER EINÖDE, «fünf Sätze für Ballett, Stimmen und Orchester», zur Vertonung durch Gerhard Lampersberg. «Reduktion, Kargheit, Künstlichkeit» (IW 65) ist darin so weit getrieben wie später nie wieder; Bernhard hatte diese Dichtung selber, in einem unveröffentlichten Kommentar, als «Endpunkt» bezeichnet. Die Reduktion des ‹Dialogs› auf einzelne Wörter und ganz kurze Hauptsätze, diejenige der Figuren auf «Mann», «Frau», «Mädchen» (also vollständige Entpersönlichung), sodann die Äußerlichkeit durchgehender Kleinschreibung, lassen einen vorübergehenden Einfluß der Wiener Gruppe erkennen, der Gerhard Lampersberg, in dessen Haus Bernhard damals lebte, nahe stand (Lampersberg war damals schon befreundet mit Artmann, verfaßte selber poetische Texte von äußerster Kargheit, und gab später (1962) zusammen mit Konrad Bayer die Zeitschrift «edition 62» heraus). Durch die «Arbeitsmethode» der «Isolation» (Begriff, den Bernhard ebenfalls im erwähnten Kommentar verwendet, und der auch in theoretischen Äußerungen aus dem Kreis der Wiener Gruppe zentrale Bedeutung hat) löst Bernhard und (soweit verfährt er nicht anders als damals Bayer, Artmann, Rühm) die Begriffe aus ihrem herkömmlichen Kontext von Bedeutungen; statt aber dann durch Wortmontage dem Sprachmaterial als solchem ungewöhnliche Bedeutungen abzugewinnen (bzw. darin gespeicherte, gewöhnlich nicht wahrgenommene, freizusetzen), konzentriert er es in ein von seinem Ausdruckswillen diktiertes System von Bedeutungen: «Der Text stellt die äußerste Konzentration von Gedankengängen und Situationen dar», schrieb er im Kommentar. Die Bilder und die einfachen Vorgänge sind als Chiffern elementarer Lebensprozesse und Empfindungen eingesetzt. Demgemäß sind die Figuren als allegorische gemeint und tritt zum Beispiel im zweiten Satz («desperato») der Tod auf, als Kartenspieler in einem weißen Kleid. (Die Angabe zum Kostüm und die Erläuterung, daß der Kartenspieler «in Wahrheit der Tod» sei, ebenso eine Beschreibung der Bühne, enthält nur der Teilabdruck in der «Neuen Rundschau»; in der vollständigen Ausgabe des Librettos, 1959 im S. Fischer Verlag, sind sie getilgt, entsprechend dem Zug zu hermetischem Verschluß des Kunstgebildes, der Bernhard auch in den späteren Stücken von jeder Interpretationshilfe — im Verzicht auf Satzzeichen, auf erläuternde szenische Anweisungen — absehen läßt). Die fünf Sätze, weit entfernt von der konkreten Poesie der Wiener Gruppe, sind also eine Art Kleines Welttheater, und das gilt, mehr oder weniger deutlich, für sämtliche Stücke Bernhards, wenn man das Attribut «klein» streicht, auch für die späteren. Ebenso ist die Musikalität ein wesentliches Merkmal geblieben (DIE JAGDGESELLSCHAFT beispielsweise ist in drei «Sätzen» geschrieben, und das Motto zu DER IGNORANT UND DER WAHNSINNIGE heißt «Das Märchen ist ganz musikalisch»), und zwar nicht im Sinn von Klangzauber, sondern als Konstruktionsprinzip. Bernhards eigener Aussage (im Kommentar) zufolge, ist es vor allem die Begegnung mit der Musik der sogenannten Zweiten Wiener Schule und mit der seriellen Musik der Folgezeit gewesen (insbesondere mit der Musik Gerhard Lampersbergs, dessen (serielle) Kompositionsweise stark geprägt war von Webern), was ihn seine eigene, durch «Reduktion, Kargheit, Künstlichkeit» gekennzeichnete Schreibweise finden ließ: «Die ‹Rosen der Einöde› verdanken ihre nun einmal fertige Formulierung einer sehr leidenschaftlichen Beschäftigung mit der das Gebäude der Welt mit Ohnmacht und Aufruhr, Ruhm und Zauber erfüllenden außergewöhnlichen Instrumentalmusik der letzten fünfzig Jahre. Sie wurden für eine überfeinerte philosophische in Wahrheit aristokratische Musik, für eine geniale Arbeitsmethode des Komponierens geschrieben, die überprüfbar ist und die über mathematische Präzision das ohne Zweifel erreicht hat, was Arnold Schönberg, später auch Anton von Webern, die Autoritären der Neuen Musik, in ihren wichtigsten Arbeiten anzudeuten und zu skizzieren vermochten» (Kommentar).

Von dieser strengen Schreibweise stark abweichend, schrieb Bernhard 1958 einen relativ umfangreichen Monolog (38 Seiten Handschrift in einem italienischen Schulheft, Oktavformat), in dem er eine Frau reden läßt, was ihr gerade einfällt: Mrs. Nightflowers Monolog. Er erinnert auffallend an Becketts Glückliche Tage, und wenn dieses Stück nicht erst 1961 erschienen wäre, würde bestimmt wieder behauptet (wie man das zuweilen mit Bezug auf Boris hören kann), Bernhard habe Beckett abgeschrieben.

Ein Fest für Boris

Sein erstes abendfüllendes Stück, Ein Fest für Boris, hat Bernhard, eigener Angabe zufolge, schon 1967 geschrieben. Es besteht aus zwei «Vorspielen» und einem Hauptteil «Das Fest». Die Teile, Zustandsbilder, sind nicht durch eine fortlaufende Handlung verbunden, musikalische Sätze eher, deren erster und dritter auch für sich allein bestehen könnten. Zusammengehalten werden die Teile durch die Hauptfigur, eine beinlose Frau, genannt die Gute, weil sie — aus Herrschsucht — um die Insassen des nahen Krüppelasyls sich kümmert. Durchgehendes Motiv ist des despotische, auf wechselseitigem Haß beruhende Verhältnis der Guten zu ihrer Dienerin Johanna, der — abgesehen von den Dienern und Pflegern auf dem Fest — einzigen nicht verkrüppelten Person im Stück.

Szenenbeschreibung, szenisches Geschehen und Dialog des Beginns sind gehäufte Metaphern, die alle den Zustand des eingeschlossenen, aus jedem Sinnzusammenhang gerissenen Denkens signalisieren. Der «leere Raum» (einziger Schauplatz), mit hohen Fenstern und Türen, ist ein metaphysischer Raum, gemäß dem berühmten Satz Pascals («Misère de l'homme sans Dieu»), der als Motto dem Roman Verstörung vorangestellt ist: «Das ewige Schweigen dieser unendlichen Räume macht mich schaudern» (für Strauch sind «unendliche Räume» eine Vorstellung, die ihn immer zu zerstören beabsichtige (F 149)). Die Figuren darin sind Gespenster, die mechanisch eine ihnen und allen unverständliche Fron erfüllen, vergessen und verlassen, Gefangene ihrer Qual, vergleichbar den winzigen Figuren in den Carceri Piranesis.

Mit ihrem ersten Satz («Es ist kalt») reagiert die Gute auf die «Kälte» des Raumes, die «zwischenmenschliche Eiseskälte» (Pr 137); sie erfriert, wie der Fürst, «von innen heraus» (V 182). Johanna hat verstanden, sie «rückt den Tisch noch näher an sie heran und stellt sich selbst hinter sie» (um ihr Gefühl der Verlassenheit und Leere durch eine greifbare Nähe zu beschwichtigen), und weil sie verstanden hat, inwiefern es die Gute friert, zögert sie, die Decke zu holen. Sie verstößt damit gegen die Spielregeln der beiderseitigen «Verschwörung» (36), die eine Verschwörung gegen die Wahrheit ist: daß die Existenz der Guten unerträglich und sinnlos, Leben nur scheinbar ist, als eine Folge von Ablenkungen, theatralischen Maskeraden des Todes. Durch die Fiktion («Ersatzursache») physisch zu frieren, lenkt sie sich ab von der seelischen, geistigen Kälte. Ihre Begründung: «Mich friert / weil ich schon eine Stunde da sitze / und mich nicht rühre» (9), ist doppeldeutig: sie ist möglich als realistische Motivation, im Rahmen der ablenkenden Fiktion physischer Kälte, und sie ist ebenso eine Umschreibung der metaphysischen Kälte als «Krankheit der Bewegungslosigkeit» (33), die einschließt: geistige Isolation.

Die Gute bleibt beim Thema, wenn sie jetzt von den Briefen spricht. Durch Briefe, die sie nicht abschickt, spielt sie sich selber vor, mit der Außenwelt in Verbindung zu stehen. Sie gibt die Briefe Johanna, um augenblicklich sich vorzumachen, sie würden abgeschickt. Tatsächlich aber weiß sie um das Theater und befiehlt Johanna, ihr das Briefeschreiben zu verbieten, beschuldigt sie, es ihr *nicht* zu verbieten (als ob sie von ihr sich irgend etwas verbieten ließe), wie sie umgekehrt, wenn es ihr einfiele, sie beschuldigen

könnte, die Briefe nicht abgeschickt zu haben. Sie weiß (fürchtet oder hofft, fürchtet *und* hofft), daß Johanna die Briefe liest, wenn sie ihr verbietet, sie zu lesen, ja es ist anzunehmen, daß sie ihr verbietet, sie zu lesen, weil sie will, daß sie sie liest. Sie braucht diesen Trick, um einerseits ihre Briefe nicht völlig ins Leere hinaus schreiben zu müssen, andererseits nicht sich eingestehen zu müssen, daß ihre Dienerin die Adressatin und also ihre Vertraute sei. Sie will sich, muß sich mitteilen, möchte aber dadurch sich nichts vergeben: will sich mitteilen, will sich *nicht* mitteilen. Durch das Verbot, die Briefe zu lesen, und durch die Aufforderung, ihr das Schreiben zu verbieten, schiebt sie Johanna die Schuld zu für das Wissen über sie; statt daß diese als Waffe gegen sie es gebrauchen könnte, kann sie, die Gute, im Gegenteil es gegen sie als Ungehörigkeit ausspielen. Dennoch hat sie Angst vor Johannas Wissen, fühlt sich ihr dadurch ausgeliefert. In der Schweigsamkeit Johannas, die sie als «Mißbrauch» bezeichnet (18), fürchtet sie deren vernichtendes Urteil, argwöhnt sie ihre eigene Erbärmlichkeit und Lächerlichkeit verschwiegen, von deren Bewußtsein sie abzulenken sich bemüht — und sie weiß, daß sie gerade *durch* ihre Ablenkungen lächerlich und erbärmlich ist. Sie leidet unter ihren «Lügen» (10), unter den Ritualen der Ablenkung, kann sich ihnen aber nicht entziehen, weil ihr die «Bewegungslosigkeit» (15) unerträglich ist. Eben diese Unerträglichkeit aber reproduziert sie in den als Ablenkung gedachten Kunststücken: sie ist von ihnen beherrscht als von der Unerträglichkeit der Bewegungslosigkeit (Verkrüppelung). Sie wünscht, daß die Kunststücke ihr unmöglich gemacht würden — wie der Erzähler in WATTEN sagt: «Ein Mensch wie ich, ist ein Mensch voller Kunststücke und wartet ununterbrochen auf einen Menschen, der ihm seine Kunststücke zertrümmert, indem er ihm seinen Kopf zertrümmert» (W 89) —, und sie fürchtet sich davor, das heißt, ihr Todeswunsch ist so groß wie ihre Todesangst. Das wird überdeutlich in ihrer Reaktion auf den schwarzen Hut und die schwarzen Handschuhe: «Herrlich / Schwarze Handschuhe (...) Es erinnert mich an das Begräbnis» (Wirft beides weg) «Nicht schwarz / Schwarz nicht (...) Es vergiftet mich» (29 f.). —
Nachdem das Thema Briefe vorerst erschöpft ist, fragt die Gute nach den Zeitungen, die auf andere Art ihr die Fiktion vermitteln, am Geschehen der Welt teilzuhaben. So sagt auch der Fürst: «Die Zeitungen sind wochenlang meine einzige Abwechslung, wochen-

lang führe ich mein Leben nur in den Zeitungen. Ich gehe in die Zeitungen hinein, ich gehe in die Welt hinein. Wenn man mir von einem Tag auf den andern meine Zeitungen entziehen würde, hörte ich auf» (V 192). Die Zeitung entziehen (im Fall der Guten durch den «Streik»), das Briefeschreiben verbieten: beides fixiert die Existenz auf die tödliche Wahrheit ihrer Bewegungslosigkeit (der Streik erinnert überdies an die «Organstillegungen» Konrads (K 267), das stillgelegte Kalkwerk, die stillgelegte Sprache). Gemäß der Dialektik aber von Ablenkung, Abwechslung — wonach das Briefeschreiben «tötet» (11) — sei der Fürst «dem Zeitungswahnsinn verfallen» (V 192), und er sagt: «Du liest die Zeitung und fühlst, wie dich deine Krankheit, die in der Zeitung steht, in jeder Zeile, die du liest, schwächt, beherrscht, tötet» (V 210). Ihre Krankheit liest die Gute auch aus der Literatur, ob es sich um Romane, Theaterstücke, Reisebeschreibungen, Atlanten handle. Vielleicht ist es wirklich Bösartigkeit der Johanna, ihr mit Vorliebe Literatur zu geben, «in der Verkrüppelte eine Rolle spielen» (14) — ihr Verhalten wäre dann analog demjenigen des Schriftstellers, den General mit der Komödie seiner Existenz zu konfrontieren, was den Anlaß zu seinem Selbstmord gibt —, viel eher aber projiziert sie mit der Unterstellung die Ursache dafür auf Johanna, daß zwanghaft ihr *alles* von ihrer Verkrüppelung, von ihrer Krankheit handelt. — Im Übergang von «Zeitungen» zu «Literatur», nachdem sie gesagt hatte: «Von den Büchern abgesehen / gibt es keine Abwechslung mehr für mich» (13), verlangt sie erneut die Decke, empfindet also jetzt, *weil* ihr die Zeitungen entzogen sind, in besonderm Maße ihre Isolation, die «Kälte». Von der Unerträglichkeit des Bücherlesens springt sie zurück auf die Unerträglichkeit des Briefeschreibens, und jetzt erst (14) bringt Johanna die Decke, wie zur Besänftigung, als einzige noch verbleibende «Sinnlosigkeit gegen die Sinnlosigkeit». Kaum ist die Gute zugedeckt, springt eine andere Ersatzursache ein, eine andere Metapher für die Unerträglichkeit ihres Zustands: (plötzlich laut) «Machen Sie doch die Fenster auf / ich ersticke»: an ihrer Isolation, daran, daß niemand ihre Briefe will, daß ihr die Zeitungen entzogen sind, daß die Literatur sie nicht ablenken kann usf. —
Die Dialektik der «Ablenkungen» bestimmt weitgehend das projektive Verhältnis der Guten zu Johanna (wie auch dasjenige der Präsidentin zur Frau Frölich und weniger ausgeprägt der Königin zur Frau Vargo). Sie macht Johanna zur Ersatzursache ihrer

eigenen Todesangst bzw. projiziert auf sie ihren eigenen Todeswunsch («Sie warten darauf / daß ich tot bin / Eine Tote / Sie sehen es immer» (33), lenkt von der Obsession durch ihr eigenes Denken sich ab, indem sie vorgibt, von Johanna beherrscht zu sein: diese habe sie, die Gute, mit ihrer (Johannas) Krankheit infiziert (22), sie (Johanna) bewege sich nicht (33), habe sie, die Gute, gezwungen, Boris ins Haus zu nehmen (50), habe ihr das Königinnenkostüm aufgezwungen (41), und daß sie selber jede beliebige Frage als eine Frage nach dem Tod ihres ersten Mannes versteht, nach dem «Unfall», nach der Erinnerung also, von der sie beherrscht ist, sei eine «Rücksichtslosigkeit» Johannas (24), die mit jeder Frage nur frage, wie der Unfall gewesen sei (25). Das zwanghafte Verhalten der Guten (der «philosophische Masochismus» (U 22)) erscheint so als sadistisches Johannas. Weil diese die Gute vom ersten Augenblick an abgestoßen habe (21 f.), sei sie die «richtige Person» für sie (25), und das muß wohl heißen, daß sie ihr dadurch den für sie lebenswichtigen Mechanismus der Projektion erleichtert.

Die projektiven Beziehungen, die mehr oder weniger ausgeprägt durchgehend in Bernhards Werk «das Verhältnis zwischen zwei Menschen» (36) ausmachen, können zurückgeführt werden auf die Formel des Fürsten von der «Vorwirklichkeit, die aus mir ist und aus der ich bin» (V 139): Johanna ist weitgehend «Einbildung», ein «Geschöpf» der Guten, die aber von ihr abhängig ist, von ihr beherrscht als von der Johanna ihrer Einbildung. Umgekehrt könnte die Gute als Einbildung Johannas begriffen werden (wie die Erfundene Einbildung des Dieners ist), und das könnte erklären, warum sie nicht der Tyrannei entflieht: weil sie diese verinnerlicht hätte, in Selbsthaß und Selbsterniedrigung, von sich selber beherrscht als von ihrer «rechthaberischen Vorstellung von Unterwürfigkeit» (so die Erfundene zum Diener). Das Gedankenspiel läßt sich weiterführen: daß Johanna, als die Gute sich einbildend, Einbildung der Guten sei usf. — entsprechend dem Muster: ich denke mich als mich Denkenden usf. Dann wäre die ganze Beziehung nichts anderes als der Monolog des in seinem Solipsismus isolierten und mit sich selber entzweiten Denkens der Guten. Das Gedankenspiel ist insofern nicht müßig, als es die Herkunft der Figurenkonstellationen in Bernhards Stücken bezeichnet, und von dieser Herkunft sind die Schauplätze, Personen, Geschehnisse nicht in dem Maße abgenabelt, daß man die Bühnenfiktion durchweg direkt

auf Realität außerhalb des Kopfes beziehen könnte (was sich als störend und verwirrend vor allem dann in DER PRÄSIDENT auswirken wird). Überspitzt gesagt: Die Bretter bedeuten die Welt in dem Maße, wie der *Kopf,* den sie bedeuten, die Welt bedeutet. — Der Sadismus also, den die Gute Johanna unterstellt, könne begriffen werden als Projektion der Obsession der Guten durch ihr eigenes Denken, und das Verhalten gegen Johanna wäre dann der Rücksichtslosigkeit entsprechend, mit der das eingeschlossene Denken, um seine Autonomie zu bewahren, gegen seine Vorstellungen vorgeht (die doch aus ihm sind, wie es aus ihnen ist), wodurch es freilich erst recht in seiner Isolation sich einmauert. Die Gute erwehrt sich Johannas, behauptet ihre Herrschaft über sie, indem sie sie nicht zu Wort kommen läßt, leidet aber andererseits darunter, daß Johanna nur ihren Befehlen gehorcht (nur als Geschöpf ihrer Einbildung in Erscheinung tritt, nicht als eigenständige, wirkliche Person): «Weil Sie mich ununterbrochen allein lassen, wenn ich rede» (33). Sie hat sie gezwungen, auf dem Maskenball, wo sie selber als Königin auftrat, sich einen Schweinskopf aufzusetzen (und steigert die Erniedrigung noch dadurch, daß sie behauptet, Johanna hätte die Maske sich selber ausgesucht), verbietet ihr, zu Hause ihn abzunehmen (unter anderm, um vor Boris sie zu erniedrigen), schreit aber am Schluß des zweiten Vorspiels sie an, sie solle die Maske herunternehmen: weil ihr plötzlich graust vor dem erstickenden Alleinsein in Ausübung ihrer schrankenlosen Macht, weil sie einen lebendigen Menschen um sich sehen möchte. Ebenso kämpft sie einerseits mit allen Mitteln darum, das Boris *ihr* Geschöpf, nicht Johannas, sei, denkt andererseits an ihn nur mit Entsetzen (57): «Er fühlt nichts / er ist nichts und fühlt nichts / Er weiß nichts / Mein Geschöpf» (50). Darin ist Triumph, doch in gleichem Maß Schauder, wie es Jean Pauls Leibgeber schaudert, wenn er an die fürchterliche Einsamkeit des (als Verkörperung des Fichteschen absoluten Ichs verstandenen) Schöpfers inmitten seiner eigenen Geschöpfe denkt. —
Das Johanna alle Schikanen sich gefallen läßt, ist also schwerlich dadurch schon erklärt, daß die Gute ihr, als sie noch versucht habe auszubrechen, immer mehr Geld gegeben habe (28). Denkbar wäre noch, daß sie real sie mit ihrer «Krankheit» infizierte, so daß sie so wenig mehr dem Mechanismus sich entziehen kann wie die Gute selber. Durch sie, sagt die Gute, sei Johanna «sehend» geworden (32), und das mache sie unglücklich — in der unheilbaren Weise, wie

Verstehen im Sinne des Fürsten unglücklich macht: es verurteilt zur Bewegungslosigkeit. — Ob das Verbleiben Johannas ‹real› zu begründen sei oder nicht: fest steht, daß in Beziehungen der Art wie zwischen der Guten und Johanna (ebenso zwischen Präsidentin und Frau Frölich, Caribaldi und seinem Personal), in der Unbedingtheit und Intensität wechselseitigen Ineinanderverhaßtseins, es sich um Variationen des für Bernhard grundlegenden Denkmusters handelt, das, auf die Beziehungen von zwei Personen angewandt (bzw. einer Person zu einer andern), Parabel zwischenmenschlichen Verhaltens ist. Dabei erscheint der «Wechselirrsinn» als Verlust der Interererfahrung (Laing), die sich geschlossen hat zum Zirkel der Reproduktion von Angst und Gewalt. Ebendies wird unter anderm durch die Verkrüppelung bedeutet; die Gute ist ein «fleischgewordener Seelenkrüppel»[1] in der Art der Figuren Francis Bacons. Bacons und Bernhards isolierte Krüppel sind, zunächst als Opfer, Indikatoren gesellschaftlicher Destruktivität. Die Gute gibt aber die erlittene Zerstörung an ihre Umgebung weiter, gemäß der Feststellung Laings: «Wenn unsere Erfahrung zerstört ist, wird unser Verhalten zerstörerisch sein[2].» Durch solche Vermittlung gilt: «Der Kranke und Verkrüppelte beherrschen die Welt» (MG 34), verkrüppelnd, mit Krankheit infizierend, was noch nicht krank und verkrüppelt ist wie sie: Das ganze, sagt Strauch (vor einem Baumstumpf stehend, sei so schauerlich, weil es sich ja um eine «ungeheure verstandesmäßige Verstümmelung» handle, die sich von uns zu den Nächsten in den Gehirnen fortsetze (F 209). Der verdinglichte, von seiner Erfahrung (Ich- und Welterfahrung) getrennte Mensch erniedrigt, womit er in Berührung kommt, zum Ding. Durch Verfügen über Lebendiges als über leblose Dinge beweist er sich seine Existenz. Zwischenmenschliches Verhalten reduziert sich auf Herrschen und Beherrschtsein, gegenseitiges sich Belauern im Kampf um Vorteil und Macht, im Bestreben, sie auszubauen, zu erhalten: «Ehrgeiz / Haß / Angst / sonst nichts» (Pr 130). Am Beispiel der Guten wird deutlich, was den Akteuren dieses Gesellschaftsspiels, den angepaßten und Anpassung erzwingenden Normalkrüppeln, in der Regel verborgen bleibt: daß unter solchen Voraussetzungen Herrschen Beherrschtsein ist, Erniedrigung Selbsterniedrigung... daß hinter der Ausübung von Macht die Angst steht, hinter dem Zufügen von Qual die Selbstquälerei.
Die Gute erniedrigt Johanna, sucht sie als Person auszulöschen, auf jede nur mögliche Weise: indem sie Handschuhe und Hüte auf den

Boden und ihr ins Gesicht wirft, indem sie sie als ihren «Besitz» bezeichnet (22, 25), sie mit ihrem Hund vergleicht («Sie haben den Hund entdeckt / Sie haben sich selber entdeckt» (26)). Sie hat ihr die Absurdität ihrer Existenz aufgezwungen (sie mit ihrer Krankheit infiziert), indem sie sie zur Komplizin ihrer Wiederholungszwänge machte, sie anfangs, bis sie abgerichtet war, täglich um Strümpfe für sich, die Beinlose, schickte und zum Schuster... indem sie zuletzt, auf dem Fest, sie zwingt, selber die Beinlose vorzustellen. Durch alle diese Erniedrigungen erniedrigt und quält sie auch sich selber. Sie treibt das Spiel immer weiter, einerseits, um Johannas sich zu vergewissern: ihre Macht über sie zu genießen, wie aus Furcht, sie könnte plötzlich nicht mehr mitspielen, andererseits ebendies wünschend, wie die Erfundene den Diener, der sie durch seine hündische Unterwürfigkeit quält, dazu zu bringen sucht, daß er sich auflehne. «Wenn Sie mir einmal nicht geantwortet hätten / wenn Sie mir nur ein einziges Mal nicht geantwortet hätten» (33). Sie hat Angst, Johanna könnte «streiken» und fordert sie in eins damit dazu auf (vergleichbar der Aufforderung, ihr das Briefeschreiben zu verbieten): der Teufelskreis wäre durchbrochen, ihre künstliche Welt bräche zusammen, ihr Existenztheater wäre ausgespielt. Die «Wenn»-Nebensätze sind offen auf den Tod, es verbinden darin sich Todesangst und Todesverlangen. —
Über rund Dreiviertel des ersten Vorspiels zieht sich das Anprobieren der Handschuhe und Hüte hin, ein tagtäglich wiederholtes Ritual: Ritual der zwanghaften Erinnerung, an die Zeit zunächst, als die Gute noch eine Dame von Welt war. Damals hatte sie noch «Zeit», jetzt lebt sie «gespenstisch» (15): hat «die längste Zeit und gar keine Zeit» (was auch der Sinn ist der wiederholten und gleich widerrufenen Frage, wie spät es sei); die Zeit ist stillgestanden mit dem «Unfall», bei dem ihr Mann ums Leben kam, bei dem sie ihre Beine verlor. Von dieser Erinnerung, ihrer «Erschütterung», ist sie beherrscht, und sie bewundert an Johanna die Aussprache des französischen Wortes *oublié,* wobei es ihr weniger um die Aussprache als um das Wort geht, vergessen, das zu ihr herüberklingt aus einer Märchenwelt. Alle ihre tagtäglichen «Wiederholungen von Wiederholungen» (10), unter anderm die Briefe, die sie seit dem Tod ihres Mannes schreibe, sind einerseits Ablenkungen von der tödlichen Erinnerung, andererseits deren zwanghafte Reproduktion, vergleichbar den täglichen Gängen des Mannes im Volksgarten (P 38 ff). Von gleich was die Gute beherrscht ist, im-

mer ist sie von ihrer Erinnerung beherrscht (wie analog dem eingeschlossenen Denken jede Vorstellung, als Ersatzobsession, dasselbe bedeutet: die Obsession durch sich selbst), und es läßt sich um so eher sagen: von der «Tradition», im umfassenden Sinn, als sie vom Unglück, wie sie sagt, nicht überrascht worden sei (34); das Unglück, das heißt, der jetzige Zustand, in dem der durch das Unglück geschaffene eingefroren ist, ist demnach als Konsequenz des Vergangenen begriffen.

Auch im Verhältnis zu Johanna reproduziert sich die Obsession durch die «Erschütterung». Dieser Schluß drängt sich allein schon auf durch die festgestellte Analogie zwischen dem Mechanismus der Ablenkung (beispielsweise des Briefeschreibens) und demjenigen der Projektionen auf Johanna. Er wird dadurch gestützt, daß zum täglichen, um die «Erschütterung» zentrierten Ritual der Guten auch die Rekapitulation ihrer Beziehung zu Johanna gehört, ganz besonders durch die (von Wortwiederholungen abgesehen) dreimalige Erwähnung des «Regentags» (21, 25, 28). An einem Regentag, einem «entsetzlichen Regentag» (21), sei Johanna in den Besitz der Guten übergegangen (22), und dieser Regentag muß für die Gute, im Verein damit, daß Johanna sie abgestoßen hat, ein Grund gewesen sein, sie festzuhalten. Es scheint, daß der Regentag für die Gute sich assoziiert mit dem Unfalltag, daß auch dieser ein «entsetzlicher Regentag» gewesen sei. Ich ziehe die Vermutung aus der folgenden Textstelle, die auch im Zusammenhang mit Boris von Bedeutung ist:

Wenn Sie mich fragen ob ich hinaus will oder hinunter
fragen Sie doch nur
wie der Unfall gewesen ist
Dieser Regentag
Ich habe gewußt Sie sind die richtige Person für mich
Einen Krüppel habe ich gesagt
einen Krüppel der wie ich
keine Beine mehr hat
ins Haus
heiraten
Boris
Der ganze Vorgang erinnert mich an den Nachmittag
an dem ich mir den Hund gekauft habe
In dem Augenblick in dem ich gewußt habe

jetzt besitze ich Sie
habe ich den Hund nicht mehr haben wollen (25)

Die Zeile «Dieser Regentag» verbindet assoziativ die Erinnerung an den Unfall mit dem Gedanken, daß Johanna die «richtige Person» war. Zwar kann es sich um einen Gedankensprung handeln, wofür der Zeilenbeginn mit Großbuchstaben spricht (mehrfach allerdings erscheinen die Großbuchstaben zu Zeilenbeginn willkürlich gesetzt — Druckfehler?); aber auch die Gedankensprünge haben ihre unterschwellige Logik (als Beispiele können die erwähnten Sprünge von «frieren» zu «Briefe», «Zeitungen», und zurück zu «frieren» gelten). Assoziative Verbindung muß beabsichtigt sein, wenn anders die interpunktionslose, also Eindeutigkeit vermeidende Schreibweise sinnvoll ist. Allerdings sind solche unterschwelligen Zusammenhänge — und das gilt auch für die übrigen Stücke — nicht durchgehend hergestellt, Bernhards Texte für das Theater haben nicht annähernd die Konsistenz etwa der «Fräulein»-Stücke Horváths, in denen nicht ein einziger Gedankensprung zu finden ist, der nicht eine Logik des Vorbewußten erkennen ließe.

Selbst dann aber, wenn die Identifikation von Regentag und Unfalltag nicht stichhaltig wäre, bleibt als Verbindung das Abstoßende: das Abstoßende Johannas und das Entsetzliche des Regentags, und beides assoziiert das Entsetzliche der Verkrüppelung, des Unfalls — der Erinnerung also, von der die Gute beherrscht ist. Der Erinnerungszwang hat den Ausschlag gegeben zum Engagement Johannas, und durch Erinnerungszwang nimmt die Gute Boris ins Haus: der Sprung von Zeile 5 zu Zeile 6 des Zitats legt die Analogie nahe. (Wenn allerdings das assoziative Gewebe als lückenlos anzunehmen wäre, müßte die Bezeichnung «Krüppel» auch auf Johanna zutreffen, was nicht plausibel ist, es sei denn, die Gute bezeichne sie böswillig so oder habe damit sagen wollen, daß Johanna sich eigne, daß sie aus ihr einen Krüppel *mache*.) Außerdem ist der Unfall bzw. der verlorene Mann erstmals erwähnt worden (24) im Zusammenhang mit der Absicht der Guten, einen Krüppel ins Haus zu nehmen. «Der ganze Vorgang» habe sie an den Nachmittag erinnert, da sie den Hund gekauft habe. Welcher Vorgang? Vorher ist von Boris die Rede, anschließend wieder von Johanna. Das muß heißen: Beide Vorgänge, Erwerb Johannas *und* des Boris, sind gemeint — und beide ersetzen den Hund. Alle drei Vorgänge stehen in Beziehung zum Unfall, sind diktiert von der Verkrüppelung der Guten, von ihrer Obsession durch sich selbst als durch Erinnerung, was, wie gesagt, unter anderm heißt: Unfähigkeit zu zwischenmenschlicher Beziehung (Verständnis und Verständigung), Zwang zur Ausübung von Macht. — Die zitierte Textstelle, als eine Art Engführung, kann trotz der Einwände als Beispiel dafür gelten, wie Bernhard die Motive und Themen als Material zu einer musikalischen Komposition behandelt, und das heißt, daß er über seine Figuren als «Instrumente» verfügt wie Caribaldi über sein Zirkuspersonal, also durch seine Kunst, vor allem besondern Inhalt, die verfügende Gewalt, die in der Gestalt der Guten thematisch ist, reproduziert. — Dadurch, daß sie Boris sich ins Haus holt, den erbärmlichsten der Krüppel aus dem Asyl, verfolgt die Gute einen doppelten Zweck. Da er ihr restlos ausgeliefert ist, wirklich ihr «Geschöpf» (50), hofft sie in ihm ein Objekt ihrer Machtentfaltung zu gewinnen, durch die sie sich ihre Existenz beweisen muß. Sodann ist er als Mittel zu weiterer Erniedrigung Johannas gedacht, analog dem Hund. Anscheinend aber hat Johanna Sympathien zu Boris entwickelt, die er beantwortet mit einer gefühlsmäßigen Bindung an sie. Gleiche Interessen: sich gegen die Gute zu behaupten, haben, so scheint es, aus beiden eine Verschwörung gemacht. Möglicherweise, so sehr die Vorstellung dagegen sich sträubt, ist sogar an eine sexuelle Beziehung zu denken, zumindest wird eine solche von der Guten unterstellt durch ihre Beschuldigung gegen Johanna: «Sie nützen diese Situation aus / Sie nützen das aus / wenn Sie ihn waschen» (50); sie will nicht, daß Johanna ihn «von oben bis unten» wasche (49), und sie horcht, während Johanna bei Boris im Nebenzimmer ist: (zu sich) «daß ich nichts höre» (51). Dann spricht sie vom Apfel, der einzigen Waffe des Boris, die ihm von Johanna geliefert wird (auch zum Geburtstagsfest schenkt Johanna ihm Äpfel): sie kann das Geräusch des Apfelessens nicht ertragen — aber die Möglichkeit, daß der Apfel auch der bekannte allegorische sei, ist nicht völlig von der Hand zu weisen, unter anderm aufgrund der zuletzt zitierten Textstellen[3]. Das Geräusch mahnt die Gute ohnehin an das Komplott zwischen Johanna und Boris; durch die Annahme einer sexuellen Beziehung zwischen beiden müßte es ihr um so mehr verhaßt sein. Es wäre Bernhards Vorstellungswelt nicht fremd, wenn auch der Schweinskopf, den sie Johanna aufzusetzen zwingt, des nähern sexuelle «Schweinerei» bedeuten sollte. In diesem besondern Sinn würde sie dann auch, indem sie Johanna zwingt, mit dem Schweinskopf vor Boris sich zu zeigen, diesem bedeuten wollen, Johanna sei ein «Schwein» und beider Verhältnis eine «Schweinerei». Sie kann es nicht fassen, daß Boris über den Schweinskopf nicht erschrickt (52) — unmittelbar danach: «Mich friert» — entweder, weil Boris so stumpfsinnig ist, daß ihn nicht einmal eine Johanna mit Schweinskopf zu einer Reaktion bringt, oder, weil er, den Schweinskopf wohl wahrnehmend, dadurch sich nicht abschrecken läßt von seiner Bindung an Johanna. Im einen wie im andern Fall fühlt sie ihre Isolation, im zweiten verschärft durch Eifersucht (Botho Strauss, indem er — in *Theater heute* 8/70 — vom «aggressiv erotischen Klima» zwischen den beiden Frauen spricht, scheint eine zumindest latente lesbische Beziehung zwischen ihnen anzunehmen). Wie dem immer sei: Durch Boris ist die zum Ritual eingespielte, zur Gewohnheit gewordene Machtverteilung zwischen den Frauen wieder in Bewegung geraten. Das meint die Gute, wenn sie Johanna vorwirft, sie habe mit ihren Gefühlen «alles wieder ruinieren müssen» (28), und mit der Bemerkung: «Ein Krüppel hat Sie / hat uns besiegt» (29). Er hat vor allem die Gute besiegt, die gegen Johanna nun darum kämpfen muß, daß Boris *ihr* Geschöpf sei, wodurch jene ihrer Kontrolle zu entgleiten droht: erstmals, und zwar mit Bezug auf Boris, widerspricht sie der Guten (55) und muckt gegen sie auf (53). Boris ist, statt eine Waffe in der Hand der Guten gegen Johanna zu sein, eine Waffe, die Johanna gegen die Gute gebraucht.

Abgesehen von realistischer Begründung, sind Boris und Johanna zwangsläufig eine Verschwörung gegen die Gute insofern, als in ihrem Verhalten zu *beiden*, wie aus der zitierten Textstelle (25) ersichtlich, ihre Obsession sich reproduziert. Boris ist weit abstoßender noch als Johanna, bzw. er ist, im Gegensatz zu ihr, wirklich abstoßend, die Beziehung der Guten zu ihm also in noch höherem Maße zwanghaft. Im Haß gegen ihn haßt sie ihre eigene Verkrüppelung, haßt sie die Erinnerung an den Unfall — und hat sich in rücksichtsloser Selbstquälerei ihr noch intensiver ausgeliefert, indem sie Boris ins Haus nahm. Sie hat sich mit ihm den Tod ins Haus geholt, der ihr Entsetzen einjagt und nach dem sie süchtig ist. Boris' «Geruch» (50) ist der «Geruch der Auflösung aller Vorstellungen und Gesetze» (F 44), den der Maler in Weng einatmet, in der strengen Kerkerhaft, die er sich selber zwanghaft auferlegte. In Boris schaut das eingeschlossene Denken der Guten sich selber an: Er ist nichts und fühlt nichts und weiß nichts (50) und bedeutet also für sie, was für die Krüppel auf dem Fest die Köpfe in der Finsternis, die keine Augen, keine Ohren, keine Nasen haben, das heißt, die Organe nicht, durch die Außenwelt, anderes, in den Kerker des isolierten Bewußtseins dringt, außerdem keine Füße (66) bzw. keinen Verstand (67), das heißt, keine Sprache, keine Begriffe, keine Möglichkeit von Verständnis und Verständigung. Aber die größten Mäuler haben die Köpfe, zum Fressen, wie eben Boris, wenn er nicht schläft, nichts anderes tue als fressen, wie die Krüppel auf seiner Geburtstagsfeier maßlos fressen, wobei immer an die Gefräßigkeit des Todes zu denken ist. Boris' Gegenwart ist für die Gute erstickend und verfinsternd: unmittelbar bevor sie auf ihn zu sprechen kommt, und wieder in seiner Gegenwart, fordert sie Johanna auf, die Vorhänge aufzuziehen, die bereits aufgezogen *sind* (60). Sie insistiert auf dem siebenten Kapitel des Buches, das sie ihm (um ihn zu sekkieren) zu lesen gab, auf dem «bedeutenden Schluß» (62): «Er hat sich umgebracht / Zuerst hat er sie umgebracht / dann hat er sich selbst umgebracht», und sie setzt hinzu: «Wenn du lügst, ekelt es mich vor dir» (62). Sie suggeriert ihm, was sie wünscht: zuerst *seinen* Tod, sodann, daß er sich provozieren lasse (wie Konrad durch die Frau sich provozieren läßt), *sie* umzubringen, obschon daran real kaum zu denken ist. Sie möchte ihm ihren eigenen Wunsch, tot zu sein, aufzwingen als *seinen* Wunsch, daß sie tot sei, wie sie diesen Wunsch auch auf Johanna projizierte (33), um dadurch ihn (sie) auch wieder stärker hassen zu können, in dem Maß, wie sie ihren eigenen Zustand haßt, in dem Maß aber auch, wie sie Angst hat vor dem Tod. Durch das Kleid, das sie ihm zum Fest anfertigen lassen will (weiße Hose und weißer Rock mit spitzen schwarzen Knöpfen), macht sie ihn zur Erscheinung des Todes (der im zweiten Satz von ROSEN DER EINÖDE in weißem Kostüm auftritt, vor schwarzer Szenerie). Indem sie Johanna ins Gesicht schaut, bevor sie das Kostüm beschreibt, gibt sie zu verstehen, daß sie auch aus Rancune gegen sie dem Boris den Tod wünscht, und daß sie ihr selber den Tod wünscht: der Tod soll es sein, mit dem Johanna im Einvernehmen steht. «Sie mag dich / Du magst nur sie» — drum sollt ihr beide nicht leben.

Die Gute ist als Königin auf den Maskenball gegangen, um die Leute «alle auf einmal» zu sehen (45), wie anders das «augenblickliche» Denken alles auf einmal, die ganze Welt auf einmal sich vergegenwärtigt. Diese Ganzheit aber, als diejenige erfüllter subjektiver Autonomie, ist (worüber auch Handkes Quitt sich beklagt[4]) Fiktion, und bedeutet als solche das solipsistische Denken: Im Kostüm, das ihr «viel zu schwer» sei (41), unter der «schweren Krone» (41), leidet die Gute «fürchterliche Schmerzen» (39), bildliche Übertragung des Kopfschmerzes, der den Krüppel Ernstludwigviktor, dem sein Kopf «viel zu schwer» sei, zur Verzweiflung bringe (103) ... des Kopfschmerzes, der dem Erzähler in WATTEN sein Denken sei (W 76). Strauchs großer, aufgeblähter Kopf, der «alle Macht» über ihn habe, erdrücke fast seine Brust (F 239) — wie er anders, in seinen Träumen, die Menschen erdrückt und die blühende Landschaft niederwalzt —: «Ein so unvorstellbarer Schmerz ist es, der von meinem Kopf ausgeht, daß ich es gar nicht sagen kann» (F 267). Mit diesem Satz kommt der Maler zum letztenmal im Buch zu Wort, unmittelbar bevor der Erzähler seinen Tod durch Erfrieren mitteilt. Auch der Kopf der Konrad sei «ein schwerfälliger Gegenstand», Kopf und Körper nur noch «ein einziger Schmerz» (K 101). Kurz vor ihrem Tod erinnert sie sich der Faschingsbälle (K 234), während sie ihr Gesicht «zupudert», also in einer theatralischen Metapher den Tod antezipiert. Ein Maskenball sind dem eingeschlossenen Denken seine zwanghaften Vorstellungen, Erinnerungen; ein Maskenball («Totenmaskenball») ist aber auch die Gesellschaft des *posthistoire*. Der Ball, als Parabel der Gesellschaft — politische Prominenz ist vertreten, der Klerus, Ärzte, Rechtsanwälte —, ist das objektive Äquivalent zum privaten täglichen Kostümfest der Guten, zu der gespenstischen, sinnentleertem Wiederholungszwang gehorchenden Anprobe von Handschuhen und Hüten. Die Krankheit der Guten, ist dadurch bedeutet, sei die Krankheit der Gesellschaft. Subjektiver wie objektiver Marionettismus können als Verkrüppelung lebendigen Geistes begriffen werden, und aufgrund dieser Analogie ist die Beinlose, ist der Krüppel, sinnbildlich Königin: «Königin» des Maskenwahnsinns ihrer Vorstellungen, «Königin» inmitten des objektiven, auf seinem Höhepunkt erstarrten Maskenwahnsinns; in ihr, die «Darstellung unter lauter Darstellungen» sei (41), hat die allgemeine Bewegungslosigkeit, Verkrüppelung, Todeskrankheit, zu repräsentativer Darstellung gefunden.

Während der Maskenball die Spitzen der Gesellschaft vereinigte, ereignet das Fest, das ebenfalls, durch Papierschlange, Ratsche usf., an Fasching erinnert, sich in den Niederungen. Hier herrscht — im Unterschied zum Maskenwahnsinn überlieferter Hierarchien — eine unartikulierte Hackordnung, nach außen hin demokratische Gleichheit, die darin besteht, daß alle keine Beine mehr haben. Johanna, die ihre Beine zu verleugnen von der Guten gezwungen wurde und, weil sie Beine hat, den größten Schmerz über die Verkrüppelung empfindet (70), vertritt den empfindungsfähigen, wahrnehmungsfähigen Einzelmenschen, dem die gleichgeschaltete Gesellschaft ihre normale Verkrüppelung aufzwingt. Die Krüppel, zu reglos, um leben, zu reglos auch, um sterben zu können, eifern sich über Mißbräuche im Rahmen der vorgegebenen Unerträglichkeit, verlangen eine neue Asylordnung, eine andere Direktion, bessere Friseure und Ärzte, größere Einheitskisten, und schlagen während dem sich die Bäuche voll: Bild des Wohlstands- und Wohlfahrsstaates. Boris, dem es früher manchmal «für ein paar Augenblicke» gelungen sei, durch «übermenschliche Konzentration» (und Konzentration bedeutet, daß das Denken aus seiner Verkrüppelung sich befreite), seinen Asylgefährten das Gefühl zu geben, sie hätten Beine (104), scheint als einziger der Krüppel (deshalb wohl der «erbärmlichste» (50)) eine Ahnung davon zu haben, daß alle materiellen Verbesserungen verschwendet sind unter der Bedingung andauernder (geistiger) Verkrüppelung. Er spricht (wie Johanna) auf dem ganzen Fest kein Wort, wofür nach allem der Grund nicht sein kann, daß er ganz und gar blödsinnig sei, sondern aus ohnmächtiger Renitenz, die sich dann in den bedrohlichen, apokalyptischen Schlägen auf die Pauke entlädt. Indem er dadurch nur sich selber totpaukt, macht er die Destruktivität der Normalität hörbar, gegen die er anpaukt. Johanna dürfte begriffen haben; zwar ist die Art der Reaktion beider Frauen auf Boris' Tod im Rahmen ihres Machtkampfes verständlich (Johanna hat ihren Bundesgenossen verloren), nicht aber die Heftigkeit. Botho Strauss bemerkte, daß das Ende auch der Existenz Johannas eingetreten sein könnte; es könnte ihr plötzlich klar geworden sein, daß die Alternative heißt: Verkrüppelung oder Tod. Die Gute, in «fürchterliches Gelächter» ausbrechend, hat es schon immer gewußt.

DER IGNORANT UND DER WAHNSINNIGE
(Über Kunststücke und Künstlichkeit)

Schauplatz des ersten Teils ist die Garderobe der «Königin der Nacht» in der Oper. Ihr Vater (der Ignorant), ein beinahe blinder Trinker, wartet in Gesellschaft des Doktors (des Wahnsinnigen) mit zunehmender Ungeduld auf sie. Es spricht vor allem der Doktor: über die Sängerin, die Oper, über die Trunksucht des Vaters, dessen Verhältnis zur Tochter und der Tochter zu ihm, über seine eigene Existenz und Existenz im allgemeinen, und er hält, in Bruchstücken, dem Vater einen Vortrag über die Sektion menschlicher Leichen, den er auch fortsetzt, nachdem die «Königin» eingetroffen ist, die sich für ihre Rolle herrichtet bzw. herrichten läßt und zwischendurch Fragmente ihrer Koloraturen trällert. Durch den Lautsprecher hört man von Zeit zu Zeit das Stimmen der Instrumente, dann den Beginn der Oper. Die Szene schließt mit der ersten Arie der «Königin» aus dem vom Vater stufenweise, jetzt auf volle Lautstärke aufgedrehten Lautsprecher.
Schauplatz des zweiten Teils, nach der Vorstellung, ist ein Séparée bei den Drei Husaren. Das Gespräch dreht sich wieder vorwiegend um die Oper, die weltweiten Auftritte der Königin, Publikum, Kunst und Künstler. Dann läßt die Königin telegrafisch Verpflichtungen absagen, überläßt sich der Vorstellung, einen Skandal zu entfesseln. Die Szene mündet in ein apokalyptisches Finale, das damit anhebt, daß der Doktor mit der Beschreibung der Leichensektion fortfährt, während die «Königin» zu husten beginnt. Nach und nach wird es auf der Bühne vollkommen finster, Gläser und Flaschen auf dem Tisch werden umgeworfen. —
Kein anderes Stück Bernhards ist von so gläserner Künstlichkeit, keines erreicht dieselbe rhythmische Stringenz, in der die Thematik als musikalischer Vorgang direkt erfahrbar ist: Die Hektik des ersten Teils gibt die Nervenanspannung der Vorbereitung des Kunststücks wieder, der zweite ist Demontage des Kunstprodukts, als welches die «Königin» begriffen ist. Beide Teile sind verklammert durch die Beschreibung der Leichensektion, die das ganze Stück in den Sog von Auflösung, Zerfall, Zerstückelung zieht.

Die zentrale Figur, obschon im Titel nicht genannt, ist der auf die Rolle der «Königin der Nacht» in Mozarts ZAUBERFLÖTE spezialisierte Koloratursopran, kurz als die Königin bezeichnet. Das ist sie nicht nur in der Rolle, sondern ebenso als deren unerreichte Interpretin. Soweit ist sie Figur des Künstlerdramas, welches dieses Stück (wie MACHT DER GEWOHNHEIT und MINETTI) zunächst ist. Sie ist aber auch Königin der Nacht im Sinn Bernhardscher Metaphorik, als «Königin» der «Finsternis». Nicht zufällig erinnert die Rollenbezeichnung an die Rolle, welche die Gute auf dem Maskenball spielt: allegorische Rolle, in der ihre Isolation, ihr eingeschlossenes Denken, und damit verbunden, die Künstlichkeit der Existenz, zur Anschauung gelangt. Es ist im wesentlichen das gleiche Denkmuster, das in beiden «Königinnen» sich konkretisiert; die Willensanstrengung beispielsweise, durch welche die Königin ihre Koloraturen der Erschöpfung abzwingen muß, ist im Falle der Guten durch die Anstrengung bedeutet, nicht unter dem Gewicht der Krone, unter den Schmerzen, die ihr das Kostüm und die Krone bereiten, vor Erschöpfung (FB 45) zusammenzubrechen. Die Existenz des Künstlers ist Paradigma von Existenz überhaupt, die immer eine künstliche ist. Kunst ist die Künstlichkeit als beherrschte, willentliche (Caribaldi: «Alles Unwillkürliche soll in ein Willkürliches verwandelt werden» (MG 44)), paradox gesagt: als spontane; vollkommene Beherrschung unterscheidet sie vom Dilettantismus sowohl der Guten als auch Caribaldis. Die Gute (ebenso Caribaldi) muß verzweifeln, die Gewohnheit zur Kunst zu machen (FB 28) — was sie durch ihren Auftritt als Königin versucht —; die Königin ist umgekehrt davon bedroht, daß ihre Kunst ihr zur Gewohnheit werde, also ihrer Spontaneität entgleite — weshalb sie genötigt ist, sie immer weiter zu vervollkommen, das heißt, die Widerstände zu vergrößern, welche die Willensanstrengung herausfordern; aus dem selben Grund kommt sie von Mal zu Mal später in ihre Garderobe, und das steigert sich bis zum «Höhepunkt», bis einmal noch größere Perfektion, noch späteres Kommen nicht mehr möglich ist. Als Gewohnheit ist ihre Kunst in nichts mehr unterschieden von den zwanghaften «Ablenkungen» der Guten (Briefeschreiben, Kostüme anprobieren) und der Trunksucht des Vaters. Der Zustand, der von der Guten primär als Leiden erfahren wird, ist für die Königin mit größter Rücksichtslosigkeit («Geistesrücksichtslosigkeit» (84)) gegen sich selber realisiertes Ziel. Sie selber hat sich zu dem gemacht, was sie ist, zur «Koloraturmaschine» (80); sie hat ihre ganze Existenz in ihre Koloraturen konzentriert (wie, mit weniger Erfolg, Caribaldi in das Forellenquintett). Umgekehrt ist sie von ihrem Kunststück, von ihren Koloraturen (wie Caribaldi

vom Quintett), beherrscht, wird von den Zauberflötenkoloraturen, die sie die ganze Nacht nicht aus dem Kopf bringt, um den Schlaf gebracht (97) und wird von ihnen durch alle Opernhäuser der Welt getrieben (52) — haßt darum die Oper und haßt ihre Koloraturen (wie Caribaldi und die Artisten ihre Instrumente hassen, das Forellenquintett hassen (MG 43)). Von den Koloraturen beherrscht, ist sie von sich beherrscht; sie hat sich zum «Opfer ihrer Disziplin» gemacht (81). Das heißt, sie hat in sich selber, in isolierte Kopfexistenz, sich «eingemauert», wie anders Strauch, der Erzähler in WATTEN etc. Über ein «künstlerisches Geschöpf» (17), ein «Kunstgeschöpf» (18), das die Königin ist, sagt der Doktor: «Es gibt nichts mehr / außer mir / sagt sich ein solches Geschöpf / dann / wenn es sich vollkommen abschließt / und abgeschlossen hat» (17). Die «Veränderung» also, die mit ihr vorgegangen sei und die sich unter anderm darin äußert, daß sie in ihrem verdunkelten Zimmer (wie der Kaufmannssohn, wie der Vater des Fürsten etc.) sich einsperrt (20), geschieht in Konsequenz ihrer Kunstexistenz: «Geistesrücksichtslosigkeit / in jedem Fall / ein tödlicher Prozeß», sagt der Doktor (84).
Als Opfer ihrer Disziplin ist die Königin Opfer ihrer Umgebung («ihre Umgebung (...) hat sie zu dem gemacht / das sie ist» (35)), was einerseits bedeutet: der Gesellschaft, andererseits der «Herkunft» («schuld sind die Eltern» (80)) — was beides insofern sich ergänzt, als, wie sich zeigte, individuelle Herkunft für allgemeine geschichtliche Herkunft steht, als deren *Resultat* die «Umgebung», die gegenwärtige Gesellschaft begriffen ist: «Die Gesellschaft / ist die rücksichtsloseste / zeigt ein Mensch eine Schwäche / wird diese Schwäche / ausgenützt / darauf beruht alles» (73). Aus dieser Erfahrung resultiert das Mißtrauen (38, 68), das, wie der Doktor sagt, Ursache aller möglichen Krankheiten sei (38): von einem «Krankheitsprozeß» aber spricht er hinsichtlich der Königin («der ausübende Künstler / eine solche Entwicklung / ist ein Krankheitsprozeß» (52)), von einer «Todeskrankheit» (77), bei der es sich, indem Kunstexistenz und Kopfexistenz vertauschbare Begriffe sind, um die «Todeskrankheit der Bewegungslosigkeit» handeln muß. — Analoges gilt für Caribaldi, dessen Krankheit in der Kindheit, die eine «Schreckensherrschaft» gewesen sei (MG 89), ihren Anfang genommen habe (MG 33), und der das Cello gegen den Stumpfsinn der Umwelt spielt (MG 102), wie der Jongleur mit seinen Tellern lebenslänglich gegen die Gesellschaft jongliert

(MG 103). — Die Rücksichtslosigkeit, mit der die Königin gegen sich selber vorgeht (Caribaldi: «Die Rücksichtslosigkeit / ist ein Kunstwille» (MG 102)), reagiert auf die Rücksichtslosigkeit der Gesellschaft, ist aber, als Selbstbehauptung gegen diese Rücksichtslosigkeit, auch ihre Verinnerlichung (das selbe gilt für Caribaldi). Jetzt, wo sie am Ziel ist («Wer am Ziel ist / ist naturgemäß / todunglücklich» (81)), wiederholt sich der Mechanismus als der zwischen Künstler und Publikum: durch die «allerhöchsten Ansprüche» (81), welche die Königin an sich selber stellt, behauptet sie sich gegen das Publikum, indem sie seine Rücksichtslosigkeit (81), seine Ansprüche auf Perfektion, sich zu eigen macht (verinnerlicht). Als von der Gesellschaft «vollkommen abgeschlossen» (17), ist sie ihr, als dem Publikum, so unbedingt ausgeliefert wie nie zuvor — entsprechend der Feststellung des Fürsten, nie sei Hochgobernitz so sehr von der Welt abgeschlossen und gleichzeitig so auf sie angewiesen gewesen (V 223).

Das Analoge ist bezüglich Herkunft feststellbar, im besondern im Verhältnis der Königin zum Vater: «In dem / das man haßt / agieren zu müssen / weil man Talent / unter Umständen Genie hat / geehrter Herr / oder weil man dazu / von allen möglichen Umständen / beispielsweise vom eigenen Vater / gezwungen ist / ist fürchterlich», sagt der Doktor (61 f.), gezielt («geehrter Herr») zum Vater gewendet. Ein diesbezüglicher Hinweis mag außerdem sein, daß der Vater ihr aufmerksamster Zuhörer sei (72), also derjenige, der (obschon auch aus Angst um sie) die allergrößten Anforderungen stellt. Umgekehrt ist die Königin, wie gegen sich selber und gegen das Publikum, rücksichtslos gegen den Vater. Sie geht ihm aus dem Weg (75), wie sie dem Publikum (42, 82), seiner «Kontrolle» (82), aus dem Weg geht, und, im übertragenen Sinn, durch «Ablenkung», vor der Vorstellung ihrer eigenen «Person» versucht aus dem Weg zu gehen (74). «Aber Ablenkung ist unmöglich» (75): Sie kann sich dem Vater (Herkunft) so wenig «entziehen» (75), wie sie dem Publikum (Gesellschaft), wie sie ihrem Kunststück (dem Kopf) sich entziehen kann. Wenn sie die Forderung durchsetzen könnte, dem Herumreisen mit dem Vater, dem «fortwährenden beiderseitigen Zusammensein» (49) ein Ende zu machen, würde sie doch, wie der Doktor sagt (obwohl anders gemeint), «immerfort an ihn denken» (50), gleich wo sie wäre, «sei es die entfernteste Entfernung» (50) — wie anders die Gedanken des Fürsten immer und überall von Hochgobernitz (als dem Inbe-

griff von «Herkunft») beherrscht sind. Tatsächlich vom «Vater» sich zu trennen, wozu der Doktor sie mehrfach auffordert, entspräche der mit Bezug auf das Abholzen des Waldes geäußerten Maxime des Schriftstellers: «Herkunft, Ursprung, Abstammung, alles wegwischen» (Jg 108), und würde, wie das Ende der Existenz des Vaters, so ihrer eigenen bedeuten.
Andererseits behauptet sie durch ihre Kunst, ihre «Disziplin», so sehr sie darin von ihrer Herkunft (dem Vater) beherrscht ist (analog: vom Publikum beherrscht ist), sich *gegen* die Herkunft (den Vater) (analog: gegen das Publikum) — wie der General durch die Politik (gemäß Präsident eine Kunst), so sehr diese immer eine aus dem Wald heraus gewesen sei, gegen den «Wald» und gegen die Gesellschaft sich behauptet. Erschöpfung in Ausübung ihrer Kunst bedeutet daher, daß sie von der Herkunft überwältigt wird, ihr sich ausliefert — wie der General überwältigt wird vom «Wald» als dem metaphorischen Schlachtfeld von Stalingrad. Nicht mehr die Kraft zu ihrem Kunststück haben, heißt, nicht mehr die Kraft haben, gegen den Vater sich zu behaupten — und umgekehrt: Unmittelbar nachdem sie beim Vater buchstäblich kein Gehör fand für ihre Anordnung, die Tournee allein zu machen, während er in die Berge gehen solle, ruft sie nach Winter (sprechender Name, der «Frost», Kälte, Schnee assoziiert in dem Sinn wie diese Chiffern in JAGDGESELLSCHAFT eingesetzt sind) und diktiert ihm die Telegramme, durch die sie die Tournee absagt (75 ff). Statt dessen will sie mit dem Vater zusammen in die Berge fahren: «In die Berge Doktor / Keine Koloraturen nichts» (77). Auch dadurch ist ihre Existenz, als auf die Koloraturen konzentriert, am Ende, und dadurch ebenso, mittelbar, diejenige des Vaters, für den die Tochter alles sei.
Die zuletzt zitierten Worte sind analog denjenigen, die das Ende des Ortler-Aufstiegs der Brüder (AM ORTLER) bezeichnen: «Kein Schutzmittel, nichts.» (M 116) — was sich auf die von den Eltern hinterlassene, nurmehr als ein Haufen ungeordneter Steine daliegende Sennhütte bezieht. Insgesamt entspricht die geistige Biographie der Königin der Beschreibung des Ortler-Aufstiegs der Brüder (soweit sie den Kunststückemacher betrifft). Obwohl die Brüder, indem sie zur Hütte emporsteigen, mit der «Welt», die sie nichts mehr angehe, auch ihre Kunst bzw. Wissenschaft hinter sich gelassen haben — alle Verpflichtungen hat der Kunststückemacher abgesagt, wie die Königin die ihren —, ist doch der Auf-

stieg der konzentrierte, gleichnishafte Nachvollzug ihrer bisherigen Existenz. Die Rücksichtslosigkeit, mit der jetzt der Kunststückemacher sich und den Bruder zu immer noch größerer Eile, noch größerer, zunehmender Erschöpfung abgewonnener Willensanstrengung treibt («Die Schritte vergrößern und die Geistesanstrengung verdoppeln» (M 115)), und zwar im Tonfall und mit den Worten des Vaters (also vom Vater in die Willensanstrengung, in die «Disziplin» getrieben), entspricht der Geistesanstrengung, mit der er seine Kunststücke «vervollkommnet» hat (M 87): «vom Kopf aus» (M 89), «alles vom Kopf aus! immer größere Abgeschlossenheit, immer größere Kälte» (M 114) — entsprechend der »immer dünneren» (M 108), der «scharfen Luft» (M 94), in die der Aufstieg führt. Ebenso ist einerseits die Erschöpfung der Königin eine immer größere («jedesmal denke ich / es ist das letztemal / daß ich aushalte / daß ich durchhalte» (64)), andererseits: «jedesmal wenn sie auftritt / ist ihre Kunst / eine noch perfektere Kunst» (81). Es wächst also mit der Erschöpfung die Anstrengung (81), die Rücksichtslosigkeit (71), die Abgeschlossenheit (17) — und dadurch wieder die Erschöpfung usf. — und das geht so fort bis zum «Höhepunkt: «auf einmal / auf einmal nicht mehr / nie mehr» (64). Ein «Anmarsch und Aufmarsch und Abmarsch in die Erschöpfung» (M 110) sei der Aufstieg der Brüder; «Erschöpfung / nichts als Erschöpfung» (99), sind die letzten von der Königin im Stück gesprochenen Worte, und zwar mit Beziehung darauf, daß die Telegramme abgeschickt sind, also die Vorstellungen abgesagt. Dem plötzlichen Entschluß dazu entspricht, daß der Kunststückemacher plötzlich sagt: *abbrechen abbrechen abbrechen* (M 116), und zwar, nachdem er festgestellt hatte, daß die Willensanstrengung zur Gewohnheit geworden sei — ebenso sei der Königin, was ihr einst das größte Vergnügen gemacht habe: «daß sie seit Jahren / in den Opernhäusern aus und ein geht / und ihre berühmten Koloraturen singt» (31), zur Gewohnheit geworden. «Man muß die Kraft haben / abzusagen / etwas abzubrechen / das zur Gewohnheit geworden ist» (78), hatte der Doktor gesagt (Aufforderung, deren Absicht analog ist der vom Schriftsteller gegen den General verfolgten). «Die Kraft haben» steht zunächst im Widerspruch zu «Erschöpfung», doch in dem Maße, wie die Willensanstrengung zur Gewohnheit geworden ist, ist ein Entschluß erforderlich, sie abzubrechen, den Widerstand gegen die Erschöpfung aufzugeben, «sich gehen zu lassen» (also die Vorstellung abzusagen bzw. statt die Arie zu singen, mit hängenden Armen dazustehen, dem Publikum die Zunge herauszustrecken), so sehr andererseits dieser Entschluß nicht frei ist, sondern von der wachsenden Erschöpfung erzwungen, Konsequenz des «Krankheitsprozesses» (bzw. auf die Situation am Ortler bezogen: des rücksichtslos Weiterschreitens). Mit den Worten des Kunststückemachers *(abbrechen)* waren die Brüder am Ziel ihres Aufstiegs angelangt, der von den Eltern hinterlassenen, in Trümmern liegenden Sennhütte. Unterwegs hatte er gefragt: «Warum Kunststücke?» Die Antwort *(eine* Antwort) war durch die unmittelbar davor gesprochenen Worte schon gegeben: «Zuviel Erinnerung» (M 107). Die Kunststücke, obschon auch diktiert von Erinnerung, sind Ablenkung von der Erinnerung, und die Willensanstrengung abbrechen, heißt, der Erinnerung, dem Vergangenen (Tradition), schutzlos ausgeliefert sein. Indem der Aufstieg Gleichnis der bisherigen Existenz ist, bezeichnet der Augenblick der Ankunft bei der Hütte die Absage der Engagements, den Entschluß, sich auf die Hütte zurückzuziehen, also das Analoge zum Entschluß der Königin, statt Koloraturen zu singen, mit dem Vater in die Berge zu gehen. — «Auf dem Höhepunkt / verrückt werden» (80), hatte sie gesagt, eine der Möglichkeiten abzubrechen bezeichnend (und gleich hinzugefügt: «schuld sind die Eltern»). Das hat sich am Kunststückemacher erfüllt, der in eine Anstalt eingeliefert werden muß. «Ich glaube nicht, daß er jemals wieder auftreten wird», ist der letzte Satz des erzählenden Bruders. —

Wie die Krankheit der Tochter eine aus dem Vater ist (aus ihrer Umgebung, ihrer Herkunft), so diejenige des Vaters eine aus der Tochter. Er hat angefangen zu trinken «vor einem Jahrzehnt», als sie zum erstenmal öffentlich aufgetreten ist (12). Da wird er gesehen haben, daß er «einen Mechanismus zur Tochter» hat (53), eine «Maschine» (28), «Koloraturmaschine» (80), daß es sich, wie der Doktor sagt, um eine «Stimme», «nicht aber um einen Menschen» handelt (22), daß seine Tochter ‹tot› sei, in dem Sinn, wie der Kunststückemacher sagt: «Das Kunststück lebt, der es macht ist tot» (M 105). Er haßt darum insgeheim, was die Tochter tut (59), wie sie selber die Koloraturen und die Oper haßt. Die Trunksucht ist «Ablenkung» von der «Krankheit» der Tochter, davon, daß sie ‹tot› ist und daß demnach er selber, der mit seinem ganzen Wesen an der Tochter hängt (47), ‹tot› ist; sie

ist, wie der Doktor sagt, ein «Kunstmittel» (41), und also vergleichbar den Koloraturen, die das Kunstmittel der Tochter sind, von ihrer «Krankheit», ihrem ‹Tod› sich abzulenken, und sie ist anscheinend in dem Maße exzessiver geworden, wie die Perfektion, der Schwierigkeitsgrad der Kunst der Tochter zugenommen hat, also mit dem Fortschreiten ihrer «Krankheit», mit der Steigerung ihrer Angst, zu versagen, und der entsprechenden Angst des Vaters um sie.
Ebenfalls «ein ganzes Jahrzehnt oder noch länger» (98) sei es her, daß der Vater erblindete. Die Zeitangabe legt eine Beziehung auch der Erblindung zum Auftreten der Tochter nahe; andererseits muß sie als zusätzlicher Grund für den Abbruch des Studiums des Vaters in Betracht kommen, gemäß der Aussage des Doktors: «Wäre Ihr Herr Vater / nicht erkrankt / tatsächlich viel zu früh erkrankt / und dann auch noch / beinahe zur Gänze erblindet / hätten wir eine medizinische Kapazität / an unserem Tisch» (91). Da einerseits «ein ganzes Jahrzehnt oder noch länger» nicht wesentlich länger sein kann als ein Jahrzehnt, andererseits seit Abbruch des Studiums des Vaters, weil er unterdessen eine Operndiva zur Tochter hat, mindestens zwei Jahrzehnte vergangen sein müssen, ist aber eine Beziehung der Erblindung zum Studium bzw. Studienabbruch ‹real› auszuschließen. Da jedoch Bernhard mit ‹realistischen› Motivationen sich nicht aufhält, außerdem Erblindung ein viel zu wichtiges Ereignis ist (man denke an den Grauen Star des Generals), um nicht in das Zeichensystem des Stückes eingebaut zu sein, scheint es geboten, in der Zeitangabe «ein Jahrzehnt oder noch länger» nicht ein im Leeren hängendes Ungefähr zu sehen, sondern einen Hinweis darauf, daß die Erblindung sowohl mit dem Studienabbruch als auch mit dem Auftreten der Tochter in Zusammenhang zu bringen sei. — Sein Studium der Medizin habe der Vater infolge einer Erkrankung abbrechen müssen. Der Satz des Doktors: «Zu einem guten Anatom gehört eine gesunde Physis» (89), deutet zwar auf eine körperliche Krankheit; da aber davon sonst nie die Rede ist und auch nicht einzusehen ist, warum ein körperlich Kranker (es sei denn er zittert, leidet unter Atemnot oder dergleichen) nicht doch sollte ein guter Anatom sein können, da ferner Krankheiten, auch wenn es sich um körperliche handelt, immer «Außerfleischliches» (F 5) bedeuten, muß angenommen werden, daß auch die Erkrankung des Vaters eine metaphorische sei und direkt zu tun habe

mit der Anatomie: daß er sein Studium habe abbrechen müssen, weil er von der Medizin etwas anderes erwartet hatte, als was sie, dem Doktor zufolge, ist: «eine Wissenschaft von den Organen, nicht (...) eine solche von den Menschen» (37). Der Vater hätte das Talent zu einem hervorragenden *Praktiker* gehabt, sagt der Doktor (89), also zu einem wirklichen Arzt, der sich für den Menschen interessiert, im Gegensatz zur medizinischen *Wissenschaft*, die «überhaupt nichts mit dem Menschen zu tun hat» (36). «Krank» gemacht hätte ihn die Betrachtung des Menschen als Mechanismus, als Maschine (was er, wie die Geschichte der Neuzeit beweist, tatsächlich, wenn man ihn lange genug so betrachtet, dann auch *ist*), Betrachtung, die sich im Anblick der öffentlich auftretenden Tochter wiederholt. Indem durch solche Betrachtung, auf der Anatomie, in der Oper, er selber sich zum Mechanismus werden mußte, ist seine «Krankheit» identisch mit derjenigen der Tochter bzw. damit, wie ihre «Krankheit» nach der «Veränderung» sich zeigt. Sie ist zu umschreiben mit den Worten des Fürsten: «Wenn wir uns des Mechanischen unseres Körpers ganz bewußt sind, können wir nicht mehr atmen» (V 209). Dem entspricht, hinsichtlich der Erfahrung des Vaters in der Oper, daß ihn die Luft dort, von der der Doktor sagt, sie sei zum Schneiden (66), betäubt (77); es betäubt ihn der Geruch, die Ausdünstung der Leute — der «Geruch der Auflösung» also, welche immer Voraussetzung der Krankheit der Bewegungslosigkeit ist bzw. als welche diese gleichfalls zu begreifen ist. Ebenso ist das «Lieblingswort» der Tochter, nach ihrer «Veränderung», das Wort «Luft» (42), worin ihre Angst sich ausdrückt, nicht mehr atmen zu können, das heißt, ihr Kunststück nicht mehr zu beherrschen, gemäß der Aussage des Kunststückemachers: «Atmung ist das wichtigste. Wenn man die Atmung beherrscht, beherrscht man alles» (M 91). —
Wie also die Krankheit der Tochter eine aus dem Vater ist, so diejenige des Vaters aus der Tochter, aus der «zwischenmenschlichen Eiseskälte» (Pr 137), die, als Voraussetzung der «theatralischen Eiseskälte» (36), sie umgibt; die Umgebung eines «solchen Phänomens», sagt der Doktor (36), sei zur Bewegungslosigkeit verurteilt. Die Abhängigkeit zwischen beiden ist eine wechselweise, der bekannte «Wechselirrsinn», wie er ausgedrückt ist in der Formel des Fürsten von der «Vorwirklichkeit, die aus mir ist und aus der ich bin» (V 139). Auf beide ist die Formel anzu-

wenden, ihre Abhängigkeiten sind spiegelbildlich. Demgemäß ist im Verhältnis des Vaters zur Tochter gleichfalls, deutlicher als in ihrem zu ihm, das Verhältnis des Generals zum Wald vorgebildet. Er hängt mit seinem ganzen Wesen an der Tochter (47) wie anders der General am Wald, und der identischen Krankheit von Vater und Tochter entspricht die identische von General und Wald. Ebenso ist die Erblindung des Vaters analog dem Grauen Star des Generals, und zwar sogar in der doppelten Motivierung: Der General erblindet, um sowohl seine eigene Krankheit nicht «sehen» zu müssen (die auf dem Bankett sich anzeigte, das ihm, insofern er dort die Anschauung der Politik als Theater hatte, was dem Vater die Anatomie bedeutete), als auch die Krankheit des Waldes. Der Vater erblindet, weil er es nicht ertragen kann, die menschliche Existenz generell (im besonderen seine eigene) als Mechanismus des Anatomischen Theaters bzw. diejenige der Tochter als Mechanismus des musikalischen Theaters zu sehen.

Die Erblindung des Vater müßte demnach, wie der Graue Star des Generals, als «Ablenkung», als Selbsttäuschung zu verstehen sein. Andererseits bezeichnet der Doktor die Existenz des Vaters, im Hinblick darauf, daß er nichts sieht, in der «Finsternis» sich aufhält, als eine «kompetente» (98) (Näheres dazu im Zusammenhang mit der Prinzessin in JAGDGESELLSCHAFT). Wiederholt wird von ihm gesagt, daß er, weil er nichts sehe, um so besser höre. So sagt auch der sehr kurzsichtige Erzähler in WATTEN, in der Finsternis sei alles deutlicher zu hören («man sieht nichts, man hört alles deutlicher» (W 87)), und geht Konrads Gehörverfeinerung einher mit Augenschwäche (er fürchtet zu erblinden (K 120)): wichtiger als daß ein Mensch sieht, sei, sagt er, «daß ein Mensch hört» (K 30), das Gehör sei auch wichtiger als das Gehirn (K 80). Das erinnert einmal mehr an Jean Paul, der das Ohr als das Organ der Seele bezeichnete, das im Gegensatz zum Auge und viel mehr noch zum Verstand, der, was er aufnimmt, zerstückelt, die Wahrnehmung des «Ganzen» ermöglichte — wie der Erzähler in *Watten* in Fortsetzung des obigen Zitates (W 87) sagt: «in einem Augenblick alles». Als der Vater des Erzählers in UNGENACH das Augenlicht verloren hatte, «glaubte er, besser und systematisch zu sehen, weil er auf einmal höre. Durch die Ausschaltung aller Ärzte gelinge ihm intensiver, wiewohl in Wirklichkeit überhaupt nichts mehr, *durch sein Gehör* alles zu sehen» (U 61). Die Bestimmung «systematisch» dürfte ebenfalls eine auf das «Ganze», auf die wesentlichen Zusammenhänge gerichtete (intellektuelle) «Anschauung» meinen. Ihr gleicht diejenige des Vaters der Königin von der Stadt, durch die er sich ohne Binde und Stock bewege, weil er, wie der Doktor sagt, die «Struktur der Wege» kennt (38); daran auch dürfte sich seine «Kompetenz» beweisen, die ihm die Tochter, weil sie nicht kompetent sei (26), nicht glauben kann. Dagegen wäre sie, das heißt, die Stimme, die sie allein noch ist, für ihn in analoger Weise «Weltorgan» (MG 46) wie für Caribaldi das Cello (das außerdem ihn, wie den Vater die Tochter (72), das ganze Vermögen gekostet habe (MG 81)), was man konkret sich so vorstellen mag, daß er aus der Stimme die «Umstände und Zustände» hört, auf die sie in dem gewöhnlichen Ohr nicht wahrnehmbarer Weise reagiert. —

Ihre Kunstexistenz bezeichnet die Königin als «Betrugsaffaire» (81), und zwar im selben Sinn, wie die Gute von «Lüge» spricht («Alle diese Lügen sind Verfinsterungen, daß alles wahr ist und wirklich» (FB 10)), womit sie sich auf ihre zwanghaften Tätigkeiten (Kunststücke) bezieht, durch die sie sich vom «Unfall» ablenkt bzw. von ihrer Verkrüppelung, ihrer Todeskrankheit, davon, daß sie über ihr Ende seit dem «Unfall» schon hinaus ist. Gleiche Voraussetzungen sind für die Königin anzunehmen, wenn auch von einem so einschneidenden Ereignis wie dem «Unfall» (der ohnehin nur Sinnbild, Ersatzursache ist) in ihrem Leben nicht die Rede ist (es sei denn ihr erstes Auftreten, das ebenfalls, wie für die Güte der «Unfall», zehn Jahre zurückliegt). Die «Betrugsaffaire» also besteht darin, daß wir, «hätten wir nicht die Fähigkeit uns abzulenken», zugeben müßten, «daß wir überhaupt nicht mehr existierten» (22 f.): «die Existenz ist wohlgemerkt immer / Ablenkung von der Existenz / dadurch existieren wir / daß wir uns von unserem Existieren ablenken» (23). Das selbe sagt der Kunststückemacher mittels des gleichbedeutenden Begriffs des Kunststücks: «Alles Kunststücke. Alles Kunststück. Die ganze Welt Kunststück.» (M 96) — Synonyme sind «Trick» (Doktor: «Die Frage ist tagtäglich / wie komme ich durch einen Trick / einen tagtäglichen neuen Trick / durch den Tag» (24 f.)) und «Schliche» («Kunststücke, Schliche» (M 110); «man versucht durch alle möglichen Schliche die Natur zu hintergehen» (149)).
Durch Kunststücke behauptet ein Mensch sich gegen das, was ihn töten würde bzw. gegen den «Tod». Immer sind darum Kunst-

stücke solche «auf Leben und Tod» (F 103), mehrfach versinnbildlicht durch Seiltänzerei (IW 52; Tochter und Enkelin Caribaldis tanz(t)en auf dem Seil; der Kunststückemacher in AM ORTLER hat Kunststücke auf dem Seil ausgeführt. Der Fürst, in der Nacht am Fenster stehend, beobachtet mehrere (imaginäre) Seiltänzer, «die auf Seilen, die in die Unendlichkeit gespannt sind, gehen, und die anzurufen mit dem Tode bestraft wird» (V 172; zu vergleichen auch V 136)). Jedes Kunststück ist tendenziell «das Kunststück sich auszuschalten» (F 206) — demgemäß sucht die Königin vor der Vorstellung, auf das Kunststück sich konzentrierend, von ihrer Person sich abzulenken (74) —, und das Kunststück überhaupt wäre dasjenige, den Kopf verschwinden zu lassen (F 200, FB 105 f.). Solche Zauberei aber liegt in der gleichen Weise außerhalb des Möglichen wie für die Gute «vergessen» (Strauch gelingt es «zwischen Augen aufmachen und Augen zumachen» (F 206), also «augenblicklich»). In Wirklichkeit reproduziert das Kunststück, wogegen es unternommen ist. Der Schmerz, sagt Strauch, entwickle sich «zu ungeheuerlichen Kunststücken» (F 38); der Kunststückemacher: «Wie wir aus unserem Alleingelassensein und aus unserer Angst unsere Kunststücke und unsere Wissenschaft gemacht haben» (M 99). Verfeinerung des Kunststücks ist «Verfeinerung der Verzweiflung» (M 108). So haben einerseits alle Angst, abzustürzen, von den Raubtieren zerrissen zu werden, plötzlich nicht mehr singen zu können etc., *wünschen* es andererseits, hassen ihre Kunststücke, ihre Kunst, durch die allein sie doch ihre Existenz fristen (wie beispielsweise die Gute ihr Briefeschreiben, ohne das sie doch nicht existieren kann, haßt, und wünscht, daß es ihr unmöglich gemacht werde). Jedesmal denkt die Königin, es sei das letztemal, daß sie es aushalte, durchhalte (64): Sie hat Angst, es sei das letztemal gewesen, und sie wünscht es: «jedesmal sage ich / das letztemal / absagen / nicht mehr auftreten / Schluß machen / aus» (67 f.). Sie hat Angst, daß das Kostüm zerreißt, wünscht es insgeheim, provoziert es, träumt davon, einen Skandal zu entfesseln (80). Sie hat Angst, ist besessen von der Vorstellung, daß plötzlich der Eiserne Vorhang (den, gemäß Konrad (K 264), der Tod betätigt) herunterfällt und sie zerquetscht: es sei ihr alter Traum (66) — wie der Traum, den Skandal zu entfesseln: ein Albtraum, Angsttraum, aber auch ein Wunschtraum. In der gleichen Weise ist der Traum des Dompteurs ambivalent, Max habe ihm den Kopf abgebissen (MG 70):

(MG 103): «Mit dem Bogen (...) gegen alles», gegen das Tödliche also, wofür auf der selben Seite ausdrücklich «Gesellschaft» steht, und das hat die als tödlich begriffene Obsession isolierter Kopfexistenz zur Folge: «Der Kopf ist von der Kunst / die «Der Wunsch tot zu sein / deshalb die Angst vor dem Ende», sagt der Doktor (84), und ebenso gilt das Umgekehrte: «Ich habe nie sterben wollen und doch nichts grausamer zu erzwingen versucht» (F 139).
Exemplarisch durchdringen Todeswunsch und Todesangst sich im Vorgang des Schminkens. «Alt werden / nichts sonst» (45), sagt die Königin (Todesangst, als Angst vor dem Altern, wird bei der Präsidentin wiederkehren, ebenfalls zur Sprache gebracht während eines Vorgangs des Schminkens und Einkleidens), gleich darauf: «mehr Rot auf die Wangen / mehr Rot / andererseits / nein / machen Sie die Wangen weiß / ganz weiß / machen Sie sie weiß weiß» (45 f.). Die Angst vor dem Tod verlangt spontan nach der Farbe des Lebens; das Umspringen auf Weiß kann so verstanden werden, daß aus der Todesangst der Todeswunsch sich hervorkehrt, oder so, daß Künstlichkeit ein Mittel ist gegen die Todesangst. Das eine und das andere sind nicht zu trennen: ein weiteres Mal verlangt die Königin nach Weiß, nachdem der Doktor ihr Angst damit gemacht hat (bzw. ihre eigene immer vorhandene Angst aktiviert hat), sie könnte auf einmal nicht mehr mit der gleichen Vollkommenheit ihre Koloratur beherrschen (54 f.) — Angst, die, insofern die Königin ihre ganze Existenz in die Koloratur, in ihr Kunststück hineingezwängt hat, analog ist der Angst vor dem Altern, Angst ist vor dem Tod. Durch Künstlichkeit, immer noch größere Künstlichkeit, behauptet sie sich gegen den Tod; durch Künstlichkeit, immer noch größere Künstlichkeit, tötet sie ebensosehr sich ab, liefert willentlich dem Tod sich aus. Die Ambivalenz drückt Caribaldi (mit Absicht — Bernhards — syntaktisch unbestimmt) so aus: «Krankheitsvorliebe / Überwindung des Lebens / Todesangst» (MG 45). Überwindung des Lebens durch Künstlichkeit (die als Krankheit begriffen ist, daher «Krankheitsvorliebe»), infolge Todesangst, die aber in der Künstlichkeit auch sich reproduziert und steigert. Kunststücke, Künstlichkeit, sind eine «Verschwörung» mit dem Tod gegen den Tod, wie der Dompteur sagt: «Idiotisch / eine Verschwörung / *mit* den Tieren einerseits / *gegen* die Tiere / andererseits» (MG 61). Das Paradox ist plausibel, wenn man die Bedeutung von «Tod» nicht ein-

schränkt auf biologischen Tod, sondern einerseits darunter das Tödliche der Gesellschaft (der «Umgebung») versteht, gegen das die Kunststücke unternommen sind, andererseits das Tödliche der Kunststücke-Existenz als isolierter Kopfexistenz. Caribaldi (MG 103): «Mit dem Bogen (...) gegen alles», gegen das Tödliche also, wofür auf der selben Seite ausdrücklich «Gesellschaft» steht, und das hat die als tödlich begriffene Obsession isolierter Kopfexistenz zur Folge: «Der Kopf ist von der Kunst, die einer macht / nicht mehr in Ruhe gelassen»: «hört er auf / ist er tot» (einerseits) — was heißen kann, daß er der Heteronomie des gesellschaftlich Allgemeinen verfällt; «sich mit dem Bogen in den Tod hineinstreichen» (andererseits) — was heißen kann, in der Leere abstrakter Autonomie zu ersticken. Also: mit dem Bogen gegen den Tod (die Gesellschaft) in den Tod (die Isolation und die Erschöpfung) sich hineinstreichen.

Das geradezu ekstatische Verlangen der Königin nach immer noch mehr weißer Schminke (46, 55) entspricht dem Puderexzeß der Konrad, die nicht eher Ruhe gibt, bis ihr Gesicht «vollkommen zugepudert» ist, mit weißem Puder, ist anzunehmen. «Dann schweigt sie und richtet sich auf und sagt: gut so. Und noch einmal: gut so. Und dann: die Vorstellung ist aus. Abgebrochen. Die Vorstellung ist abgebrochen, aus. Wir haben einen Skandal!» (K 236). Der Abbruch der Vorstellung, der Skandal, muß als Konsequenz immer noch größerer, am «Höhepunkt» vollendeter Künstlichkeit begriffen werden, die, versinnbildlicht durch das Weiß des Todes («Weiß paßt immer», sagt doppeldeutig die Vargo (45)), als der Krankheitsprozeß, die Krankheit zum Tode kenntlich ist, die sie immer sei. Ob also der Doktor die Königin zu mehr Weiß, mehr Künstlichkeit animiert (55), oder dazu, die Vorstellung abzubrechen, einen Skandal zu machen: so oder so zielt er auf ihre Vernichtung.

Die Analogie zur Dialektik naturbeherrschender Rationalität, wie Horkheimer und Adorno sie nachvollzogen haben, ist offensichtlich. Gegen die Natur sich behauptend, sie beherrschend, macht der Mensch mittelbar sich zu ihrem Sklaven (wie der Dompteur, die Tiere beherrschend, selber zum «Tier» wird (MG 143f.): «Die Tiere gehorchen mir / umgekehrt gehorche ich den Tieren» (MG 60)). Als eine durch «Mimesis» (Horkheimer/Adorno), ist Beherrschung der Natur eine Verschwörung mit der Natur gegen die Natur. An ihrem Ziel hat der Mensch, insofern er einmal als das andere zur Natur sich setzte, sich aufgelöst[5]. Mittels Maschinen die Natur beherrschend, wird er selber zur Maschine, zum «künstlichen Menschen» (in dem Horváth den Porzeß rasch fortschreitender Rationalisierung terminieren sah); da aber solche Beherrschung eine durch Nachahmung ist, reproduziert sich in ihrer Künstlichkeit die Natur: das Ziel ist eine künstliche Natur, natürliche Künstlichkeit. Damit ist dann der Kreis, den Kleist im Aufsatz über das Marionettentheater beschrieb, geschlossen, in einer Weise allerdings, die er so nicht gemeint haben kann: er meinte den Gott, nicht die Maschine oder das Tier, die Aufhebung des Reiches der Notwendigkeit im Reich der Freiheit, nicht Regreß auf das blind Mechanische von Natur, dessen bewußtlose Reproduktion. — Der Doktor sagt: «Nicht Menschen agieren hier / Puppen / hier bewegt sich alles / unnatürlich / was das natürlichste von der Welt ist» (55). Entsprechend hatte (in GEHEN) Karrer — auch einer, der auf dem Höhepunkt verrückt geworden ist — gesagt, und zwar mit Bezug auf die Klosterneuburger Straße, durch die er regelmäßig ging, «eine solche Künstlichkeit habe es noch niemals gegeben, eine solche Künstlichkeit, mit einer solchen Natürlichkeit» (G 99 f.). Die Künstlichkeit der Königin ist Paradigma der «Kunstnaturkatastrophe» (Jg 102), zu der die Welt (Natur, Gesellschaft, jeder einzelne Mensch) infolge des Zerstörungsprozesses naturbeherrschender Rationalität geworden ist; sie ist analog der «erschrekkenden Künstlichkeit» (W 67) im Schloß des Erzählers in WATTEN (die ihn veranlaßt, es zu liquidieren und sich in die Baracke zurückzuziehen), der «grotesken Künstlichkeit» (U 81), zu der das «auf den heutigen stumpfsinnigen Zeitbegriff heruntergestilisierte Ungenach» (U 81), einst ein «Naturkunstereignis» (U 83), geworden ist usf.

Der Fürst hat «keine Lust mehr», «die Menschen und alles was sie anrühren, anrühren müssen, als künstliche Gebilde zu betrachten». Er fühlt sich (infolge solcher Betrachtung) plötzlich «verfaulen», er *hört* es, daß er verfaule und will von der Stelle, die ihm plötzlich als die Stelle der Fäulnis bewußt geworden sei, weg; «aber es ist zu spät». Er hat in solcher Künstlichkeit, durch sie, seine Identität, sich selber, verloren: «Es gelingt mir nicht einmal mehr, meinen Namen zu rufen. Ich will meinen Namen rufen und ersticke. Ich schaue von hoch oben auf mich herunter und stelle fest: du bist nichts mehr.» (V 193) Was der Fürst hier beschreibt, ist dem Vater in der Anatomie und wieder in der Oper geschehen, und es ist, in der «Veränderung», mit der Königin geschehen, geschieht ihr vor allem im zweiten Teil des Stücks, wobei der Doktor die Rolle des *advocatus diaboli* spielt, indem er ihrem eigenen Überdruß, ihrer eigenen Erschöpfung, ihrer eigenen Betrachtung der «Umstände und Zustände» als zerstörerischer, Ausdruck bzw. Nachdruck verleiht. In dem Augenblick, wo sie der Faszination nachgegeben hat, die davon ausgehe, «sich gehen zu lassen» (14), wo sie aus Erschöpfung entschlossen ist, einen Skandal zu machen, abzubrechen, schaut sie, wie der Fürst, «von hoch oben auf sich herunter» und stellt fest, daß sie «nichts mehr sei»; sie muß abbrechen, löst sich auf, *weil* sie zu dieser Betrachtung ihrer selbst gekommen ist, gemäß der Feststellung des Fürsten: «Wenn wir zu denken anfangen, wie wir sind, lösen wir uns in der kürzesten Zeit auf» (V 202). Sie ist sich selber, es ist ihr die Rolle, in die ihre Existenz eingegangen ist, zum Objekt geworden, sie feixt sich bzw. was sie aus sich gemacht hat, was die «Umgebung» aus ihr gemacht hat, aus: «Koloraturmaschine / Koloraturmaschine / hören Sie Doktor / Koloraturmaschine» (80), und: «Die Künstlerin auf dem Höhepunkt ihrer Kunst / ich weiß / Was für ein Stakkato / was für ein Stakkato» (81).

Indem die Königin von sich als von der «Koloraturmaschine», «Künstlerin auf dem Höhepunkt» usw. spricht, betrachtet sie sich mit den Augen ihrer «Umgebung» (des Publikums, der Kritik, des Doktors). Sie gibt sich darüber Rechenschaft und lehnt sich dagegen auf, daß die auf sie gerichteten Blicke der Umgebung, mit Sartre gesprochen, der «andern», sie in ihre Rolle hineingezwängt haben und hineinzwängen, daß sie das Geschöpf dieser Blicke, ihr Objekt ist. So ist die Oper auch die «Hölle» (62) im Sinn von Sartres Satz: «l'enfer c'est les autres», und erfährt sie im Publikum ihre «Peiniger» (43), weil sie seinen Blicken ausgeliefert ist. Kurz nachdem der Doktor dem Vater den «schönen Anblick» gelobt hat, der seine Tochter sei, das heißt, das ‹Bild›, das sie für die andern ist, sagt er, im selben Zusammenhang (82 f.):

alles was wir tun ist / unter Kontrolle / nur wenn wir uns in ein Séparé flüchten / in die Drei Husaren zum Beispiel / und hinter verschlossenen Türen sind / aber wir werden immer angestarrt geehrter Herr / Sie selbst bemerken diesen fürchterlichsten aller Zustände / möglicherweise nicht mit einer solchen Deutlichkeit / wir

erfinden Schliche / aber das Publikum holt uns immer wieder ein /
atmen wir auf geehrter Herr / überrascht uns das Publikum / schon
an der nächsten Ecke /

Nach der fünften Zeile bricht der Doktor ab, weil ihm, wie die
Fortsetzung zeigt, klar ist, daß bezüglich des Publikums gilt, was
der Dompteur mit Bezug auf Caribaldi sagt: «auch wenn er nicht
da ist / ist er da / beobachtet uns / verstehst du / belauert uns»
(MG 68). — In ihren Träumen stellt die Königin sich vor, ihrerseits das Publikum anzustarren («dastehen / und nichts tun / und
alles anstarren / anstarren verstehen Sie» (78)), was ein Hinweis
ist auf die grundsätzliche Möglichkeit einer Flucht nach vorn: als
Subjekt dadurch sich zu behaupten, daß man die «Peiniger» zum
Objekt macht. Daß Blicke immer diese Bedeutung haben (worin
Bernhard mit Sartre übereinstimmt), dem entspricht, daß Beziehungen zwischen Menschen immer solche zwischen Herrschenden und Beherrschten sind. Wer den andern anblickt (und das
gilt insbesondere für die zahlreichen «Beobachter», wie Doktor
und Schriftsteller), macht ihn zum Objekt, löscht ihn aus, beherrscht ihn. Sehen und nicht gesehen werden, was die Präsidentin
sich wünscht (Pr 57), bzw. wie der General sagt: «Im Hintergrund agieren zu können» (Jg 38), das ist die Formel für Macht:
«... in Beobachtung aller möglichen Menschen durch Abwesenheit
anwesend, unangreifbar» (U 84) — was genau auch die Stellung
des Publikums gegenüber den auf der Bühne sich Exponierenden
beschreibt; auf keine andere Weise läßt das Publikum sich stärker
irritieren als durch Umkehrung dieses Verhältnisses: daß die
Schauspieler sich an die Rampe stellen (womöglich auf nicht ausgeleuchteter Bühne) und ins (womöglich nicht verdunkelte) Parkett hineinblicken. — In Umkehrung des Zitates aus UNGENACH ist
der Vater der Königin, als erblindet, gleichsam als Anwesender abwesend: er sieht nichts und ist so auch selber nicht sichtbar (nicht
den Blicken der anderen ausgeliefert). Auch daran, ungeachtet der
Bedeutung magischen sich Verbergens[6], könnte seine «Kompetenz»
sich erweisen: daß er am Kampf um Macht, mit Blicken die andern
zu verschlingen oder selber von ihnen verschlungen zu werden, nicht
teilhat, also «aufgegeben» hat, wodurch wir, wie der der Schriftsteller sagt (Jg 109), «menschlich» würden. —
Die Blicke des Publikums sind das Tödliche, dem man durch

«Schliche» (Tricks, Ablenkungen, Kunststücke) zu entgehen oder standzuhalten sucht; sie bewirken das Ersticken, gleichbedeutend mit «Bewegungslosigkeit». Diese konnte begriffen werden als Ersticken unter der Last der Tradition, der Erinnerung, die Leben durch ihre Präpotenz zum Maskenwahnsinn macht — in der selben Weise wie die Blicke der andern dem Subjekt eine Rolle, eine Maske, ein Kostüm aufzwingen und es dadurch zum Objekt machen, zu etwas ganz und gar Künstlichem. Die analogen Mechanismen (also Künstlichkeit durch Tradition bzw. durch die Blicke der andern) sind in Gombrowicz' TRAUUNG zu einem einzigen verschmolzen (wobei Tradition diejenige Polens ist). Geschöpf zu sein der andern, ist das beherrschende Thema in seinem Werk, zum Beispiel auch im Roman FERDYDURKE, dessen Held den ihm aufgezwungenen Rollen, der Fremdbestimmung, dadurch zu entgehen sucht, daß er immer weiter zurück in die Kindheit regrediert, am Schluß seinen Verfolgern die Zunge herausstreckt wie die Königin in ihren Träumen dem Publikum: Der Versuch, der Fremdbestimmung, den Blicken zu entgehen, führt zurück ins Ungeformte, in das Chaos, in dem die Königin am Ende des Stücks sich auflöst. Gombrowicz hat, besonders eindringlich in TRAUUNG, die Dialektik des Vorgangs aufgezeigt: In eine Rolle hineingezwängt werden, eine Identität von außen aufgezwungen bekommen, bedeutet Verlust der eigenen Identität, ist also ein Prozeß der Auflösung, der sich plötzlich als solcher zu erkennen gibt, wenn das Subjekt aus der Rolle sich zurückzieht oder daraus sich zurückzuziehen, wieder von außen, veranlaßt oder gezwungen wird, im Alltag beispielsweise durch die Pensionierung. In TRAUUNG ist es der Zeigefinger des Säufers, der den König, auf dem Höhepunkt, aus der Rolle ins Chaos stürzen läßt, in das Nichts, das er selber ist. Einen Zeigefinger dieser Art streckt die Königin gleichsam gegen sich selber aus, wenn sie in ihrer Selbstpersiflage sich von außerhalb betrachtet, auf sich herunterblickt. —
Der Prozeß der Auflösung, der im zweiten Teil vorgeführt wird, ist seit langem vorbereitet gewesen durch die «Veränderung», die mit der Königin vorgegangen sei. Ihre Redeweise sei eine andere, ihre Bewegungen seien andere geworden (36), und als die «bemerkenswerteste Neuigkeit» (41) führt der Doktor an, daß sie zwischen zwei Sätzen ein Nachdenken sich erzwinge (was eben heißt: anfängt zu denken wie sie ist). Sie ist schweigsam geworden, scheint sich auf die deutsche Sprache nicht mehr zu verlassen (41)

und gebraucht häufig das Wort «Luft», das heißt, die Atmung ist gestört, sie muß fürchten zu ersticken. Der Beginn der «Veränderung» ist mit dem Besuch des Teatro Fenice anzusetzen, wo sie einen Kollegen in einer mittelmäßigen «Falstaff»-Aufführung gesehen hat (28). Alle Symptome, einschließlich des Anlasses, durch den ihre «Krankheit» akut wurde (und der also für sie den selben Stellenwert hat wie für den General das Bankett) lassen sich dahingehend zusammenfassen, daß sie anfing, ihre Kunst, die ihr zur Gewohnheit geworden ist, von außen zu betrachten, als einen Mechanismus, an den sie sich verloren hat und der ihr dadurch als sinnlos und zerstörerisch erscheinen muß. Daß dieser Mechanismus identisch ist mit dem Maskenwahnsinn der Tradition — wofür, daß die «Eltern» zu dem sie gemacht hätten, was sie ist, Paradigma ist —, geht unter anderm daraus hervor, daß sie ihre Wahrnehmung im «schönsten Theater der Welt» machte, das zugleich das älteste, traditionsreichste ist, in dessen Rahmen jedes heutige Agieren zum vornherein als anachronistisch, ja dilettantisch und also lächerlich erscheinenen muß. Über diesen Theaterbesuch schrieb Rolf Michaelis: «Das ist mehr als nur literarische Huldigung an Thomas Mann und dessen «Tod in Venedig», es ist Verweis auf das Hauptthema, den Tod, so wie die «Falstaff»-Reminiszenz auf die Thematik des Lebensüberdrusses verweist: könnte die Schlußfuge der Oper doch auch in Bernhards Spiel angestimmt werden: Die ganze Welt ist ein Witz, wir sind alle Narren.» (FAZ, 8. September 1972). Die Königin muß wahrgenommen haben, daß die Welt und ihre Existenz über das Ende schon hinaus seien; wie die Konrads, als sie ins Kalkwerk sich zurückziehen, wie die Gute zum Zeitpunkt des «Unfalls», hat sie alles gehört (43), hat an allem das Interesse verloren.

Die «Veränderung», wie dann das «Abbrechen», geschieht in Konsequenz der Kunstexistenz (Kopfexistenz) der Königin. Demgemäß verkörpern Doktor und Königin die zwei Seiten eines einzigen, so oder so tödlichen Vorgangs (in der selben Weise ergänzen sich dann der Präsident und die «Anarchisten», im besonderen der Sohn); indem die Königin folgerichtig in den Sog der vom Doktor verkörperten, als Wahnsinn begriffenen Zerstörung gezogen wird, erscheint diese als Wahrheit der Künstlichkeit.
Zwischen der Kunst der Königin und der Wissenschaft des Doktors bestehen wesentliche Übereinstimmungen. Beide Tätigkeiten

bzw. Existenzformen verlangen eine vollendete «Technik» (7), «Präzision» (9), Geistesrücksichtslosigkeit. Wenn der Doktor sagt: «Geistesrücksichtslosigkeit / in jedem Fall / ein tödlicher Prozeß» (84), bezieht sich das auf die Königin, auf den «Krankheitsprozeß» (52) ihrer Kunst, charakterisiert aber auch sein eigenes Vorgehen gegen sie und gegen den Vater, das paradigmatischen Ausdruck findet in der durch das ganze Stück sich ziehenden Beschreibung der Sezierung eines menschlichen Körpers. Wenn er sagt, daß es wahrscheinlich allein die Bekanntschaft mit der Königin sei, die ihn befähige, sein schon aufgegebenes zwölfbändiges Werk über den menschlichen Körper weiterzuführen und abzuschließen (85 f), ist man zunächst an das Verhältnis zwischen den Brüdern (Wissenschafter und Kunststückemacher) in AM ORTLER erinnert, deren einer in Beobachtung des andern seine Wissenschaft bzw. seine Kunststücke perfektioniert. Doch jener Begriff von Wissenschaft — als Studie über die Luftschichten vergleichbar der Studie Konrads über das Gehör, dem Wissen, das Strauch aus der Luft fühlt — ist ein anderer als der vom Doktor praktizierte: auf Intuition beruhend (weshalb das unlösbare Problem dasjenige der Darstellung, der Niederschrift, des Vortrags ist), nicht auf rationaler Analyse. Viel eher ist die Königin für ihn ein interessanter Fall, durch den er neuen Auftrieb bekommen hat, wie der Vater «ein ungemein förderliches Objekt» (23). Der Doktor ist ein Beobachter in der Art des Schriftstellers (dessen Vorgehen gleichfalls, vom General, als Wahnsinn bezeichnet wird (Jg 97, 98)) und des Kaplans, der, «ein alles sezierender Kopf» (Pr 63), denkt «wie ein Chirurg» (Pr 67); buchstäblich benutzt der Doktor den Verstand als «chirurgisches Instrument» (K 165). Als «Kapazität» in der Handhabung dieses Instruments, als «medizinische Kapazität» (96), ist er in der selben Weise wie die medizinischen Kapazitäten, die im Traum den Erzähler in FROST dazu zwingen, Strauch zu «operieren» und ihn bejubeln, als er, nach vollendeter Operation «auf einen Haufen völlig zerstückelten Fleisches» (F 86) herunterblickt, Verkörperung der als zerstückelnd begriffenen naturbeherrschenden Rationalität. Insofern macht er allerdings durch seine, wie er selber sagt «rücksichtslose Sektion» «die Gegenwart zu einem philosophischen Zustand» (65).

Mit der Gegenwart, als realem Zustand, hat auch zu tun, daß der Doktor, also ein Arzt, von der Unheilbarkeit sämtlicher Krank-

heiten überzeugt ist (25). So kann auch der Arzt in VERSTÖRUNG, im Gegensatz zum Doktor sogar ein «Praktiker», nur jeweils den Krankheitsverlauf beobachten bzw. den Tod konstatieren, und der Arzt in WATTEN, weil ihm die Praxis gesperrt wurde, übt seinen Beruf gar nicht mehr aus. Bernhards Ärzte, vor allem derjenige in VERSTÖRUNG, lassen an die paradigmatische Funktion des Arztberufes in Stifters «Mappe» denken; die Relation ist dieselbe wie zwischen den Burg- und Hausherren: während diejenigen Stifters ihre Besitztümer umsichtig bewahren und ausbauen, Zerfallendes und Zerfallenes wiederherstellen, lassen diejenigen Bernhards ihre Besitzungen verrotten oder beschleunigen gar diesen Prozeß. Besonders deutlich ist die Differenz ablesbar am Beispiel der Narrenburg, die, vor ihrer Restauration, und von dem irren Pförtner bewohnt, direktes Vorbild von Bernhards verrotteten, unter anderm als Geschichts-Allegorien zu begreifenden Herrschaftssitzen sein könnte. Stifter reagiert auf die selbe Aushöhlung der Überlieferung wie später Bernhard, auf den selben Zerfallsprozeß, der damals schon unübersehbar war, jetzt nahezu vollendet ist und also jede Möglichkeit der Heilung und Rettung, die in der frühen Phase noch möglich schien, ausschließt. Analoges ließe sich hinsichtlich der Betrachtung der Natur, im besondern des Gesteins und des Gebirges feststellen. Bernhards dichterische Welt erscheint gesamthaft als Negativ derjenigen Stifters, indem sie offenlegt, was diese doch letztenendes nur verdeckte bzw. indirekt aufzeigte in der Anstrengung des Verdeckens. —
Der Doktor also «seziert» die Königin (und gleichermaßen den Vater). Er stößt sie in ihre «Krankheit» hinein, rückt sie ihr bei jeder Gelegenheit ins Bewußtsein, wodurch er ihren Verlauf beschleunigt. Im Gleichnis der Seiltänzerei gesprochen: er ruft sie an (V 172) und bringt sie dadurch zum Absturz. Er suggeriert ihr den Gedanken, plötzlich zu versagen, ihre Kunst nicht mehr zu beherrschen und dadurch einen Skandal zu entfesseln (73), plötzlich nicht mehr singen zu können (74). Das heißt, er steigert ihre eigene immerwährende Angst zur Panik und bringt sie dadurch dazu, aus Angst vor der Angst (M 115) abzubrechen, abzusagen. Er legt ihr nahe, die Krankheit, die sie in den Telegrammen, wie sie meinte, erlog, könnte echt sein (73), eine Todeskrankheit (was sie in der Tat auch ist), und verleitet sie anschließend, ihrem «Traum», eine Vorstellung abzubrechen, sich zu überlassen (78). Bevor er mit dem Referat der Sektion weiterfährt,

sagt er zum Vater: «Die Stimme Ihrer Tochter ist heute die vollkommenste gewesen» (83), wodurch er bedeutet, daß sie den «Höhepunkt», von dem er mehrfach sprach («auf dem Höhepunkt zurückzutreten / Schluß zu machen» (68)), erreicht hat (entsprechend bezeichnet sie selber sich als «die Künstlerin auf dem Höhepunkt ihrer Kunst» (81)). Indem er von der Krankheit der Tochter spricht, sie zum letalen Abschluß vorantreibt, peinigt und zerstört er gleichermaßen den Vater, der mit seinem ganzen Wesen an der Tochter hängt. Er spricht ihm gleich zu Beginn von beängstigender Verringerung der roten Blutkörperchen (8), was sich, als assoziativ aus «Ermüdungserscheinungen in der Rachearie» folgend, auf die Tochter beziehen muß (allenfalls auch direkt auf die Krankheit des Vaters: der Effekt auf ihn ist so oder so, indem die Krankheit der Tochter auch die seine ist, der selbe)... von den Veränderungen, die mit ihr vorgegangen seien (21, 36, 37) und Anlaß zu «Befürchtungen» gäben (21)... von einer «Todeskrankheit», die sie sich möglicherweise geholt habe (28), und davon, «daß es dann plötzlich abbricht» (28) (der Zusatz, daß es noch fünf oder gar zehn Jahre bis dahin dauern könne, ist eine unglaubwürdige, hämische Beschwichtigung). Er sucht ihn zu bewegen, von ihr sich zu trennen, umgekehrt sie, von ihm sich zu trennen (wodurch er ihn ruinierte, mittelbar sie), versucht sie dazu zu erpressen, indem er ihr damit droht, daß sie sonst nachlassen könnte in der Beherrschung ihrer Koloratur (54). Von Anfang an geht er in jeder nur möglichen Weise gegen den Vater vor, über den er, wie der Schriftsteller über den General (bzw. den Borkenkäfer und den Grauen Star) «alles weiß». Er hält ihm den unweigerlich letalen Abschluß seiner Trunksucht vor (23, 25), kurz vor Schluß seine gescheiterte Existenz (89, 91), und er behaftet ihn auf seine eigene «Krankheit» (bzw. deren Ursache), indem er ihn penetrant daran erinnert, daß seine Tochter ein Mechanismus sei, womit er sich abzufinden habe («wenn Ihnen das nicht genügt / müssen Sie verzweifeln / konsequenterweise müssen Sie sich umbringen» (36)), ihm zudem seine Schuld daran vorhält (35, 62), sodann, indem er ihn peinigt mit dem Referat über Anatomie, deren Anschauung ihn damals zum Abbruch des Studiums bewogen haben muß.

Die Beschreibung der Leichensektion, collagenartig in das Stück eingebaut, ist, wie gesagt, Gleichnis des «tödlichen Prozesses» (84), als welcher die Existenz der Königin und ebenso des Vaters zu begreifen sei. Sie ist außerdem eine indirekte Methode des Doktors, beiden ihre Existenz als tödlichen Prozeß bewußt werden zu lassen und diesen dadurch zu beschleunigen. Die Zerstörung, welche in der Beschreibung der Sektion anschaulich wird, steht zunächst für fortschreitende physische Krankheit, im weitern ist sie Metapher geistiger, metaphysischer Auflösung (und, wie der Vergleich mit DER PRÄSIDENT zeigt, politischer). Die doppelte metaphorische Transposition wird, hinsichtlich der Königin, besonders deutlich mit Wiederbeginn der Sektion gegen Ende des zweiten Teils (83): hier beginnt auch ihr Husten, der bis zum Ende in mehr oder weniger regelmäßigen Intervallen wiederkehrt, vergleichbar der Markierung der Koloraturen im ersten Teil — gemäß der umgekehrten (obschon auch komplementären) Zielrichtung beider Teile jedoch, wie die Koloraturfetzen Bestandteil des Aufbaus der Königin zum Kunstprodukt waren, Moment jetzt des Prozesses der Auflösung: buchstäblich die Gefährdung ihrer Stimme bedeutend, im übertragenen Sinn Zerstörung der «Stimme», welche die Königin *ist*. Wenn also der Doktor jetzt sagt: «immer an der Grenze aller Krankheiten / ist der menschliche Körper / in ständiger Todesangst» (83), so bezieht sich das zunächst auf die «Verkühlung», aber deutlich steht «Körper» auch für Existenz, die Todesangst für diejenige des «Künstlers», zu versagen: die Sektion des Körpers bezeichnet diejenige der Existenz. Die Analogie wird dann nochmals direkt sinnfällig dadurch, daß die Königin dreimal kurz hintereinander hustet, während der Doktor die Sektion der Mund- und Rachenpartien (also der Stimmorgane) behandelt.

Es gibt keinen Anhalt dafür, daß die Analogie zwischen der referierten Sektion und dem eigenen Krankheits-, Auflösungsprozeß von der Königin selber wahrgenommen würde (oder zumindest nicht bewußt), im Unterschied zum Vater, den, gemäß der doppelten Motivation seiner Krankheit, die Sezierung auch in doppelter Weise peinigt, mit dem Unerträglichen konfrontiert: indem er sie auf den «Mechanismus» der Tochter beziehen muß, und dadurch mittelbar auf sich, aber auch direkt auf sich, auf den «Unterhaltungsmechanismus» (23) seiner Trinkerexistenz. Für diesen direkten Bezug — Perfidie, die dem Vater nicht entgehen kann — ist ein Hinweis, daß der Doktor, als er von der Leber spricht, also von dem Organ, das bei einem Trinker in besonderem Maße in Mitleidenschaft gezogen wird, zu ihm hingeht und ihn abtastet (20). Wenn demnach der Doktor zur Königin sagt, der Vater sei «der aufmerksamste Zuhörer, der sich denken läßt» (46 f.) (gemeint: Zuhörer des Doktors), dann ist das blanker Hohn; der Vater ist in der Weise aufmerksamer Zuhörer im anatomischen Theater des Doktors, wie Bernhard sich die Aufmerksamkeit der Zuhörer in seinem Theatertheater vorstellt: daß ihnen das Zuhören eine Qual sei und sie reglos macht. Entweder geht der Vater, wenn er etwas sagt, auf die Sektion gar nicht ein, spricht dagegen unvermittelt von der Tochter, bei der seine Gedanken sind (16, auch 19, wo er während des Vortrags den Lautsprecher aufdreht), oder er spricht als Echo die gerade letzten Worte des Doktors nach, mechanisch, wie Kirchgänger den Refrain der Litanei nachsprechen, oder es hat das Nachsprechen den Sinn, daß er von Entsetzen gelähmt ist: wenn er nachspricht «Zu Befürchtungen / zu Befürchtungen» (21), nachdem der Doktor gesagt hat, seine Beobachtungen führten zu Befürchtungen hinsichtlich der Königin. Ein einzigesmal wiederholt er zwar zwei Wörter zuerst in der Art eines Echos, greift sie aber, nachdem von anderem gesprochen wurde, nochmals auf: «nicht auseinanderschneiden» (94) — und das sagt er beide Male, nachdem die Königin gehustet hat. Es ist wie eine Beschwörung des Doktors, ihm die Tochter (die «Stimme») nicht zu «zerstückeln». Zwischendurch war von seinen Blindenbinden die Rede, die ihn vor der Gesellschaft schützen sollen, vor den Leuten, die ihn sonst, wie die Tochter sagt, niederstoßen und zertrampeln würden (44), aber auch Zeichen sind des Schutzes (Erblindung), in den er sich selber einhüllte, um nicht sehen zu müssen, wohin es mit der Tochter gekommen ist und worin sie agiert... so daß es möglich ist, «nicht auseinanderschneiden» auch darauf zu beziehen (also auf die «Lüge» seiner eigenen Existenz). Das wahnsinnsgemäße Vorgehen des Doktors zerstört beide, wie anders der Tod des Generals das Niederholzen des Waldes nach sich zieht (oder umgekehrt). —

Es ist unwahrscheinlich, daß ein Zuschauer die komplizierten Zusammenhänge nachzuvollziehen imstande ist. Selbst bei genauester Lektüre bleiben Unklarheiten bestehen, weil die Anhaltspunkte für eine rationale Aufschlüsselung zum Teil so spärlich sind, daß man auf Spekulationen angewiesen ist. Unklarheiten, Fragwürdigkeiten im einzelnen aber vermögen nicht den Eindruck zu beeinträchtigen, den das Stück gesamthaft, hinsichtlich der großen

Entwicklungsbögen, macht, und das muß wohl heißen, daß die Wirkung eine weitgehend suggestive, rationales Verständnis unterlaufende ist. Der Eindruck, der nach der Uraufführung haften blieb, war der einer zwingenden Motorik, beklemmend und befreiend zugleich. Der gesprochene Wort wirkt primär als affektiver Gestus, in Wechselwirkung mit den im engern Sinn szenischen Vorgängen (Koloraturfetzen, hektische Präparation der Königin zu ihrem Auftritt, Hinundhergehen des Doktors etc.) als Moment eines rhythmischen Geschehens. Deutlichstes Beispiel ist die Beschreibung der Leichensektion, die ihre Wirkung nicht so sehr durch die mitgeteilten Einzelheiten tut, nicht als medizinischer Kursus, sondern durch den davon ausgehenden Sog von unerbittlicher Destruktivität, und wenn am Schluß des ersten Teils, auf dem Höhepunkt der turbulenten Stretta und also auch der «Nervenanspannung», der Doktor ausruft: «Das Theater / insbesondere die Oper / geehrter Herr / ist die Hölle» (62), wird kein Zuschauer (sofern er nicht dem Ablauf überhaupt sich verweigerte) dies auf Theater und Oper allein beziehen, und zwar ohne daß er umständliche Analogieschlüsse herzustellen brauchte, vielmehr hat er es, in die Hektik des Geschehens mit einbezogen, am eigenen Leib erfahren. —
Durch die Rhythmik der Szene allein schon ist suggeriert, worauf in großen Zügen die Konstruktion des Stücks beruht: die Dialektik von Künstlichkeit und Zerstörung (in DER PRÄSIDENT von Ordnung und «Anarchie»). Beide Momente, in der Prosa in räumlicher Allegorie vereinigt (Künstlichkeit der in Auflösung begriffenen Gutsbesitze), erscheinen in den Stücken — im vorliegenden mit besonderer Deutlichkeit, worauf unter anderm seine formale Stringenz beruht — sowohl aufgeteilt auf zwei Personen oder Personengruppen: der Konfiguration Königin—Doktor sind analog Präsident—Sohn («Anarchisten»), weniger deutlich General—Schriftsteller, Gute—Boris, Caribaldi—Artisten (vor allem Dompteur) ... als auch ausgefaltet in einen zeitlichen Ablauf in zwei scheinbar gegenläufigen, in Wirklichkeit komplementären Phasen: Am Ende des ersten Teils ist die Königin zu einem Kunstprodukt hergerichtet, geschminkt und kostümiert, ebenso am Ende des ersten Teils (der zweiten Szene) Präsident und Präsidentin; am Ende des zweiten Teils ist sie aufgelöst und hat sich die Szene aufgelöst, analog haben am Ende des zweiten Teils die «Anarchisten» den Präsidenten zur Strecke gebracht. Auch das erste

Vorspiel des BORIS endet in einer pathetischen Pose, das Fest dagegen im Chaos. In Zerstörung und Chaos enden auch DIE JAGDGESELLSCHAFT und MACHT DER GEWOHNHEIT, während in diesen beiden Stücken die erste Phase nicht in derselben Prägnanz zum Bild wird. — Indem alle Stücke mehr oder weniger deutlich dem gleichen Modell folgen, ist jedes, was Gunter Schäble bezüglich Grillparzers AHNFRAU schrieb: «eine feststehende Zeremonie der Zerstörung»[7]. Da überdies im Prozeß der Zerstörung in irgend einer Form immer das Vermächtnis, der Fluch der Vergangenheit sich erfüllt (am Ende «alles in Erfüllung gegangen ist» (72)), wie exemplarisch dargestellt in der Erzählung AM ORTLER, gleicht in der Tat das Modell demjenigen des Schicksalsdramas (also beispielsweise der AHNFRAU). Statt den Vergleich gegen Bernhards Stücke auszuspielen (mittels des Tabuwortes «Fatalismus»), wäre zu fragen, warum ein solches Modell wieder aktuell werden konnte; auch das Interesse für das historische Schicksalsdrama, im besondern für DIE AHNFRAU, hat sich in den letzten Jahren erneuert, wenngleich ihm auf dem Theater, der kaum mehr goutierbaren Machart jener Stücke wegen, enge Grenzen gesetzt sind. Die Frage würde, was hier nicht der Ort ist näher auszuführen, auf die selben Ursachen des Gefühls der Ohnmacht stoßen einem Verhängnis gegenüber, dem der Einzelne wehrlos ausgeliefert ist, und sie wären zu benennen als die erdrückende Last des Überlieferten einerseits, sprunghaft fortschreitende Industrialisierung, Technisierung, Rationalisierung andererseits, bzw. diese und die Aushöhlung und das Erstarren des Überlieferten sind die zwei Seiten *eines* Vorgangs: sehr genau hat gerade Ludwig Tieck, der sich etwas darauf zugute tat, in jungen Jahren das deutsche Schicksalsdrama «erfunden» zu haben, in späterer Zeit (im Roman DER JUNGE TISCHLERMEISTER) die doppelte Ursache von Entfremdung (er verwendet selber dieses Wort, und er spricht auch von «unserer verhärteten, zu Eis gefrorenen Welt») reflektiert, indem er seinen Helden zwischen die ihre Herrschaft antretende profitorientierte Rationalität des aufgeklärten Bürgertums (Fabrikwesen) und die anachronistisch gewordene, zu theatralischem Wahnsinn ausgehöhlte feudale Überlieferung hineinstellte. Der Versuch einer Synthese, schon im Ansatz eine gutgemeinte Konstruktion, ging unter in blinder Fortschrittseuphorie; was aber jenes Erschrecken klarsichtig und ahnend vorwegnahm, kehrte jetzt wieder in der Erschütterung durch das unübersehbare, unüberhörbare Ende.

Die Jagdgesellschaft

Schauplatz der drei Teile («Sätze») des Stücks ist das Jagdhaus des Generals inmitten seines Großwaldbesitzes. Im ersten Satz — «Vor der Jagd» — erwartet die Generalin, zusammen mit dem Schriftsteller, die Ankunft ihres Mannes und der Gäste. Mit ihnen kommen der Prinz und die beinahe blinde Prinzessin. Der Satz schließt damit, daß alle zum Essen gehen. Im zweiten Satz — «Während der Jagd» — vertreiben Schriftsteller und Generalin Karten spielend und Schnaps trinkend sich die Zeit, draußen hört man, mit zunehmender Häufigkeit gegen Ende des Satzes, Schüsse. Der dritte Satz zeigt die Gesellschaft «nach der Jagd», gegen fünf Uhr früh. Am Ende geht der General hinaus und erschießt sich, Äxte und Motorsägen beginnen den Wald umzulegen. —
Zwischen dem Selbstmord des Generals und dem Abholzen des Waldes besteht offensichtlich ein Zusammenhang. Er macht in seiner ganzen Komplexität den ‹Inhalt› des Stückes aus, dessen Vorgänge direkt und ausschließlich als allegorische zu verstehen sind. Im General habe «sich immer alles auf den Wald konzentriert» (36) — wie alles im Fürsten auf Hochgobernitz, alles in den Brüdern auf Ungenach etc. Auf die besten Gedanken sei er auf ausgedehnten Waldspaziergängen gekommen; im Wald, aus dem Wald heraus habe er seine politischen Entscheidungen gefaßt (37): «Gehen und Denken / Denken und Gehen / verstehen Sie / Der Wald ist es» (85). Der Wald ist zunächst zu begreifen als die «immergrüne metaphysische Mathematik» (V 53), Gleichnis universaler, metaphysisch zu artikulierender Sinnhaftigkeit, als deren Ausstrahlung die politische und soziale Ordnung gelten konnte und aus der auch die Einzelexistenz ihre Motivationen bezog. Einem solchen Wald war ein Theater in der Art des im Stück beschriebenen Weihnachtsspiels angemessen, das eine Welt vorstellt, in der alles seinen angestammten Platz hat, wo jeder, mit sich identisch, was er darstellt, auch wirklich ist, eine Welt also, die noch nicht «Theater» ist im Sinn des «Maskenwahnsinns» und «Totenmaskenballs»: Der Prinz spielte einen Prinzen, die Prinzessin eine Prinzessin und der General die «Stimme des Herrn» (90). Nun ist aber an allen Stellen des riesigen Waldes gleichzeitig und plötzlich der Borkenkäfer aufgetreten, ein Vorgang, den sich die Fachleute nicht erklären können (33) — weil sie eben Forstwissenschafter und nicht Metaphysiker sind. Parallel dazu ist die «Todeskrankheit»

des Generals zum Ausbruch gekommen; es handelt sich um eine Nierenerkrankung («und die Erkrankung in der Niere / als abrupten / weniger peinlichen / Lebensabschluß» (23)), deren Wirkungsweise analog ist derjenigen des Borkenkäfers, indem die von ihm befallenen Bäume, weil die Säftezufuhr unterbunden ist, verdorren. «Die halten das Wasser nicht mehr / die eine solche Erkrankung haben / es ist ein langwieriger / gleichzeitig schmerzhafter Prozeß» (32). Diese Bemerkung des Schriftstellers bezieht sich zunächst eindeutig auf die Nierenkrankheit des Generals; dadurch aber, daß er weiterfährt: «Da ist der Graue Star / zur rechten Zeit», wird sie doppeldeutig, auch auf die vom Käfer befallenen Bäume anzuwenden (wovon gleich anschließend die Generalin, dem Schriftsteller ins Wort fallend, wieder spricht): Am Grauen Star erkrankte der General «zur rechten Zeit», nämlich gleichzeitig mit dem Auftreten des Borkenkäfers, weil er so ihn (die Todeskrankheit des Waldes) nicht zur Kenntnis nehmen muß («Der Borkenkäfer und der Graue Star / damit er den Borkenkäfer nicht sieht» (23)), und das heißt, seine eigene Todeskrankheit (identisch mit derjenigen des Waldes, im Gleichnis gesprochen: Nierenerkrankung) nicht zur Kenntnis nehmen muß. Worin diese wirklich besteht, mag durch die Plötzlichkeit und Gleichzeitigkeit des Auftretens des Borkenkäfers angedeutet sein: Der General muß die Einsicht gehabt haben, daß die Metaphysik, die der Wald versinnbildlicht, nur noch «Einbildung» ist. «Tatsache ist / daß der Borkenkäfer / alles hier / alles mit dem Jagdhaus Zusammenhängende / zerstört / zerfrißt / alles» (44): Er zerfrißt die «Möglichkeitswelt» (P 68), die Gedankenwelt des Generals, ist Sinnbild also seiner eigenen Zweifel. Der General wehrt sich, indem er sie verdrängt (Grauer Star), dagegen, daß sie zur Verzweiflung werden (Schriftsteller: «Die Tatsachen sind immer / erschreckende / und die Gedanken derartig / daß sie die Materie zersetzen / und immer alles in Auflösung begriffen / wissen Sie / wodurch wir verzweifeln müssen» (72)); er weigert sich, die plötzliche Einsicht als klare und unausweichliche Erkenntnis sich vor Augen zu stellen und daraus die Konsequenz zu ziehen (dazu wird er dann erst vom Schriftsteller gebracht, der ihm gleichsam den Star sticht): «Niemand nimmt seine Todeskrankheit wahr ... das Leben wäre dann unerträglich» (A 78).

Der geistigen Auflösung entspricht die Bedrohung durch die «Gemeinen», vor denen man, wie die Generalin sagt, «nirgends sicher ist» (40) (wie die Königin nirgends vor dem «Publikum» sicher ist (IW 82) und vor den Intrigen der Kollegen (IW 84)). Sie meint damit die Minister, die den General «weghaben» wollen (wie die «Anarchisten» den Präsidenten) und ins Jagdhaus kommen, um ihn zum Rücktritt zu «zwingen» («Die Minister kommen / um ihn zu stürzen» (25)). Sie handeln im Sinne des «massenpolitischen Massenwahnsinns» (V 208), der, begriffen als «Anarchie», als Zerstörung sinngebender «Ordnung», seinerseits in der «Krankheit» des Waldes, im Auftreten des Borkenkäfers, mitgemeint ist (wie mit dem Ungeziefer in Stilfs, Hochgobernitz etc.). Nachdem der Schriftsteller einmal mehr von der Zeit gesprochen hat, «wenn der Wald liegt» (eine ähnliche Formulierung gebrauchte Bernhard gesprächsweise: daß Europa, als Überrest — das heißt «Anachronismus» — eingeebnet werden müsse, binnen zehn Jahren eingeebnet sei), sagt die Generalin: «Wir leben in einer Zeit / in welcher die Forderungen der gemeinen Menschen / erfüllt werden / das hat es nie gegeben sagt er» (28). Sie zitiert ihren Mann, der auch in dieser Hinsicht nicht ahnungslos ist, wie er Kenntnis hat von der Absicht der Minister und vom Auftreten des Käfers, nur eben das Ausmaß der Bedrohung und Verwüstung verkennt (verkennen will), nur viel sieht (sehen will), daß es, wie die Generalin sagt, «nicht schmerzt» (30), und seine eigenen Möglichkeiten überschätzt. Er gibt sich in mehrfacher Hinsicht, gemäß den verschiedenen Aspekten des Bankerotts seiner Existenz, einer Täuschung hin: wenn er glaubt, nach dem Klinikaufenthalt, nach dem «kleinen Eingriff» (45), der «Atempause», mit seiner Schrift besser weiterzukommen, die «verschlampte Gesellschaft» (83), den Staat, wieder in den Griff zu bekommen. Illusion, die vergleichbar ist derjenigen des Präsidenten, wenn er mit den Worten in den Spielsaal abgeht: «Zurückgewinnen was ich verloren habe» (Pr 162). Im Gegensatz zu dieser gewollten Zuversicht steht aber die Angst, die ihn schwitzend aus dem Schlaf auffahren läßt, die Angst vor den Betrügereien der Holzknechte (27), vor ihrer «immer wiederkehrenden Unverschämtheit» (28), vor der durch sie repräsentierten Welt «hinter dem Rücken» (27), das heißt vor der Gesamtheit dessen, was den «Wald» bzw. ihn selber bedroht. Die Forderungen und die Unverschämtheit der Holzknechte vertreten also diejenigen des, wie der Präsident sagen wird, größenwahnsinnig gewordenen Volkes, der «gemeinen Menschen» insgesamt, von denen anschließend die Generalin spricht, und ihr Stellenwert ist somit analog demjenigen des Borkenkäfers und der Minister (von denen

gleichfalls gesagt ist, daß sie den General «hintergehen» (40). Daß sie damit auch die geistige Welt des General bedrohen, das heißt, Verkörperungen sind seines eigenen Zweifels, der drohenden Verzweiflung (was sich ohnehin durch Analogie ergibt), ist möglicherweise direkt dadurch bedeutet, daß er, auf seinen tagelangen Spaziergängen (Gedankengängen) im Wald ihnen aus dem Weg geht, und daß der Prinz, der ihn vor den Forderungen und Betrügereien der Holzknechte schütze (28), ihm auch «das Lästige» vom Leib «und was noch viel wichtiger ist / vom Kopf» halte (83).
Der Prinz, von dem der Schriftsteller in der Inhaltsangabe der noch in Gang befindlichen Komödie sagt, daß er «auf der Seite des Generals» stehe (104) — im Gegensatz zu den Ministern, aber auch zum Schriftsteller selber —, ist also, nebst dem Grauen Star, der wichtigste Verbündete der Generalin in der von ihr durch Bestechung des Personals (44) aufrechterhaltenen «Verschwörung», ihrem Mann die «Tatsachen» zu verheimlichen. Der Generalin zwar ekelt vor der Stimme ihres Mannes, wenn er ihr aus seiner Schrift vorliest (60), zwischen beiden ist das Verhältnis von Haß, aber gegenseitigem Aufeinanderangewiesensein anzunehmen, wie es dann als dasjenige zwischen Präsident und Präsidentin auch ausgeführt ist. Wenn sie die «Mauer des Schweigens» um ihren Mann aufbaut, so gewiß nicht fürsorglich um seinetwillen, sondern einerseits, weil das Wissen über ihn, das sie ihm voraus hat, ihr Macht über ihn verleiht («Nach und nach», sagt der Schriftsteller, «wahrscheinlich unter dem Eindruck der Todeskrankheit / die ihm nicht bewußt ist / hört er auf Sie gnädige Frau» (42)), weil sie jetzt «aus dem Hintergrund agieren» kann (was eine Formulierung des Generals ist)... andererseits, weil sein Ende und dasjenige des Waldes wohl auch das ihre ist (worauf die Auflösungserscheinungen, ähnlich denjenigen der Königin (IW), am Schluß des Stückes deuten). Sie scheint, was das Verhältnis zum General betrifft, eine Haltung zwischen denjenigen des Prinzen und des Schriftstellers einzunehmen. Dieser benutzt sein Wissen über den General dazu, ihn zu vernichten; der Prinz, obschon sicher auch er «alles über den Borkenkäfer und den Grauen Star», wie mehrfach der Schriftsteller dies von sich aussagt, weiß, mißbraucht sein Wissen nicht. Er sei «der Schweigsamste» (53) und ein «durchaus wissenschaftlicher Charakter» (84), aber gewiß nicht im Sinn der herrschenden Naturwissenschaft, sondern eher in der Art des jungen Franzosen in der Erzählung ATTACHÉ AN DER FRANZÖSISCHEN BOTSCHAFT

(Funktion, die auch der Onkel des Prinzen innehatte (92)), der, ebenfalls Fachmann in Wald- und Forstwissenschaft (P 68), «ein meisterhafter Aufklärer selbst der finstersten Zusammenhänge» war, «nicht nur der europäischen, sondern der vollständigen Weltpolitik» (P 70). Die Vorfahren des Prinzen hätten in Böhmen ein «ungeheures Vermögen» verloren (91), worunter man sich um so eher Ländereien vorzustellen hat, als der Schriftsteller auch den Wald des Generals als «ungeheures Vermögen» (38) bezeichnet. Seine Mutter habe von Dienstleistungen existiert. Der Prinz, heißt das, ist deklassiert, für ihn ist die alte Welt schon zusammengebrochen, und möglicherweise ist es diese Erfahrung, das Wissen, daß sie für den General tödlich sein kann oder muß, was ihn veranlaßt, ihn abzuschirmen. Es ist der Prinz, der nach dem Schuß die Türe zum Nebenzimmer öffnet: Diese Geste dürfte enthalten, daß er vom Selbstmord nicht überrascht ist, daß er vorzeigt, was, wie er wußte, unausweichlich war. Im Unterschied aber zum Schriftsteller, der selber von der alten Welt noch beherrscht ist, brauchte er die Katastrophe nicht zu provozieren und hat er keine Veranlassung, darüber in sadomasochistischer Weise zu triumphieren. Er, und die noch spärlicher skizzierte Prinzessin, sind die einzigen Figuren, die aus dem Mechanismus von Herrschen und Beherrschtsein, Drohung, Angst und Mißtrauen herausgehalten sind, vielleicht weil beide «aufgegeben» haben, wodurch wir, wie der Schriftsteller sagt, «menschlich» seien (109). —
Den Verdacht, ihr Mann leide an einer Todeskrankheit, habe die Generalin erstmals auf dem Bankett gefaßt, wo er plötzlich «anders» gewesen sei (45) (wie die Königin nach dem Besuch des Teatro Fenice). Es ist anzunehmen, daß das Bankett mit seiner politischen Tätigkeit in Zusammenhang stand und daß diese ihm erstmals als der «Maskenwahnsinn» (V 215) vorgekommen sei, als welchen der Fürst die Tradition beschreibt. Kurz nach dem Bankett, als Folge davon, ist anzunehmen, geschah der «Zwischenfall mit der Motorsäge» (46), der zu werten ist als Versuch des Generals, gegen die Erstarrung sich zur Wehr zu setzen, aus seinem Kopf auszubrechen, wie der Schriftsteller den Vorfall kommentiert (48). Aufgrund der festgestellten Analogie zwischen Wald und General, da alles in ihm immer sich auf den Wald konzentrierte, ist eine ‹Verletzung› des Waldes eine, die er sich selber beibringt, symbolische, besinnungslose Antezipation des spätern, aus gleicher, nunmehr klar und unabweisbar erkannter Ursache (Leben als «Komö-

die», als «Kunstnaturkatastrophe») folgenden Selbstmordes. (Wie so vieles in Bernhards Werk, was dann seinen genauen, komplexen Stellenwert hat und den Anschein macht, als sei es zur Versinnlichung abstrakter Gedankengänge eigens erfunden, verwertet auch der «Zwischenfall mit der Motorsäge» autobiographisches Material, eine Verletzung Bernhards, die er sich zugezogen hatte, als er allein mit der Motorsäge in seinem Wald einen Baum fällte, und in der Folge sechs Wochen im Bett liegen mußte.) Durch die Verletzung wird die latente Todeskrankheit akut («Eine Verletzung / wie die Verletzung mit der Motorsäge / bringt eine Todeskrankheit zum Ausbruch» (46): als Nierenerkrankung des Generals bzw. als Befall des Waldes durch den Borkenkäfer, sodann, als Reaktion auf beides, den Grauen Star). Das Bankett ist aber so wenig die Ursache der Todeskrankheit wie der Besuch im Teatro Fenice Ursache derjenigen der Königin; in beiden Fällen schaut die jeweilige Existenz in einem äußern Bilde sich selber an, im Theatralischen des Banketts (wenn auch noch mehr oder weniger vorbewußt) sich die theatralische Existenz des Generals.
Wie die Politik «Theater» ist als erstarrte Tradition, so seine eigene Existenz als beherrscht von Vergangenheit. «Meine Schwiegermutter / seine Mutter / hat aus ihm gemacht / was er ist» (59), sagt die Generalin (wie anders die Königin als Opfer ihrer «Disziplin» Opfer ihrer Eltern sei). Das ist aber doch eher eine entbehrliche Übermotivation (weil sich das Schema schon verselbständigt hat?), von der weiter kein Gebrauch gemacht wird; entscheidend für den General ist die Erinnerung an Stalingrad, wo er zum «Krüppel» wurde, seinen linken Arm verlor. Stalingrad ist sein «Schauspiel»; das ‹Kostüm›, die Uniform nämlich, die er damals getragen, und den Soldatenmantel, hat er auf dem Dachboden aufbewahrt. Zu erinnern ist, daß der Erzähler in DER ITALIENER die Theaterkostüme im Schuppen als «Erinnerungen» bezeichnet, ferner an die Kostüme (Erinnerungen) auf dem Dachboden des Elternhauses in AMRAS. Daß die Erinnerung auch für den General eine tödliche, zumindest die herausragende, sein Leben beherrschende ist, geht daraus hervor, daß es sein Wunsch ist, in dieser Uniform begraben zu werden: Von der Erinnerung beherrscht, ist seine Existenz vom Tod beherrscht, als der Erinnerung verfallen, dem Tod verfallen. Er hat den Schlüssel zum Kasten, in dem die Uniformstücke lagern, abgezogen. Einerseits verhindert er dadurch, daß sie vorzeitig entfernt werden, andererseits verdrängt er die Erinnerung aus

seinem Leben (wie die Brüder auf Stilfs durch Abschließen der Bibliothek der Obsession durch Überlieferung zu entrinnen meinen). Seine Existenz ist «Ablenkung» von der Erinnerung (Ablenkung vom «Tod»), das heißt, unter theatralischem Wiederholungszwang stehend.

Immer wenn der General erzählt, wie ihm vor Stalingrad der linke Arm abgerissen wurde, «sagen Sie», sagt (während des Kartenspiels!) der Schriftsteller zur Generalin, «am Ende die beiden Wörter / beinahe verblutet / worauf er antwortet / Meinem ärgsten Feind wünsche ich / die sibirische Kälte nicht» (*beide lachen*) (57). In der stereotypen Weise, wie er die Geschichte seiner Verkrüppelung erzählt («seine beste Geschichte», sagt der Schriftsteller), wie er die Erinnerung dem Unterhaltungszweck gefügig macht (P 8), gibt er ein Beispiel dafür, daß seine Existenz zum «Unterhaltungsmechanismus» geworden ist. Dadurch ist sie erträglich. Er durchschaut den Mechanismus nicht (folgt ihm unwillkürlich), ist aber auch diesbezüglich nicht ahnungslos und reagiert darum so empfindlich auf alles, was mit Theater zu tun hat, an Theater erinnert: Er haßt das Kartenspiel (62) und er verabscheut das Theatertheater («Ich gehe nicht in Theaterstücke / grundsätzlich nicht / etwas Widerwärtiges ist das Theater / an dieses Widerwärtige bin ich fortwährend erinnert / bin ich im Theater / wenn ich mir auch nicht erklären kann / was dieses Widerwärtige ist» (94)), im besondern die Komödien des Schriftstellers, der seine Beobachtungen im Jagdhaus, des Generals eigene Existenz, zu Theater macht bzw. als theatralisch, in der Wahrheit ihrer Theatralik, erscheinen läßt.

Auf ganz direkte Weise ist die Erinnerung an Stalingrad für den General Erinnerung an den Tod: als diejenige an die erfrorenen Soldaten; seine eigene Verkrüppelung kann als gleichnishafte Auswirkung dieses ‹Schauspiels› gelten, welches die Ursache der Todeskrankheit ist, als sich reproduzierendes, diese *ist*: des Generals, des Waldes.

GENERALIN	Jedesmal wenn er in den Wald geht
	und er findet ein erfrorenes Wild
	denkt er an die erfrorenen Soldaten
SCHRIFTSTELLER	An die Tausende und Hunderttausende
	Nichts als Erfrorene gnädige Frau
	Die Faszination zu hören

> was ich damals gehört habe
> sagt er
> das erfrorene Wild
> sagt er
> und sofort
> alle diese Gesichter
> sehe ich einen Ast auf dem Boden
> glaube ich
> ein Arm
> ein Fuß
> der Kopf eines Toten (109 f.)

Als zum Schlachtfeld von Stalingrad verhext, ist der Wald ‹tot›, und der später auftretende Borkenkäfer «verwirklicht» nur, was ideell bereits geschehen ist (wie die «Anarchisten» im PRÄSIDENTEN nicht die «Ordnung» zerstören, sondern ihre bereits erfolgte Zerstörung manifest machen, «verwirklichen», und wie der Doktor die erfolgte Zerstörung der Königin «verwirklicht»); das gleiche gilt von Krankheit und Selbstmord des Generals.
So ist der Wald jetzt Inbegriff erstarrter Tradition, die Leben zum «Marionettismus» (gleichbedeutend mit «Verkrüppelung») werden läßt; den «erfrorenen Geistesverfassungen», die im «Schauspiel», das jene sei, herrschten (V 215), entsprechen die erfrorenen Soldaten. Die zum Maskenwahnsinn der Tradition erstarrte Wirklichkeit, der erstarrte Geist, ist als Resultat eines Prozesses der Auflösung begriffen, als «zerstückelt», «zerfetzt». Dem entsprechen die die abgerissenen Körperteile, die der General im Wald vorfindet. Sie erinnern an die Zeichnungen des Lehrers, von denen der Arzt sagt, sie zeigten «nichts anderes als die Wirklichkeit» (V 64), und es ist solche Zerstückelung analog der Leichensektion des Doktors. — Die Politik des Generals, soweit sie den Wald zum Hintergrund hat («man muß einen solchen Wald haben / um solche Gedanken zu haben» (38)), ist in dem genauen Sinn reaktionär, als sie zum Motto haben könnte: «Zurückgewinnen, was ich verloren habe» (Pr 162); sie ist anachronistisch und illusorisch in dem Maß wie der «Wald» (das System der Werte, die er, als metaphysischer, darstellt) ‹tot› bzw. «eingebildet» ist; als vom ‹toten› Wald inspiriert, reproduziert sie die erdrückende, erstickende Last der Tradition (wofür jener Gleichnis ist) und ist also eine Politik

der Unterdrückung und Gewalt (auf die Armee sich stützend (84)). Diese Zusammenhänge nachzuvollziehen, müßte man sich erst die Mühe machen, bevor man die politischen Anschauungen Bernhards mit denen des Generals identifiziert, ihn mit dem Bann des Reaktionärs belegt und sich erleichtert den simplen Märchen der mit ihrem «Engagement» hausierenden sogenannten Realisten zuwendet. —
Daß Tradition, als erstarrte, im Bild der Leichenhaufen von Stalingrad erscheint, die nicht allein als Metapher zu begreifen sind, sondern konkret als Resultat der Geschichte, gibt einen Hinweis auf die «Erschütterung», die aller Verstörung, aller Obsession als objektive zugrundeliegt: Die Zerstörung alles dessen, was unter dem Sammelbegriff «abendländische Kultur» bezeichnenderweise hohl und leer klingt, wurde durch den Weltkrieg (bzw. wie in UNGENACH angeben (U 13), beide Weltkriege) zwar nicht bewirkt, aber doch beschleunigt und unübersahbar gemacht. Ebenso konkretisiert das Bild das Motiv der Schuld, wonach die Beseitigung des Überlieferten (also das Niederholzen des Waldes) auch als ein Akt von so etwas wie historischer Gerechtigkeit erscheint.
Das Bild erinnert an die ebenfalls im Wald, in einer Waldlichtung, befindlichen Massengräber der erschossenen Polen in DER ITALIENER. Die Obsession des Generals durch den Anblick der erfrorenen Soldaten entspricht derjenigen des Gutsherrn und seines Sohnes durch die Schreie der Polen. Diese sind bekanntlich im Lusthaus, wo sie Zuflucht gefunden hatten, ermordet worden. Damit vergleichbar ist, daß nach Kriegsende, wer ins Jagdhaus gegangen ist, umgebracht worden sei (38). Auch das Jagdhaus, «Lusthaus» gleichfalls, indem darin regelmäßig Theater gespielt wird (das Weihnachtsspiel), ist also zum «Schlachthaus» geworden. Damit ist auf andere Weise gesagt, daß der Tod vom Wald Besitz ergriff, von der Mitte des Waldes und also vom ganzen Wald (von allem mit dem Jagdhaus Zusammenhängenden (44): von allem). Daß General und Generalin im Wald sich versteckten, um zu überleben, kann daher begriffen werden als Metapher der existenzerhaltenden, zugleich mittelbar die Existenz dem Tödlichen ausliefernden, sie auf es fixierenden «Ablenkung». Der Wald («Vermögen»), worin sie sich «versteckten», ermöglicht ihnen, ihre Macht (Existenz) zu behaupten, aber sie sind ihm (dem Wald, dem Vermögen) dadurch in derselben Weise ausgeliefert wie die Präsidentin ihrem Geld.

Der Wald ist ausdrücklich verlangter Szenenhintergrund, als geistiger Hintergrund («durch das Jagdhaus sieht man ganz deutlich den Wald» (55)), des Kartenspiels (und Schnapstrinkens, in der Funktion identisch mit dem Schnapstrinken des Vaters der Königin (IW)), womit Generalin und Schriftsteller im Jagdhaus regelmäßig, im Stück während des ganzen zweiten Satzes, sich die Zeit vertreiben. Der Unterhaltungsmechanismus des Kartenspiels macht den Unterhaltungsmechanismus sinnfällig, zu dem Existenz durch den ‹Tod› des Waldes, vom toten Wald beherrscht, geworden ist. Es ist ein Trick, vom «Tod» abzulenken, und die fortwährende Angst «entdeckt zu sein» (39), die nicht beschränkt ist auf die Zeit des — gleichnishaften — Sichversteckenmüssens im Wald, meint eben auch die Angst, «durchschaut» zu werden bzw. selber die eigenen Tricks denkend zu durchschauen, wodurch Existenz unmöglich wird, «aufgelöst». Ebendies ist den Kartenspielern in WATTEN geschehen, wo im übrigen die metaphysische Topographie bereits diejenige des Kartenspiels im Jagdhaus vorwegnimmt: Das Gasthaus Racher, wo regelmäßig gewattet wird, liegt gleichfalls in der Mitte des Waldes, und der Wirt ist ein einarmiger Kriegskrüppel (W 85) wie der General. —

Als Geichnis erstarrter Tradition (erfrorener Geistesverfassungen, Philosopheme) ist der Wald (bzw. sein Zustand) Bedingung des eingeschlossenen Denkens, für das gleich zu Beginn des Stücks der Schriftsteller ein Beispiel gibt. Er hat eine schlaflose Nacht verbracht, beherrscht vom Gedanken an den Aphorismus, dessen entscheidendes Wort er nicht finden konnte. Unvollständig heißt der Aphorismus: «Die Ruhe macht es wieder gut. Nein die Ruhe macht nichts wieder gut.» Daß der Aphorismus Ersatzobsession ist, geht daraus hervor, daß in ihm der Zustand des Schriftstellers ausgesprochen ist. Während er vom unvollständigen Aphorismus beherrscht ist, deshalb nicht schlafen kann, ist er «fortwährend auf und ab gegangen» mit beiden Händen an den Schläfen (9). (Strauch: Schlafen bedeutet bei mir, daß ich nicht im Zimmer auf und ab rennen muß» (F 65).) Mit dem Aufundabgehen, also mit der «ungünstigen Bewegung», ging das Öffnen und Schließen des Fensters einher. Geschlossenes Fenster bedeutet «ersticken» — im «Hinundherdenken» (K 158) «ersticken» (K 157); durch das geöffnete Fenster aber dringt die «Kälte» herein, die, wie aus einer Äußerung des Erzählers in FROST hervorgeht, identisch ist mit der Ruhe, die nichts wieder gutmacht: «die Kälte macht es unmöglich, sich längere

Zeit bewegungslos (...) aufzuhalten, auch nicht in Gedankengängen, in Gedanken stehenzubleiben (...) wir würden in solchen Gedanken augenblicklich erfrieren, in solchen Gedankengängen umkommen, wie das Wild umkommt, wenn es in seinem Schrecken in diesem unheimlichen Frost stehenzubleiben verführt ist» (F 256). Das Zitat stellt außerdem einen Bezug her zur Erinnerung des Generals, die im Augenblick, wo er ihr, das heißt der Kälte (für ihn die Kälte von Stalingrad: «Meinem ärgsten Feind wünsche ich / die sibirische Kälte nicht» (57)) bzw. der «Ruhe», der Bewegungslosigkeit (Todeskrankheit der Bewegungslosigkeit) sich überläßt, nicht durch zwar ungute, aber doch vor dem «Erfrieren» bewahrende Bewegung von ihr ablenkt, tödlich ist. Dadurch, daß die Obsession des Generals durch die Erinnerung begriffen ist als diejenige des eingeschlossenen Denkens durch sich selbst, wird auch die Deutung, die der Schriftsteller dem «Zwischenfall mit der Motorsäge» gibt: als Versuch aus dem Kopf auszubrechen, erst voll verständlich. — Den selben Stellenwert wie die Kälte hat der Schnee: Die ersten Worte der Generalin, nachdem der Schriftsteller von seinem Aufundabgehen, der Obsession durch den Aphorismus sprach, sind (womit sie gleichsam die objektive Voraussetzung seines Zustands benennt): «Es schneit (am Tisch sitzend, schaut hinaus — wie kurz vor dem Selbstmord des Generals alle dann hinausschauen, in den Schnee, in die kalte und klare Nacht), und auch die ersten Worte des später auftretenden Generals beziehen sich auf den Schnee: «Dieser plötzliche Schneefall / alles eingeschneit / alles eingeschneit» (49). Als «einen absolut tödlichen Vorgang» bezeichnet Strauch das Schneetreiben (F 150) — und an den von ihm erfundenen Lehrer ist zu denken, der von seinem eigenen Denken «langsam hineingezwängt wurde in den Begriff des ‹Unaufhörlichen Schnees›» (F 247). Ebenso «zwängt» der Schriftsteller sich selber (in einem Prozeß, der analog ist demjenigen in der Erzählung DIE MÜTZE) in sein Denken ein, sperrt sich ein in sein Zimmer (als in sein Denken) und verliert den Schlüssel — denkt gleichzeitig an den Aphorismus und sucht den Schlüssel, also einen «Ausweg»: Der vollständige Wortlaut des Aphorismus bzw. in der darin ausgesprochenen Weise denken zu können, wäre der Ausweg, alle möglichen Auswege. — Schnee und Kälte sind leitmotivische Metaphern im ganzen Stück (Einheizen und Schneeschaufeln demgemäß «Sinnlosigkeiten gegen die Sinnlosigkeit»). Die Kälte erinnert den Schriftsteller an Polen: «Drei Tage Krakau / und kein Gespräch / nichts»

(9) — die Unmöglichkeit also von Verständnis und Verständigung, die mit zum metasprachlichen Begriff der Kälte (Bewegungslosigkeit) gehört. Demgemäß fallen ihm die in nächtlicher A-Konzentration vergeblich gesuchten «entscheidenden Worte» des Aphorismus «mitten unter allen Leuten auf dem Dorfplatz» ein (14), während er mit dem Bürgermeister spricht; sie lauten: «die günstigere Bewegung»: «Nein die Ruhe macht gar nichts wieder gut / sondern / die günstigere Bewegung / sondern / die günstigere Bewegung» (15)... die Bewegung, die ihm zuweilen möglich ist, wenn er mit der Generalin «kreuz und quer» durch den Wald geht: «So wenn ich mit Ihnen / durch den Wald gehe / kreuz und quer / das ist sehr schön» (74). — Auf dem Friedhof, während des Begräbnisses des jungen Holzziehers, nachdem er von einem Mann gesprochen, der «im Krieg durch eine Schußverletzung auf Jahre ins Bett geworfen worden ist» (also «bewegungslos» gemacht), hat Strauch über einen Satz von Pascal nachgedacht, aus dem er, wie er sagt, «überall ganz verstört ankomme»: «Unsere Natur ist in Bewegung, völlige Ruhe ist der Tod.» (F 222) —
Aus Polen hat der Schriftsteller der Generalin die Skizze eines Gobelins geschickt, das «Muffelwild» (Ovis musimon) darstellend. Einerseits wurde der Gedanke an den Gobelin hervorgerufen durch die Kälte bzw. durch die Erinnerung an die polnische Kälte, andererseits assoziiert er (über das Stichwort «Wild») die polnischen Jagden des Generals (10), dadurch mittelbar die Jagd im Stück, die in der selben Kälte stattfindet. Dazwischen steht die Erinnerung an den Eiszapfen, der in Warschau einige Schritte vor dem Schriftsteller herunterfiel und eine junge Frau tötete. Zwischen der Erwähnung des Gobelins und dieses tödlichen Vorfalls ist der Schriftsteller zum Fenster gegangen: die Erinnerung verbindet durch diesen Gang sich mit der Kälte hier und jetzt, wie sie bereits — zwischen «Muffelwild» und «polnischen Jagden» stehend — assoziativ mit «Jagd» verbunden ist. Sie besagt, daß der Schriftsteller nur zufällig, aus Versehen noch am Leben, seine Existenz dem Tod verfallen ist. Eben dies, auf die Existenz des Generals, auf seine Stalingrad-Erinnerung bezogen, ist im wesentlichen der Sinn des ausführlichen Lermontow-Zitat (107), auf das hin der General hinausgeht und sich erschießt. Wenig später (11) verallgemeinert der Schriftsteller die Erfahrung, die er in Warschau machte (ebenfalls durch ein Lermontow-Zitat): Die einzige Gewißheit sei, früher oder später sterben zu müssen. Aufgrund der beschriebenen formalen

DIE JAGDGESELLSCHAFT

Verklammerungen ist dieser Gedanke, dem wie die Warschauer Erfahrung des Schriftstellers, so die Stalingrad-Erfahrung des Generals zu subsumieren ist, unter der Metapher der Kälte wie unter derjenigen der Jagd zu befassen. Wenn man dazu noch berücksichtigt, daß dem General das erfrorene Wild die Anschauung der erfrorenen Soldaten gibt, ist gewiß, daß die Schlacht von Stalingrad als «Jagd» zu verstehen ist (der Jäger ist der Tod), auf der der General nur durch Zufall nicht ‹erlegt› wurde... daß er also im Bild der erfrorenen Soldaten die Wahrheit seiner eigenen Existenz (als ‹tot›, dem Tod verfallen) anschaut. Das wird ihm am Schluß des Stückes klar: Der Jäger ist das Wild. Von dieser Wahrheit lenkt er durch seine Jagdleidenschaft im gleichen Maße ab (er selber bezeichnet die Jagd als «Ablenkung» (82)), wie er darin sie reproduziert, und das Stück führt vor, wie die Wahrheit der Ablenkung hervortritt und ihr dadurch ein Ende setzt, der Existenz ein Ende setzt (was als rhythmischer Vorgang schon der zweite Satz suggeriert, wo der Unterhaltungsmechanismus des Kartenspiels immer hektischer wird, immer mehr von dem Lachen durchsetzt, das die Auflösung der Existenz anzeigt, und von den Schüssen aus dem Wald, die den Schuß kurz vor Ende des letzten Satzes antezipieren). Die Dialektik der «Ablenkung» hat die Form tragischer Ironie angenommen, indem «das Wild» die Jäger geladen hat: der General sowohl den Schriftsteller, der ihm den Star sticht, dadurch ihn umbringt, als auch die Minister, die kommen ihn zu stürzen (was ebenfalls heißt, seine Existenz aufzulösen) und denen er, «als Jäger», wie der zweite Minister (subjektiv oder objektiv ironisch) sagt, «eine Berühmtheit» (80), zeigt, wie sie das Gewehr halten sollen (85) (wie er anders durch Protektion selber sie in die Lage versetzte, ihn stürzen zu können); die zur Jagdgesellschaft Geladenen betreiben gegen den General das Geschäft des Todes. – Dafür, die Vorgänge unter dem Bild der Jagd zu begreifen, spricht außerdem Strauchs Bestimmung der Jagd als einer «Gottesvernunft mit trivialen Menschenvorzeichen» (F 236), und das «Jagdhaus», worin er den von ihm erfundenen Lehrer sich von seinem Denken in sich hineinzwängen läßt, in den Begriff des «Unaufhörlichen Schnees» (was auch heißt, daß er ihm alle «Ablenkungen» unmöglich macht), bezeichnet er als «Pfarrhaus mit den Ingredienzien des irdischen Selbstvergnügens» (F 247). Was in solchen Formulierungen zum Ausdruck kommt, scheint mir wieder ausgesprochen zu sein in dem als Ärgernis empfundenen Satz aus der Büchnerpreis-

Rede: «Wir haben nur ein Recht auf das Unrecht.» Es ist dies das Unerträgliche, weil durch keine Hoffnung auf Gnade gemildert. — Nach den Worten des Schriftstellers: «Drei Tage Krakau / und kein Gespräch», nimmt die Generalin die Karten, als ob sie spielen wollte (10). Der Schriftsteller kommt jeweils auf die Idee, Karten zu spielen, wenn er seinen Kopf nicht mehr aushält, bewegungslos in seinen Kopf eingeschlossen ist: «Dann sitzen Sie da / stumpf / stumm / mit herunterhängendem Kopf / Dann ist es das bis an die Grenze des Verrücktwerdens / gehende Schweigen / nichts / (...) Und dann kommen Sie auf die Idee / Siebzehnundvier zu spielen / ununterbrochen / tagelang / und reden nichts» (15 f.). Der Ablenkungsmechanismus des stumpfsinnigen Kartenspiels tritt an die Stelle von Verständnis und Verständigung, wie zwischen den Konrads Wörter- an die Stelle von Gedankenaustausch. Der Vergleich liegt insofern nahe, als «das Furchtbare», von dem das Kartenspiel ablenken soll, die Sprache sei: «aus der Sprache / aus dem Kopf» (15): aus dem Kopf *als* aus der Sprache. Ebenso gilt (vor allem für den General): aus dem Wald, der, als Inbegriff von Tradition, auch Sinnbild von Sprache ist. Der Wald wird erstmals erwähnt im Zusammenhang mit der Finsternis, die plötzlich aus ihm hervorbreche (20) (von der, wie bekannt, in der Erzählung DIE MÜTZE die Rede sei; sogar der «Kopfschmerz», die «Krankheit» des Erzählers, kehrt als Kopfschmerz von Schriftsteller und Generalin wieder). Mit «Finsternis» assoziiert sich «Todeskrankheit» (20) — die sich äußert in «theatralischen Vorgängen» (55), im besondern also im Kartenspiel, zu dem im zweiten Satz der Wald den Hintergrund abgibt. Es ist, als theatralischer, ein tödlicher Vorgang (ein Vorgang, der ‹Tod›-Verfallenheit anzeigt), Manifestation der «Kälte», der Bewegungslosigkeit («Ruhe») — und Ablenkung davon (ungute Bewegung), analog beispielsweise dem Briefeschreiben der Guten: Unerträglich ist es, zum Verrücktwerden (Kopfschmerz), keine Briefe zu schreiben, nicht Karten zu spielen, wie es unerträglich ist, zum Verrücktwerden (Kopfschmerz), Briefe schreiben zu müssen («es tötet mich» (FB 11)), Karten spielen zu müssen («zutode mischen» (17)). (In ROSEN DER EINÖDE tritt der Tod als Kartenspieler auf; im Film DER ITALIENER liegen auf der Bühne des Lusthauses, wo der tote Gutsherr aufgebahrt ist, die Kostüme und Theater-Gegenstände «wie abgeblättert von einem Kartenspiel» (I 32): ein Vergleich, der schwerlich aus der Anschauung zu gewinnen wäre, wenn nicht beabsichtigte Bedeutung ihn

DIE JAGDGESELLSCHAFT

hineinprojizierte.) — Der Beginn enthält so konzentriert alle wichtigen Motive des Stücks, als absolute Musik, hinsichtlich der strukturellen Dichte und der Technik der Permutation der Elemente mit serieller Komposition vergleichbar ... eine Art Ouvertüre, die in die gleichnishafte Handlung, das Exempel, übergeht, wenn es «finster» wird (20), durch den Wald, der, wenn er zum erstenmal genannt wird, bereits ein erfüllter «Begriff» ist.

Das Stück ereignet sich gleichsam auf drei Ebenen. Dominierend sind die Vorgänge um den General bzw. den Wald. Sie sind gespiegelt im Geisteszustand (eingeschlossenes Denken) von Schriftsteller und Generalin. Schließlich fassen die Philosopheme (Kommentare) des Schriftstellers die sich ergänzenden Exempel zusammen. Als «Kommentator» (79) steht der Schriftsteller ebenso *im* Geschehen wie außerhalb, über ihm (und ist darum im Personenverzeichnis von den andern Figuren abgesetzt), als verkörperte Reflexion, die bekanntlich von den Zwängen, die sie durchschaut, nicht real befreit. Alle seine Aussagen sind auch auf seine eigene Existenz zu beziehen; stellvertretend für seine eigene, demoliert er die Existenz des Generals: Wahrheitsfindung, die also von seiner Seite zugleich Ablenkung ist. Auf ihn trifft die Bemerkung des Fürsten zu (die übrigens in assoziativem Zusammenhang steht mit den unmittelbar davor erwähnten «Saurauschen Jagden»): «Wir probieren (...), was wir an uns selber nicht ausprobieren, fortwährend an den andern aus. Immer wieder töten wir Menschen und beobachten diesen Prozeß und sein Ergebnis. Das Fürchterliche exerziert der Mensch andauernd an den andern, am wenigsten an (oder in) sich selbst. Wir probieren immer alle möglichen Krankheiten an den andern aus, wir töten ununterbrochen andere zu Studienzwecken» (V 173). («Zu Studienzwecken»: Ein Objekt wissenschaftlicher Studien ist für Konrad die Frau, ist dem Doktor der Vater der Königin und die Königin selbst, die er ebenso demoliert wie der Schriftsteller den General.) Dem selben Mechanismus folgend, quält er mit der Unerträglichkeit, Karten spielen zu müssen bzw. nicht Karten spielen zu können, mit seiner eigenen Qual, um von ihr abzulenkenden, die Generalin. Der Schriftsteller (wie der Doktor) gehört zu den Leuten, die, wie der General sagt, «nur alles / zerstören wollen / die alles zersetzen / die alles heruntermachen» (74), das heißt zu den «Anarchisten» (die ebenfalls, wie der Kaplan sagt, zerstörerisch handeln infolge der «aus-

weglosen Situation in ihrem Kopf» (Pr 74)), zumindest ist er ein «anarchistischer Kopf» wie der Kaplan.
Warheitsfindung als Ablenkung kehrt in anderer Weise wieder in der Beschäftigung des Generals mit seiner Schrift, worin den Schriftsteller am tiefsten die Beschreibung der letzten Zusammenkunft des Generals mit dem Generalfeldmarschall Paulus beeindruckt (also mit dem Mann, der, wie der General selber, sich überlebte, der von Hitler zum Generalfeldmarschall ernannt wurde in der Annahme, daß er sich erschieße). Der General habe «einen Blick für die Toten», «wie ja überhaupt der Tod in seiner Schrift / die größte Rolle spielt / merkwürdigerweise beschäftigt ihn der Tod / am tiefsten / Seine Beschreibung der Erfrorenen / ist die meiner Meinung nach ungewöhnlichste und überzeugendste / Anschauung des Todes», sagt der Schriftsteller (110 f.), unmittelbar bevor im Nebenzimmer der Schuß fällt. Der Tod ist das Thema des Generals, wie er das Thema des Schriftstellers ist, wie er Bernhards Thema ist (Wildganspreis-Rede: «Der Tod ist mein Thema»). Indem der General Anschauungen des Todes gibt, gibt er die Anschauung seiner eigenen Existenz, beschreibt insbesondere am Beispiel von Paulus seine eigene «Todeskrankheit» — und lenkt sich ebenso dadurch davon ab: Wahrheit als Ablenkung von der Wahrheit (was übrigens wie vom Verhalten des Schriftstellers gegen den General, so auch von seinen Philosophemen gilt, insofern sie Teil eines theatralischen Vorgangs sind). Im Unterschied zum Schriftsteller — wie auch zum Autor Bernhard, der im Verhalten seiner schreibenden Figuren die Bedeutung, die sein eigenes Schreiben für ihn hat, reflektiert: «den Tod vor Augen» (Lebenslauf 1954), um zu überleben, hat er angefangen zu schreiben: über den Tod (das Tödliche), mit dem Tod gegen den Tod (das Tödliche) — ... im Unterschied zum Schriftsteller wird der General seines eigenen Betroffenseins nicht gewahr, er erschießt sich in dem Augenblick, wo er sich davon Rechenschaft geben muß. Die Frage drängt sich auf, warum der Schriftsteller, obschon er über den Mechanismus der Ablenkung sich im klaren ist, weiterexistieren kann. Die Antwort kann nur heißen: Weil es ihm gelingt, seine Todeskrankheit in Kunst umzusetzen, das heißt, vollkommen zu kontrollieren, zu beherrschen. Weil er, im Unterschied zum General, über den Mechanismus von Existenz sich im klaren ist, beherrscht er ihn, kann er «in Kalkül ziehen, was tötet» (F 235), kann es mit Bewußtsein immer wieder ablenken auf Ersatzfiguren: Schreiben als ersatzweise

DIE JAGDGESELLSCHAFT

Macht über Leben und Tod anderer, ersatzweise Tötung anderer, was, nach Canetti (MASSE UND MACHT) die elementare, ursprünglich magische Weise ist, gegen den Tod sich zu behaupten, eigener Lebendigkeit sich zu vergewissern.
In einem jeden, sagt der Schriftsteller, sei eine Todeskrankheit (49); er kennt diejenige des Generals, er weiß alles über den Borkenkäfer und den Grauen Star (21, 23, 106). Damit hat er den Punkt gefunden — inhaltlich zwar anders bestimmt, identisch aber in der Funktion —, von dem im Zitat aus Kleists Aufsatz über das Marionettentheater, dem Stück als Motto vorangestellt, die Rede ist: «Ich erkundigte mich nach dem Mechanismus dieser Figuren, und wie es möglich wäre, die einzelnen Glieder derselben und ihre Punkte, ohne Myriaden von Fäden an den Fingern zu haben, so zu regieren, als es der Rhythmus der Bewegungen oder der Tanz erfordere.» Die dem Verhalten des Schriftstellers entsprechende Paraphrase des Zitats hat bereits der Fürst gegeben: «In letzter Zeit, sagte er, durchschaue ich die Leute mehr als einen Mechanismus und immer genau die Stellen ihres Mechanismus, an welchen dieser Mechanismus zuerst zerfallen wird (muß)» (V 209). Von diesem Punkt, von dieser Stelle aus, auf den (die) er gleichermaßen fixiert ist wie darauf rücksichtslos insistiert, «regiert» der Dramatiker Bernhard seine Figuren, «regiert» der Schriftsteller den General, der selber den Punkt, an dem seine Fäden befestigt sind, noch nicht erkannt hat und in begründetem Mißtrauen und Gefühl der Bedrohung den Schriftsteller als «undurchschaubaren Kopf» (54) bezeichnet[8]. Indem der General fürchtet, vom Schriftsteller durchschaut, «entdeckt» zu werden, fürchtet er ebenso, sich selber zu durchschauen, sich selber zu «entdecken». Der Schriftsteller benutzt die vorgerückte Stunde, Ermüdung und Alkohol, um ihn Schritt für Schritt eben dahin zu bringen, ihn seiner tödlichen Wahrheit sich ausliefern zu lassen. Er bringt ihn dazu, die Position des Beobachters seiner eigenen Existenz gegenüber einzunehmen, das heißt die Position, die er selber ihm gegenüber (der ganzen Gesellschaft wie auch sich selber gegenüber) die ganze Zeit schon innehat («Diese Art der Beobachtung gnädige Frau / Von welcher nach und nach alle irritiert sind» (103)). Er bringt ihn dazu, Existenz als Komödie zu begreifen, das heißt als dem Tod verfallen: «Eine Komödie hören Sie / eine Komödie», sagt der General. «Und wenn wir das Ganze abreißen / wie ein Stück Papier einfach herunterreißen / abreißen / reißt die Komödie

ab» (98). In diese Bresche stößt der Schriftsteller nach mit seinen über vier Seiten sich erstreckenden philosophischen Betrachtungen, die in den Wörtern «Unterhaltungsmechanismus» und «Kunstnaturkatastrophe» kulminieren (102). Das letztere Wort (sein letztes Wort im Stück) wiederholt der General «unbeweglich zu Boden schauend mit ausgestreckten Beinen». In dieser Stellung, gleichsam den Todesstoß erwartend, verharrt er, bis er hinausgeht. Zwischendurch ist er einmal aufgestanden und hat die Platte der Haffner-Symphonie aufgelegt, die in ihrer Vollkommenheit die Kälte und Klarheit (106) hörbar macht, auf deren Hintergrund die Komödie der Existenz in ihrer ganzen Erbärmlichkeit erscheint: die Komödie, deren Exposé — identisch mit den Vorgängen im Stück und der darin zur Sprache kommenden Vorgeschichte — der Schriftsteller mit Einsatz der Musik gibt, wissend, daß er den General damit tödlich trifft: demgemäß leitet er das Exposé mit der Bemerkung ein: «Der Schuldbegriff ist ein Unsinn gnädige Frau / Wenn wir Angst haben / vor Beschreibung / das ist Unsinn» (104). Das Exposé trifft den General in zwiefacher Weise: zum einen, indem es ihm seine Existenz als Komödie vorführt (generell, unabhängig vom besondern Geschehen: so erfahren wir nichts, brauchen nichts zu erfahren, über den Inhalt der Komödie, aus deren Probe der Gutsherr in DER ITALIENER hinausgeht und sich erschießt), zum andern, indem darin zusätzlich die Wahrheit ausgesprochen ist über den Borkenkäfer und den Grauen Star. Dadurch, daß er die «Mauer des Schweigens» niederreißt, welche die Generalin um ihren Mann aufgebaut hat, zerstört er auch ihre Existenz. Auch sie, rückblickend, gibt sich Rechenschaft über die Vergeblichkeit der Ablenkungsversuche («Mit Fremdsprachen habe ich es versucht / mit Fremdsprachen / mit naturwissenschaftlichen Studien» (105) — «es»: die Existenz erträglich scheinen zu lassen). Sie hat «aufgegeben» (109), verschüttet Wein, wirft ihr Glas um (105, 109) (wie am Ende von DER IGNORANT UND DER WAHNSINNIGE Gläser und Flaschen auf dem Tisch umgeworfen werden), das heißt, sie läßt sich gehen (wie die gähnende Königin), löst sich auf. Sie blickt zum Fenster hinaus: «Klar / Kalt und klar» (106).
In die Stille hinein spricht die Prinzessin, die länger als alle hinausschaut, ihr einziges Wort im ganzen Stück: «Schön» (106); dem abgedroschenen Wort wird dadurch, und durch die Situation, in der es gesprochen ist, eine wunderbare poetische Kraft verliehen. Die Klarheit, die sie schaut, ist diejenige des Lebens als «reine, klarste,

dunkelste kristallinische Hoffnungslosigkeit» (F 249), gleichbedeutend mit der «ungeheueren Szenerie der Kristalle des Todes» (F 248). Durch ihre Schweigsamkeit (ebenso durch diejenige des Prinzen) ist bedeutet, daß sie gelernt hat, in der Anschauung dieser Klarheit ohne «Ablenkung» zu sein, und daß sie, die beinahe blind ist (28), in der Finsternis *sehen* kann, vergleichbar dem Kulterer, aber auch dem beinahe blinden Vater der Königin, dem Ignoranten, von dem am Schluß der Doktor sagt, eine Existenz wie die seine, nämlich ständig in der Finsternis zu leben, sei «eine kompetente» (IW 98) — Kompetenz im Sinne der *docta ignorantia* des Cusanus: «Je größer die Finsternis, desto wahrer erreichen wir in der Finsternis das unsichtbare Licht[9].» Was die Prinzessin draußen schaut, ist innere Klarheit; der Gegensatz von außen und innen, von Objekt und Subjekt, ist in ihrer Anschauung aufgehoben wie derjenige von Tod und Leben, aufgehoben in der Vision des «Augenblicks», wofür die Brüder aus AMRAS ein Beispiel gaben (in welchem Zusammenhang vielleicht nicht ohne Bedeutung ist, daß Schloß Amras, wo die Brüder im Turm Zuflucht fanden, die Zuflucht des Cusanus, Bischofs von Brixen, im Streit mit Herzog Sigmund von Tirol gewesen war[10]) und als welche Strauch «seine» utopische Poesie beschreibt. In ihrer Schönheit (innerer wie äußerer), als «die Charmanteste» (53), verkörpert die Prinzessin einen utopischen Begriff von Kunst, worin Schönheit und Wahrheit eins sind, anmutig, schwerelos, unwillkürlich. Dazu steht im Gegensatz der «Unterhaltungsmechanismus», als welchen der Schriftsteller die Existenzen der handelnden (bzw. redenden) Personen, seine eigene mit eingeschlossen, in seiner Komödie reproduziert, und steht in äußerstem Gegensatz (so sehr, daß die Extreme sich berühren, daß ein Umschlag im Bereich des Möglichen liegt) die rücksichtslose Disziplin und Willensanstrengung (Beherrschung und Selbstbeherrschung), welche Bedingung der Kunstexistenz des Schriftstellers und der Königin ist, Bedingung von Bernhards eigener Kunst. Der Kontrast ist grundsätzlich derselbe, wenn auch nicht so ausgeprägt, wie er zwischen den täglichen Exerzitien Caribaldis und seiner Untergebenen einerseits, der Idee des Forellenquintetts andererseits besteht. — Das Wort «schön» eröffnet also den ‹Raum› mystischer Schau, es bezeichnet die ihr eigene «Brod- und Weinverwandlung» (Jean Paul), aus der beispielsweise der Schnee, Metapher sonst von Schmerz (F 206) und Vernichtung (in sich Ersticken, Erfrieren des eingeschlossenen Denkens) als «der heilige Schnee des heiligen Winters» (F 247) hervorgeht. Dahin zu gelangen, setzt voraus, daß das Subjekt sich abstirbt (ein Prozeß, den Strauch (F 245—249) den von ihm erfundenen Lehrer erleiden läßt), wodurch es zu seinem wahren Leben findet: «Weil wir aufgegeben haben / sind wir menschlich» (109).[11]

Die Episode ist formal ein Ruhepunkt, vergleichbar der Beruhigung, die im Schluß-Satz einer Symphonie oder Sonate vor der Coda oft eintritt, «Einatmen der Luft» (85), die «Stille, in die hinein dann der Schuß fällt» (85). Der Schriftsteller versetzt anschließend dem General den letzten Schlag, durch die Lesung aus dem Lermontow (aus dem dritten, «Der Fatalist» überschriebenen Teil des Buches EIN HELD UNSERER ZEIT). Alle lachen nach dieser Lesung laut auf, ausgenommen der General, der aufsteht und ins Nebenzimmer geht (ausgenommen auch, sollte man meinen, Prinz und Prinzessin). Der General hat verstanden, das heißt, er identifiziert sich mit dem Leutnant, der in derselben Nacht, vom selben Betrunkenen, der zuvor das Schwein entzwei gespalten hat, über das der Erzähler (Petschorin) fast gestolpert wäre, durch einen Säbelhieb gleichfalls mitten entzwei gespalten wird. Petschorin dachte auf dem Nachhauseweg über das «Ereignis des Abends» nach, ein russisches Roulette, das unternommen worden war, um die Vorherbestimmung» (der Todesstunde) zu beweisen und bei dem der Leutnant durch Zufall dem Tod entging (aus unerfindlichen Gründen ging der Schuß der geladenen Pistole nicht los) — wie der General durch Zufall dem Tod vor Stalingrad entging. Das heißt, beide *glaubten* es und täuschten sich damit über die Tatsache hinweg, daß sie über ihr Ende schon hinaus sind. Petschorin hatte während der Vorbereitungen zum russischen Roulette und unmittelbar danach «das Siegel des Todes»[12] auf des Leutnants Gesicht wahrgenommen (was er ihm auch mitteilte); in vergleichbarer Weise «durchschaut» der Schriftsteller den General. — Petschorins Blick fiel in dem Augenblick auf das Schwein, als er aus seinen Gedanken über Vorherbestimmung sich löste und «die Metaphysik über Bord (warf)» (107). Was er in diesem Augenblick noch nicht wissen konnte, war, daß das tote Schwein, stellvertretend gleichsam für den ebenfalls inzwischen (oder gleich danach) toten Leutnant, diese Metaphysik (Vorherbestimmung) gerade bestätigte. Es liegt nahe, mit dem toten, in kalter Winternacht auf der Straße liegenden Schwein das erfrorene Wild (die erfrorenen Soldaten) zu assoziieren, so daß die Stellvertretung des Schweins für den

Leutnant den General dazu bringen muß, sich dem erfrorenen Wild, den erfrorenen Soldaten gleichzustellen, in der «Anschauung des Todes», die er in seiner Schrift gegeben hat, sich selbst zu erkennen. Die letzten Worte des Leutnants (auf Petschorin bezogen) seien gewesen: «Er hatte recht»[13]; der General bestätigt die «Vorherbestimmung», kapituliert vor ihr, durch den Schuß.

Draußen ist es unterdes hell geworden: Helle, die zunächst im Gegensatz steht zur «Finsternis», in der die Prinzessin und der «Ignorant» sich aufhalten. Wie der Doktor diesem deshalb «Kompetenz» zubilligt, bezeichnet er umgekehrt das Licht als «ein Unglück» (IW 98). Solcher Wertung des Lichts entspricht der apokalyptische Lärm: «Hacken und Sägen fangen an, den Wald niederzulegen, immer intensiver, immer lauter» (111) — wie der Fürst sagt: «Das Ende ist ein ungeheures Getöse, auf das ein naturgemäßer Verwesungsprozeß folgt» (V 181). Andererseits werden jetzt die Gespenster der Vergangenheit beseitigt, und es bricht im Getöse so etwas wie der ‹Tag der Wahrheit› an, wesensgleich jener Kälte und Klarheit (106) der Nacht, sie gleichsam erfüllend. Eine solche Deutung drängt sich auf durch die Rede zum Empfang des Bremer Literaturpreises (1965), in deren erstem Absatz zu lesen ist: «die Märchen sind vorbei, die Märchen von den Städten und von den Staaten und die ganzen wissenschaftlichen Märchen; auch die philosophischen; es gibt keine Geisterwelt mehr, das Universum selbst ist kein Märchen mehr; Europa, das schönste, ist tot; das ist die Wahrheit und die Wirklichkeit.» Der Schluß dann beschreibt diese Wirklichkeit, diesen «Schmerz», der seit einem halben Jahrhundert unser «Geisteszustand» sei, wie folgt (als handelte sichs um eine Erläuterung zum Ende von DIE JAGDGESELLSCHAFT):

«Wir sind von der Klarheit, aus welcher uns unsere Welt plötzlich ist, unsere Wissenschaftswelt, erschrocken; wir frieren in dieser Klarheit; aber wir haben diese Klarheit haben wollen, heraufbeschworen, wir dürfen uns also über die Kälte, die jetzt herrscht, nicht beklagen. Mit der Klarheit nimmt die Kälte zu. Diese Klarheit und diese Kälte werden von jetzt an herrschen. Die Wissenschaft von der Natur wird uns eine höhere Klarheit und eine viel grimmigere Kälte sein, als wir uns vorstellen können.

Alles wird klar sein, von einer immer höheren und immer tieferen Klarheit, und alles wird kalt sein, von einer immer entsetzlicheren

Kälte. Wir werden in Zukunft den Eindruck von einem immer klaren und immer kalten Tag haben.»[14]
Der Tenor solcher Beschreibung, obschon grundsätzlich affirmativ gemeint, setzt die Feststellung des Doktors nicht außer Kraft: «Das Licht ist ein Unglück»; er muß es wissen, denn das siegende Prinzip des nie mehr endenden Tages ist das von ihm selber verkörperte, den Untergang der «Königin der Nacht» bewirkend. Noch einmal läßt sich ermessen, was aufklärerisches Denken, in konsequenter Weiterführung seines Ansatzes, gezeitigt hat, wenn man diesem «Tag» den in Schikaneders Operntext siegenden entgegenhält, verkörpert im humanen Aufklärer Sarastro, der ihn wie folgt begrüßt: «Die Strahlen der Sonne vertreiben die Nacht, / Zernichten der Heuchler erschlichene Macht.» —
Die Ambivalenz in der Beurteilung des «Tages», des Kahlschlags, den er bedeutet, ist, mit umgekehrten Vorzeichen, die im Verhältnis zur Tradition festgestellte: daß ihre Liquidation ein Unglück und tödlich sei, aber unausweichlich aufgrund ihrer «Schuld», weil sie schuldhaft zur (obgleich lebenserhaltenden) «Lüge» geworden sei. Solche Ambivalenz ist bereits Tschechows KIRSCHGARTEN eigen: Wohl bedeutet die Zerstörung des blühenden Gartens durch den geschäftstüchtigen Plebejer die Zerstörung dessen, was Bernhard mit Großzügigkeit, Menschlichkeit, Kultur und besserer Herrschaftlichkeit umschreibt (U 78) — ist ist dies noch verdeutlicht durch die Gegenüberstellung der Lakaien Firs und Jascha, des kultivierten Greises und des brutalen, anmaßenden jungen Rüpels —, aber es wird auch durch dieses geschichtlichen Zwang vollstreckende Verbrechen jahrhundertealte Schuld «gesühnt»[15] und wird einem Zustand ein Ende gemacht, der sich überlebt hat, zur brüchigen Fiktion geworden ist («Das Haus, darin wir leben», sagt Anja, «es ist schon lange nicht mehr unser Haus»[16]; auch ihre Mutter, die Gutsbesitzerin, findet hier keine Ruhe mehr: trotz des Schmerzes über den Verlust ist sie erleichtert, als die Versteigerung des Gutes zur Tatsache geworden ist). Die Gemeinsamkeit der JAGDGESELLSCHAFT mit dem KIRSCHGARTEN reicht weiter als Ernst Wendt annahm, der im Programmheft zur Berliner Aufführung schrieb: «Nicht mehr ‹schöne›, blühende Natur wie bei Tschechow wird beseitigt, sondern Natur zerstört sich selbst, die den Menschen umgebende Landschaft wird weggefressen, das Geräusch der Sägen und Äxte besiegelt nur die Todeskrankheit, von der die Welt als Ganzes — Mensch und Natur — befallen scheint.» Die drastische,

DIE JAGDGESELLSCHAFT

von der *Lust* am Untergang eingegebene und mit Holzhammermanier vorgetragene Symbolik Bernhards mag im Gegensatz zur diskreten, vieldeutig schwebenden Tschechows eine solche schroffe Entgegensetzung nahelegen. Sie wird im Hinblick vor allem auf die als Anmerkung zitierte Äußerung Trofimows zumindest relativiert. Damit soll nicht gesagt sein, DIE JAGDGESELLSCHAFT sei ein Plagiat des KIRSCHGARTENS; die Motive und Bilder sind Bernhards unverwechselbarem, originäre Erfahrung artikulierendem poetischen System integriert und aus dessen eigener Konsequenz, ohne Rückgriff auf ihre allfälige Herkunft, verständlich. Die Gründe für die auffallenden Übereinstimmungen wären also darin zu suchen, daß die historische Situation, die Bernhards Erfahrung prägt, einiges gemein hätte mit derjenigen des vorrevolutionären Rußlands: hinsichtlich des Absterbens einer Kultur, der Ursachen und Symptome — nicht aber hinsichtlich eines bei Tschechow immerhin denkbaren Neubeginns: in Bernhards Stück entspricht nichts den frohgemut aufbrechenden Trofimow und Anja.

―――

Berhard schreibt, wie er gesprächsweise sagte, für Schauspieler, es interessiere ihn, was sie aus dem «kargen Text» machten ... Texte, die ihn selber, wenn er Schauspieler wäre, herausforderten, etwas damit anzufangen. Aber man darf doch annehmen, daß er darüber hinaus mit seinen Stücken gegen das Publikum — obschon er sagt, daß er es nicht brauche — eine ähnliche Absicht verfolgt wie der Schriftsteller gegen den General, und zufrieden wäre, wenn er den gleichen Erfolg mit seiner «Komödie» hätte: Zerstörung der Fiktionen des Existenzschauspiels (und zwar ungehemmt durch die Rücksichten, die Ibsen in DIE WILDENTE geltend machte), den Nachweis zu erbringen, daß alle Manifestationen individueller, sozialer, politischer Existenz unter den gegenwärtigen Bedingungen nichts weiter sind als Komödie — was freilich, wie der General zutreffend bemerkt, mit dem «feststehenden Begriff» von Komödie (93) nichts zu tun hat. Die Absicht soll erreicht werden durch das Beispiel (dasjenige des Generals wäre dann für den Zuschauer in etwa was für jenen die Lesung aus dem Lermontow), sodann durch direktes Raisonnement und schließlich, vor allem, durch Exponieren des Theatralischen der Vorgänge, das heißt durch Künstleichkeit, die ihrerseits als Manifestation einer Todeskrankheit begriffen wurde. Die Todeskrankheit soll zum Ausbruch und Austrag gebracht, der Zuschauer dazu gebracht werden, ihr, als seiner eigenen, sich auszuliefern. Will man darin nicht allein das Bedürfnis nach bis zum Tötungswunsch gesteigerter Machtentfaltung wirksam sehen, ist als Zweck eine Katharsis anzunehmen, vergleichbar der von Artaud durch Übertragung der «Pest» mittels Theater bezweckten: «Wie die Pest ist das Theater eine Krise, die mit dem Tod oder der Heilung endet. Und die Pest ist ein höheres Leiden, weil sie eine vollständige Krise ist, nach der nichts übrig bleibt als der Tod oder eine Läuterung ohne Maß. So ist auch das Theater ein Leiden, denn es stellt das höchste Gleichgewicht dar, das nicht ohne Zerstörung erreichbar ist. Es lädt den Geist zu einer Raserei ein, die zu einer Steigerung seiner Energien führt; und schließlich kann man sehen, daß vom menschlichen Standpunkt aus die Wirkung des Theaters wie die der Pest wohltuend ist; denn indem sie Menschen dazu bringt, sich zu sehen, so wie sie sind, läßt sie die Maske fallen, deckt sie die Lüge, die Schwäche, die Niedrigkeit, die Heuchelei auf; sie schüttelt die erstickende Trägheit der Materie, die sogar der klarsten Gegebenheiten der Sinne sich bemächtigt (...).»[17] Der «Pest», die «eine Art psychische Wesenheit» sei und «nicht verursacht durch einen Virus»[18] (welches Wort, wie Artaud vermutet, «ein bloßer verbaler Kunstgriff» sei[19]), sind vergleichbar Bernhards «Worttransfusionen in die Welt hinein» (F 115), diejenigen des Schriftstellers in den General hinein, mittelbar in das Publikum hinein. Sodann ist Bernhards Kunst, soweit als Krankheit und Krankheitsübertragung begriffen, mit der «Pest» auch insofern vergleichbar, als diese eine Vorliebe zu haben scheine «für Körpergegenden, für alle Stellen im physischen Raum, wo der menschliche Wille, das Bewußtsein nah sind und im Begriff, in Erscheinung zu treten[20], und «die beiden einzigen wirklich von der Pest befallenen und von ihr geschädigten Organe» das Hirn und die Lunge seien (in denen demnach, als eine der «Atmung» und des Denkens, wohl auch die allfällige «Läuterung» ihren Ort haben müßte), die beide «in direkter Abhängigkeit von Bewußtsein und Willen» stünden[21]. Dem von der Pest Befallenen fange der Kopf an zu brodeln und wachse «durch sein Gewicht ins Riesenhafte[22] (wobei an Strauchs ins Riesenhafte aufgeblähten Kopf, den schweren Kopf der Guten und der Konrad zu denken ist). Dann bemächtige sich seiner «eine fürchterliche Müdigkeit, die Müdigkeit einer zentralen magnetischen

Saugwirkung, seiner in zwei Teile gespaltenen, von ihrer Vernichtung angezogenen Moleküle».[22] Über eine solche, vom Kopf ausgehende, Saugwirkung hat auch Strauch sich beklagt (F 239), und eine Geschwulst an seinem Fuß, die ihm «gleichen Ursprungs» ist wie seine Kopfkrankheit («Diese beiden Schmerzen, Kopf- und Fußschmerzen, bilden zusammen eine entschlossene Krankheit.»), hält er für eine «Pestbeule» (F 41). (So habe auch der Fürst auf den Handgelenken seines toten Vaters «Geschwülste festgestellt und sie sofort mit seinem Wahnsinn in Zusammenhang gebracht» (V 186).) Am Beispiel Strauchs, hinsichtlich dessen eine direkte Bezugnahme auf Artaud, den «großen Artaud»[23], den Bernhard in der leider verschollenen Diplomarbeit an der Akademie Mozarteum gegen Brecht ausspielte, anzunehmen ist ... an diesem Beispiel läßt sich auch die spezifische Differenz feststellen, die zwischen Artauds Pest und Bernhards Todeskrankheit besteht: diese ließ sich bestimmen als Krankheit der Gesellschaft, die im akut Kranken zum Austrag gelangt; jene setzt gleichfalls eine todkranke Gesellschaft voraus, eine «Welt, die dahinschlittert und sich selbst umbringt, ohne daß sie es merkt»[24], aber sie ist selber nicht lediglich deren akutes Stadium, sondern Manifestation von Gegenkräften, Inbegriff aller aus dem Unbewußten hervorbrechenden Verdrängungen (allerdings auch begriffen als eine «rächende Geißel (...) in der gläubige Zeitalter den Finger Gottes sehen wollten»[24]): «Wenn das wesentliche Theater wie die Pest ist, so nicht deshalb, weil es ansteckend wirkt, sondern weil es wie die Pest die Offenbarung, die Herausstellung, das Hervorbrechen einer latenten Tiefenschicht an Grausamkeit bedeutet, durch die sich in einem Einzelwesen oder in einem ganzen Volk alle perversen Möglichkeiten des Geistes lokalisieren.»[25] (Wenig später spricht er auch von der «Freiheit des Geschlechts», vom «Zeugungsgeist», der «Lebensfreiheit».) Gemäß der Differenz im Begriff der ausbrechenden «Krankheit» unterscheidet sich zwangsläufig die jeweilige Art der allenfalls zu erzielenden «Läuterung»: Im Falle Artauds wohl zu bestimmen als Erneuerung des Lebens aus dem Unbewußten, der Kultur aus dem Mythos; im Falle Bernhards ist eine positive Bestimmung, seiner ganzen Denkweise gemäß, nur mit größten Vorbehalten möglich: Aus DIE JAGDGESELLSCHAFT wäre zu schließen, daß, in äußerstem Gegensatz zu Artaud, die «Läuterung» in der von Schopenhauer inspirierten Forderung «aufzugeben» bestünde (wodurch wir, wie der Schriftsteller sagt «menschlich» seien). Dem steht aber eine programmatische Äußerung Caribaldis entgegen, obzwar nicht im Postulat: «Verfolgung der Idee / Krankheiten / durch Krankheiten zu kurieren», das die übereinstimmenden Intentionen Bernhards und Artauds auf eine Formel bringt, wohl aber in der Fortsetzung: «Durch den Tod wird das Leben verstärkt / Kakophonie» (MG 136). Eine so bestimmte Katharsis (Entfesselung aller chaotischen Kräfte mit dem Ziel einer Stärkung des Lebenswillens und der Lebenskraft) unterscheidet sich nicht wesentlich von der von Artaud gemeinten. (Bernhard, auf die Frage nach seinem Befinden, nachdem er im Winter 1974/75 eine schwere Erkrankung (Lungenentzündung) durchgemacht hatte: danach, wenn man es habe überstehen können, fühle man sich um so besser.) Der Widerspruch kann möglicherweise zurückgeführt werden auf die Ambivalenz von Todeswunsch und Todesangst (an das von roter auf weiße Schminke umspringende Verlangen der Königin der Nacht (IW 45) wäre zu erinnern). Es bleibt aber, wie immer die «Läuterung» inhaltlich zu bestimmen sei, die identische *Funktion* von «Pest» und akuter «Todeskrankheit» festzuhalten und damit eine grundsätzliche Übereinstimmung zwischen Artauds und Bernhards Begriff von Theater.

Bernhard wünscht sich, daß die Leute nach der Vorstellung wie erschlagen, reglos (an die Reglosigkeit des Generals, unmittelbar vor dem Selbstmord, ist zu denken), in ihren Sesseln hingen; das Theater müsse für das Publikum eine Qual sein (Artaud: «ein Leiden»), jeder müsse darin sich vorkommen «wie ein Gekreuzigter» (gesprächsweise Mitteilung). Dem können nur Aufführungen einigermaßen nahekommen, die mit maschineller Unerbittlichkeit und Rücksichtslosigkeit ablaufen und keine Lücke offenlassen, durch die der Zuschauer, mittels gefühlhafter, das ‹Objekt› darin gleichzeitig von sich wegrückender Anteilnahme oder mittels sich überhebenden Komödienlachens, entschlüpfen könnte. Andererseits ist das Theatertheater, als Reproduktion des Existenzschauspiels, auch selber Unterhaltungsmechanismus, wodurch es die primäre Absicht, nämlich Erkenntnisinstrument zu sein, auch gleich schon neutralisiert. Daraus erklären sich die Ausfälle auf das Theater, die mehrfach in Bernhards Werk, auch in den Stücken, zu finden sind, und es dürften daraus sich die Restriktionen gegen mögliche Aufführungen erklären: zunächst generell, da durch Wiederholung (an die täglichen Wiederholungen der Guten ist zu denken, aber auch an die «Abonnements» (A 17) und an die während der Spielzeit des Theaters unternommen, einem Wiederholungszwang unterstehenden Gänge des Mannes im Volksgarten) der Unterhaltungsmechanismus dominierend wird (am liebsten wäre darum Bernhard nicht bloß nur eine einzige Inszenierung, sondern auch nur eine einzige Aufführung seiner Stücke), sodann im besondern gegen solche, von denen zu erwarten ist, daß sie von Anfang an den Unterhaltungsmechanismus dem «Unterhaltungs*zweck*» gefügig machen (P 8), ihn positiv setzen, ohne ihn mit der Reproduktion gleichzeitig bloßzulegen und dadurch als «Krankheit» erfahrbar zu machen. Von einer Theateraufführung, nicht allein seiner eigenen Stücke, verlangt Bernhard, daß in ihr Widerstände seien, welche die glatte Oberfläche, das Gefällige, das nur ‹Schöne›, aufreißen (die Aufführung des PRINZEN VON HOMBURG durch die Berliner Schaubühne am Halleschen Ufer beurteilte er, *weil* sie so bestechend schön war, als geistlos, als einen Bilderbogen, der mit dem Text wenig zu tun hatte). In seinen eigenen Stücken verweigert er so weit als möglich, was gemeinhin des Theaters ist: Handlung (Spannung durch Handlung), Charaktere (Möglichkeit der Einfühlung), Dialog (statt dessen sperrige Monologe) — womit nicht gesagt sein soll, daß es in seinem Belieben stünde, die konventionellen Erwartungen zu erfüllen, daß nicht objektive Gründe ihn veranlaßten, so und nicht anders zu schreiben. Gemäß der Destruktion von Existenztheater, auf die jedes Stück abzielt, «schlägt» jedes immer auch dem Theatertheater «ins Gesicht» (P 38), will Destruktion des Begriffs von Theater, des Theatralischen von Theater sein, im Maße es dieses exponiert. Der Theaterschreiber Bernhard ist ein Theaterzerstörer wie der Prosaschreiber ein «Geschichtenzerstörer» (DREI TAGE, I 152).

DIE MACHT DER GEWOHNHEIT

Der Titel dürfte auf Verdis Oper anspielen: Gewohnheit kassierte das «Schicksal», sich wiederkäuende Zuständichkeit ersetzt einmaliges, noch im tragischen Widersinn als notwendig gedachtes Geschehen. Schauplatz der drei Szenen eines Zustandsbildes ist der Wohnwagen des Zirkusdirektors Caribaldi, der seine Artisten — den Jongleur, den Spaßmacher, seinen Neffen den Dompteur, seine Enkelin die Seiltänzerin — zu täglichen Proben des Forellenquintetts zwingt. Er selber spielt das Cello (immer das Forel-

lenquintett), und zwar seit 22 Jahren, seit plötzlich seine Konzentration nachgelassen hat (18), als «Therapie» (17). Das Cellospiel (bzw. das Forellenquintett) ist für ihn also Mittel gegen das Chaos, gegen die Auflösung, von der seine Existenz bedroht ist, Mittel gegen die eigene «Krankheit» (repräsentiert durch Rückenschmerz und Holzbein) und gegen Brutalität, Dummheit, Niedertracht, Schwachsinn seiner Umgebung (36).
Caribaldi leidet unter der Rücksichtslosigkeit der Umwelt infolge der «Überempfindlichkeit» unter seiner Schädeldecke (34), was, vom Jongleur gesagt, dem gemeinen Sprachgebrauch entsprechend heißt, daß er *überhaupt* noch empfindet, nicht gänzlich abgestumpft, nicht normalisiert ist. Er reagiert auf die erlittene Rücksichtslosigkeit durch eigene, gegen die Umwelt wie gegen sich selbst gerichtete, durch Disziplinierung seiner selbst und seiner nächsten Umgebung. Er macht sich dadurch zum Opfer seiner Disziplin, worin er mittelbar Opfer seiner Umgebung ist: Er schläft nicht, träumt nicht (74), das heißt, er ist immer wachsam («Wachsamkeit als Gewohnheit» (M 104)), muß sich «in fortwährender Beobachtung der andern Menschen vernichten» (99). Durch die Beobachtung hält er seine Artisten unter Kontrolle, unterwirft sie seinem Kunstwillen bzw. zwingt ihnen denselben auf, zwingt ihnen seine Rücksichtslosigkeit gegen sich und gegen sie als eine je gegen sich selber auf («auch wenn er nicht da ist / ist er da / beobachtet uns» (68)); er infiziert sie mit seiner «Krankheit», «vernichtet» sie (65), wie er dadurch den eigenen Krankheitsprozeß vorantreibt, sich selber «vernichtet» (99), das heißt, durch den Zwang zu Beobachtung (was auch heißt: Selbstbeobachtung), Disziplinierung, in seinen Kopf sich einmauert: Caribaldi ist im selben Sinn Direktor wie der Präsident ein Präsident, die Sängerin und die Gute Königinnen, er ist also «krank», «verkrüppelt», im bekannten Sinn von «Bewegungslosigkeit».
Welt und Existenz, als von der «Krankheit der Bewegungslosigkeit» befallen, das heißt, als zum Unterhaltungsmechanismus geworden, durch Kunststücke sich fristend, sind mehrfach in Bernhards Werk im Bild des Zirkus begriffen. Der Fürst sagt: «Die Welt ist ein Sarrasani» (V 227), und das Bild erscheint in einem Umkreis ergänzender, erläuternder Metaphern in AMRAS, in der Beschreibung des Ausblicks der Brüder aus dem Turm: «Wir schauten, betrogen, kam uns im Sturmgeheul vor, auf die wahllos verkrüppelten Apfelbäume, in eine vor lauter Finsternis und Na-

turrätsel und Verstandeserschütterung taube, wie uns schien, merkwürdig laute und wie nur anscheinend, weit unten, am Ende des Apfelgartens, wo der Zirkus war, von Menschen bevölkerte, widerspenstige, von ihrer Verschrobenheit nur an der schwarzen und braunen und dort und da weißen Oberfläche gereizte, vorstädtisch jederzeit nur in strafbaren Handlungen existierende, verdrußerzeugende Hochgebirgslandschaft...» (A 14 f.). Die Landschaft gibt ein Bild der von bedrohlicher Chaotik (Sturmgeheul, Verbrechen, Lärm) umgebenen isolierten Kopfexistenz, die eine verkrüppelte ist: die Apfelbäume erinnern an die Baumstümpfe, die das erste Auftreten Strauchs vorbereiten (F 10), Strauchs, in dessen Zimmer außerdem ein offenbar von ihm selbst gemaltes «braunes Bild» — Landschaftsbild — «mit großen schwarzen Flecken» hängt (F 108), und sie erinnern an die faule Fichte in WATTEN. Als «verkrüppelte» ist Existenz «Zirkus», was dadurch bedeutet ist, daß Menschen in dieser «Landschaft» nur im Zusammenhang mit Zirkus in — überdies vielleicht nur imaginierte — Erscheinung treten. Daß die Brüder im Sturmgeheul sich «betrogen» vorkommen, erinnert an die «Betrugsaffaire», als welche die Königin ihre künstliche Existenz in dem Augenblick bezeichnet, wo sie daraus sich zurückzieht, dem Chaos sich überläßt (IW 81).

Wie dem Blick der Brüder aus dem Turm die Vision im Innern entgegensteht (A 29 f.), so hat Caribaldi wenigstens die Erinnerung oder Ahnung einer Anschauung von Welt und Existenz, die nicht Chaos, nicht Unterhaltungsmechanismus wäre. Wie jene, ihre Schläfen an Böden und Mauern gedrückt, sekundenlang eingeweiht sind in die «Willensstärke der ganzen Materie», so glaubt er, das Ohr am Resonanzboden des Cellos, das sein «Weltorgan» sei (46), die Harmonie der Sphären zu vernehmen. Das Cello ist therapeutisches Instrument für ihn primär in dem Sinn, daß es ihn der verlorenen und ersehnten Harmonie, die immer eine in und durch Konzentration ist, wieder teilhaftig werden ließe. Sie ist die Utopie seiner Kunst (die er also ebenso «aus der Luft» fühlt wie Strauch seine utopische Poesie), einer Kunst, die nicht Ablenkungsmechanismus wäre, sondern Wahrheit als Schönheit, «Logik in Musik gesetzt» (F 194). Sie ist die positive Motivation seiner Rücksichtslosigkeit; dem Willen zu ihrer Verwirklichung, was für ihn, den ausübenden Künstler, bedeutet, das Forellenquintett, das ihm jene Harmonie vertritt, einmal, was eine Frage der Konzentration ist, vollendet erklingen zu lassen: «nur ein einziges Mal eine perfekte Musik» (21) — «ein einziges Mal»: diese Musik, als utopische, ist ebensowenig reproduzierbar — im Gegensatz zum zwar perfekten, doch in der mechanischen Reproduktion wiederum verdinglichten Forellenquintett aus dem Radio, am Schluß des Stücks —, «augenblicklich», wie Strauchs Poesie — ... dem Willen zu ihrer Verwirklichung hat er gleichwohl seine ganze Existenz untergeordnet, und es ist dieser Wille der Rechtsgrund der Herrschaft über seine Untergebenen. Zum Jongleur, der das Quintett verlassen will, sagt er: «Ich habe einmal geträumt / ich sei in Archangelsk / ohne zu wissen / wie Archangelsk ist / und ich kenne nichts als Archangelsk / das ist es / sonst nichts / verstehen Sie / und da glauben Sie / weggehen zu können» (37). Obschon es ihn auf der Landkarte, im kalten (zu vergleichen die «kalte und klare», von der Prinzessin «schön» genannte Nacht (Jg 106)), im kalten Sibirien wirklich gibt, ist der imaginäre Ort Archangelsk, dem in der Wirklichkeit «Augsburg» entgegensteht, im selben Sinn Metapher für die Vollkommenheit und Harmonie wie für Strauch die ganz unwirkliche tiefste Wirklichkeit (F 193), der in der wirklichen Unwirklichkeit Weng, gleich Augsburg Inbegriff aller Scheußlichkeit, entgegensteht. Archangelsk (Erzengel) erinnert an das Weihnachtsspiel in JAGDGESELLSCHAFT (dem die reale «Komödie» entgegensteht), in dem der General die Stimme des Herrn vorstellt; daran erinnert noch die wenn auch sarkastische Apostrophierung Caribaldis durch den Dompteur als «Der Herr» (61). — Möglicherweise ist, wie Archangelsk, auch Augsburg ein sprechender Name, nämlich «Auge» assoziierend, das heißt «Beobachtung», «Blicke», in dem im Zusammenhang mit DER IGNORANT UND DER WAHNSINNIGE erläuterten Sinn: «Harmonie», als künstlerische auch gesellschaftliche Utopie, meint auch die «brauchbaren Beziehungen» (F 194) der Menschen untereinander und jedes Einzelnen im Umgang mit sich selbst — wie Strauch in der Beschreibung seiner «tiefsten Wirklichkeit» sagt: «Gesetze ohne Gewalt haben hier Geltung. Geist und Charakter sind schön in der Menschennatur vereinigt.» (F 194) Das «verwirklichte» Forellenquintett wäre also auch Inbegriff von brauchbaren Beziehungen unter den Ausführenden (wie in der Tat die Kammermusik Darstellung und Erscheinung kultiviertester, idealer Geselligkeit war) bzw., sofern man das ganze Quintett als Gleichnis der Person Caribaldis betrachtet, der Harmonie von Geist und Cha-

rakter, im Gegensatz etwa zu den «zerrissenen Harmonien» (F 35), von denen Strauchs Kopf erfüllt ist, im Gegensatz also zu den «Kakophonien».
Es ist die Komik oder Tragik Caribaldis, daß sein Kunstwille ihm zur Gewohnheit wird, die ihn beherrscht und also statt dem Ziel ihn näherzubringen immer weiter davon entfernt: «Mein ganzes Leben ist eine Qual / alle meine Vorstellungen / sind zunichte» (113). Seine Obsession durch das Quintett ist die komische Variante zu Konrads Obsession durch die Studie. Caribaldi (Konrad) ist vom Quintett (von der Studie) beherrscht als von sich beherrscht als von der Umwelt (Gesellschaft) beherrscht. Beider Kunstwille ist pervertiert zu sinnloser Selbstquälerei bzw. Despotie gegen die Umgebung: die täglichen Quintettproben, durch die Caribaldi seine Artisten und sich selber peinigt, entsprechen den täglichen Übungen nach der Urbantschitschen Methode, durch die Konrad die Frau und sich selber peinigt. Wie Konrad sein ganzes Vermögen in die Studie investiert habe (K 245), so Caribaldi das seine, das von der zutode gestürzten Tochter ererbte, in sein Cello. Konrad verzweifelt daran, seine Studie, die er fertig im Kopf hat, auch niederschreiben, das heißt, die «Wissenschaft», die sie als ungeschriebene ist, zum Kunstwerk werden zu lassen (K 82). Ebenso gelingt es Caribaldi nicht, die «Wissenschaft», die ihm durch Hören mittels seines «Weltorgans» geworden ist (auch Konrads «Wissenschaft» ist eine durch das Gehör), zu verwirklichen. Wie Konrad immer wieder den Augenblick für gekommen hält, die Studie aus dem Kopf aufs Papier zu kippen, so glaubt Caribaldi vor jeder Probe, jetzt müsse endlich das Forellenquintett, die perfekte Musik, vorzutragen möglich sein. Wie im Augenblick, da Konrad zum Schreiben sich niedersetzt, ans Tor gepocht wird, die Frau nach ihm ruft, der Höller anfängt Holz zu hacken, so scheitert das Quintett einmal an der Verwundung oder Trunkenheit des Dompteurs, dann am Husten des Jongleurs, an der fallenden Haube des Spaßmachers, an Caribaldis eigenen Rückenschmerzen, an seiner Fingerschwäche, die ihn nicht einmal dazu kommen läßt, den Bogen mit Kolophonium einzustreichen, geschweige denn ihn, außer zu probeweisen Strichen, auch zu gebrauchen. Statt daß er je zur Sache käme, erschöpft er sich, wie Konrad, im Kampf gegen die Hindernisse: «Die Störungen / abschaffen / die Organismusgebrechen / Das ganze Leben / bin ich damit beschäftigt» (106 f.).

Die dritte Szene, die Probe, führt drastisch vor, wie der Anlauf zur Kunst in einem erbärmlichen Kunststück sich festfährt, der Versuch zur Konzentration (auf das Quintett) in der lächerlichen Obsession durch die Haube des Spaßmachers, und zwar so vollständig, daß das Finale der Szene die Überschrift trägt «Über die Haube». Welt und Existenz ziehen sich zusammen auf die Obsession (Ersatzobsession) durch diese Haube (Obsession, die insofern vergleichbar ist derjenigen des Erzählers in der Prosa DIE MÜTZE), wogegen im vollendet gespielten Quintett alles (das Ganze) *konzentriert* wäre. Und in dem Maße, wie das Denken so in sich selber sich einmauert, eingezwängt wird, wächst rundherum das Chaos, die Kakophonie, durch nervöses Zupfen und Streichen aller auf ihren verstimmten Instrumenten, kulminierend im Auftritt des betrunkenen Dompteurs, des «Zersetzers» und «Kunstzertrümmerers» (140), der mit dem einbandagierten Arm auf das Klavier einschlägt. Da man sich jede Probe in dieser Weise vorzustellen hat, ist der «Skandal», den die Königin, die im Unterschied zu Caribaldi bis dahin die «Umstände und Zustände» beherrscht, auf dem «Höhepunkt» erst auslöst, ein permanenter: Gewohnheit.

Wie die Kakophonie der Probe so weit als nur möglich entfernt ist von der Harmonie, so sind die Beziehungen der Artisten untereinander denkbar weit davon entfernt, «brauchbare» zu sein. Es herrscht eine unerbittliche Hackordnung, an deren Spitze der Direktor steht, ihm zunächst der Jongleur. Es folgen der Dompteur und der Spaßmacher, wobei jener diesen dominiert, ihm Rettichscheiben und Wurststücke zuwirft, als wäre er eines seiner Tiere. Zuunterst in der Skala steht die vollkommen verschüchterte Enkelin, die sogar vom Spaßmacher sich kommandieren lassen muß (96). Caribaldis Herrschaft, von der die Machtverhältnisse unter den Artisten Abzweigungen sind, legitimiert sich als die zum Erreichen des hohen Ziels erforderliche Disziplin. Doch das Mittel ist zum Zweck geworden und der ursprüngliche Zweck zum Mittel: der allgemeinen Entwicklung gemäß, indem die materielle Reproduktion der Existenz Selbstzweck wurde und umgekehrt, was sie transzendierte (einstmals Legitimation gesellschaftlich verordneter Disziplin), als zu Ware der Freizeitindustrie verramscht, vollends in ihren Dienst genommen wurde. Das Quintett, die Kunst, ist für Caribaldi das Mittel, seine Macht zu behaupten, und also ausgehöhlt zu Ideologie. So sehr hat alles in sein Gegenteil sich verkehrt, daß er das «Organ» zur Wahrnehmung der Harmonie bzw. Instrument zu ihrer Verwirklichung als Waffe zur Bewahrung der festgefahrenen Verhältnisse mißbraucht: Striche auf dem Cello, deren Sinn es wäre, die «Luft»-Verhältnisse zu hören, benutzt er im ersten Teil dazu, den Jongleur zu überhören, setzt sie dessen Argumenten in ähnlicher Weise als *ceterum censeo* entgegen wie die sterotype Formel «Morgen Augsburg». Das Hören ist leere Geste von dem, was einmal damit gemeint war, obzwar auf komische Weise heroisch, wenn Caribaldi während des Spektakels mit der Haube noch fordert, es sei der größte Wert auf die Temperaturschwankungen zu legen (114); eher reagiert sein Rheumatismus auf Veränderungen der Luft-Zustände als mittels der Celli sein Gehör. Deren nach Tageszeiten und Himmelsgegenden unterschiedliche Tauglichkeit ist zum Anlaß geworden, den Jongleur zu sekkieren (35) und die Enkelin zu demütigen (73). Sodann läßt er seine Untergebenen das absichtlich ausgelassene Kolophonium apportieren, um dadurch in kritischen Augenblicken die Machtverhältnisse klarzustellen, und den Cellobogen benutzt er dazu, die Übungen zu taktieren, die sein Sadismus der Enkelin verordnet hat.

Die Mißbräuche sollten aber nicht so verstanden werden, als würde Caribaldi den ursprünglichen Zweck seiner Machtentfaltung nur hinterlistigerweise vorschützen, obschon faktisch sein Verhalten, wenn dem so wäre, das selbe bliebe. Es sind die «Umstände und Zustände», welche die Pervertierung seines Verhaltens erzwungen haben, unter der er ebenso leidet wie seine Umgebung. Jongleur: «Aber natürlich leiden Sie auch / und zwar in dieser Ihnen eigenen / größenwahnsinnigen Vorgangsweise / an Ihrer eigenen Rücksichtslosigkeit / Herr Caribaldi» (33). Im ersten Fall wäre Caribaldi das Portrait eines bösartigen Kauzes, durch Dämonisierung verharmlosende Karikatur des Ausbeuters und Despoten, im zweiten Fall ist er eine exemplarische Figur, und wer über ihn lacht, belustigt sich auf eigene Kosten. Er ist ein gründlich gescheiterter Mensch, von seinen Zielen und Idealen ist nichts übrig geblieben als der verbissene Wille, der sich verselbständigt hat und zur Gewohnheit wurde. Statt nach Archangelsk zwingt er sich und seine Truppe, mit einer Willensanstrengung als wäre das Ziel Archangelsk, nach Augsburg, wo es «kalt» ist (111), windig und staubig (10). «Augsburg» ist eine Drohung, die über allen hängt, die aber Caribaldi sich zu eigen macht zur Einschüchterung seiner Untergebenen. Andererseits klammern ausgerechnet an Augsburg sich eine Reihe von Hoffnungen bezüglich der Abschaffung von «Störungen», Hoffnungen, die sicher ebenso enttäuscht werden — oder es treten neue Störungen auf — wie es seit 22 Jahren nicht möglich war, an weniger schlimmen Orten, die «Störungen» abzuschaffen, zur Sache zu kommen. Eine zweite Schachtel Kolophonium soll gekauft werden (14), Malz gegen den Husten des Jongleurs (125), ein geeigneter Stoff für die Haube des Spaßmachers, damit sie ihm während der Proben nicht mehr herunterfalle (117), der Neffe soll zum Arzt (40), das Klavier soll gestimmt werden.

In der Formel «Morgen Augsburg», «morgen in Augsburg», die als Refrain durch das Stück läuft, erscheinen, von den mannigfachen Bedeutungen abgesehen, die sie in verschiedenen Situationen annimmt, Verheißung und Vertröstung als absurd; die Zukunft, auf die sie durch die grammatische Form verweist, gibt es nicht — es sei denn als Verschlimmerung. In ihrer stereotypen Wiederholung ist sie so etwas wie ein kategorischer Imperativ (Ermahnung zur Pflicht), an dem alle Fragen nach Warum und Wozu abprallen: der Jongleur, der die Frage zu stellen wagt (10), rührt an die Grundlage von Caribaldis Existenz ... Formel der nur noch gewohnheitsmäßigen, sinnlos gewordenen Anstrengung des Willens (dessen Freiheit schon bei Kant darin besteht, das Verordnete zu wollen), Formel der zur Gewohnheit gewordenen Existenz, die ihr Bestehen darin hat, Fragen zu vernichten (144 f.). Als solchermaßen sinnlose ist Existenz komisch: Als einziges Stück hat Bernhard DIE MACHT DER GEWOHNHEIT ausdrücklich als Komödie deklariert.

Caribaldis Verhalten ist nicht an einem wie immer zu bestimmenden Normalzustand gemessen komisch, sondern an einem von vornherein utopischen. Er ist im Gegenteil eine normale Figur insofern, als er gescheitert ist und gewohnheitsmäßig, einer leerlaufenden Maschine gleich, weiterexistiert; vom normalen Stumpfsinn aber unterscheidet ihn seine Ambition, welche die Folge davon ist, daß er von erfülltem Leben, von Schönheit und Vollkommenheit, wenigstens noch zu träumen imstande ist und also unter dem täglichen Leerlauf *leidet,* dem er nicht entrinnen kann, den er im Gegenteil durch seine Versuche, ihm zu entrinnen, in Gang hält. Auf ihn trifft also die Bemerkung des Fürsten zu: «Das komische oder das lustige Element an den Menschen kommt in ihrer Qual am anschaulichsten zum Vorschein, wie das der Qual in ihren komischen, lustigen usf.» (V 204). Das heißt, daß Tragödie und Komödie, Lustspiel und Trauerspiel vertauschbare Begriffe sind: «Man kann in Verzweiflung, sage ich, gleich, wo man ist, gleich, wo man sich aufhalten muß in dieser Welt, von einem Augenblick auf den andern aus der Tragödie (in der man ist) in das Lustspiel eintreten (in dem man ist), umgekehrt jederzeit aus dem Lustspiel (in dem man ist) in die Tragödie (in der man ist).» (W 87) Bernhards eigener Komödien-Begriff also schließt ein, daß man des Lachens nicht froh werde, daß es quälend sei wie die Qual lächerlich, daß es immer auf dem Punkt ist zu gefrieren. Das Lachen über Caribaldi wird aber schwerlich dieser Art sein, vielmehr dem Lachen vernünftig sich wähnender Normalität bedenklich nahekommen, indem doch sein Scheitern nicht ernst genommen ist, seine Ideale, die ja identisch sind mit dem in diesem Stück an Effekte veräußerten utopischen Grund von Bernhards Werk, letztenendes doch nicht anders denn als lächerliche Einbildungen eines Kauzes in Erscheinung treten. Dagegen ist der pervertierte Rest seines Strebens, die sinnlose, zur Gewohnheit gewordene Machtentfaltung, das Verfügen über das Personal als über «Instrumente» (29), sehr lustbetont reproduziert. — In allen Stücken zwar geht Bernhard mit seinen Figuren um wie Caribaldi mit seinen Artisten (bzw. eine Hauptfigur — Gute, Doktor, Schriftsteller — mit den übrigen) und reproduziert dadurch die verfügende Gewalt der ‹konzertierten Gesellschaft›. Immer ist aber solches Vorgehen Moment eines Formgefüge, das im ganzen den Zuschauer oder Leser eher abstößt als zu lustvoller Teilnahme auffordert. Caribaldis Despotismus (und Sadismus) läßt eine solche jedoch zu, wie denn eine Distanzierung im Komischen partielle Identifikation nicht ausschließt, in diesem speziellen Fall sogar erleichtert, da man sich, weil es doch nicht ernst gemeint ist, weniger zu genieren braucht. Ebenso lustbetont ist die Gewohnheit als Unterhaltungsmechanismus reproduziert; die «Widerstände», die Bernhard sonst im Theater anzutreffen verlangt und die seine Stücke (auch den PRÄSIDENTEN wieder) zu einer Herausforderung des Publikums machen, sind kaum vorhanden oder werden glatt überspielt von einer selbstgenügsamen Virtuosität, die das Stück insgesamt als perfekten Unterhaltungsmechanismus konsumierbar macht.

Der Präsident

Auf den Präsidenten ist von «Anarchisten» ein Attentat verübt worden, beinahe täglich fällt eine hochgestellte Person aus Wirtschaft und Politik (Bernhard setzte die Namen österreichischer Politiker und Funktionäre ein) einem Attentat zum Opfer. Statt des Präsidenten wurde der Oberst, sein Adjudant, getroffen, und der Schoßhund der Präsidentin, ihr Liebling und «Ratgeber», erlitt, durch den Schock, einen Herzschlag. In der ersten Szene sekkiert die Präsidentin, ähnlich wie die Gute Johanna, ihre Frau Frölich, spricht in den Spiegel hinein, in den leeren Hundekorb und zum Präisdenten, der nebenan im Bad sitzt und vom Masseur sich Witze erzählen läßt. Die zweite Szene ist die direkte Fortsetzung: Der Präsident kommt aus dem Bad, und auch er, wie zuvor schon die Präsidentin, wird jetzt eingekleidet, zum Staatsbegräbnis des Obersten, zu dem am Ende beide aufbrechen. Man hat aus den Monologen unterdes erfahren, daß der Sohn des Präsidentenpaares zu den «Anarchisten» gegangen und möglicherweise der Attentäter ist ... daß die Präsidentin sich einen Kaplan, den sie fortwährend zitiert, als «Geistesliebhaber» und einen Fleischhauer als «Körperliebhaber» hält, der Präsident dagegen sich eine Schauspielerin, mit der er in Portugal seinen Erholungsurlaub verbringt. Im Hotel Inglaterra in Estoril (3. Szene) feiern beide sich als die Größten in ihrem Fach («Duse» bzw «Diktator») und schütten sich Sekt ins Gesicht. In der vierten Szene monologisiert der Präsident gegen portugiesische Offiziere und Diplomaten, legt ihnen seine familiären Verhältnisse und die Grundsätze seiner Politik dar, während nebenan die Schauspielerin sein Vermögen im Roulette verspielt. Die letzte, sehr kurze Szene, quasi ein Epilog, zeigt die Aufbahrung des Präsidenten, den Durchzug des Trauerkondukts. —

Der Präsident ist Bernhards erstes Stück, dessen vordergründige Thematik politische Vorgänge sind; in Jagdgesellschaft spielte explizit Politisches noch am Rande. Dennoch ist es kein «Anarchistenstück» und um nichts mehr «politisch» als die früheren Stücke oder die Prosa: es kehren darin die vertrauten Konstellationen, Handlungsmuster und Motive wieder. Bernhard benutzt, nicht erst im Präsidenten, politisches Vokabular (unter anderm) zur Darstellung von Zuständen des Bewußtseins («Ein

Gehirn ist ein Staatsgebilde. Plötzlich herrscht Anarchie» (F 15)). Diese sind freilich wiederum gesellschaftlich vermittelt, so daß im besondern Fall eine doppelte Transposition erforderlich ist: von politischer Metaphorik auf Bewußtsein, das heißt auf Denk*formen*, und diese erst sind zu begreifen als Reflex der gesellschaftlichen Wirklichkeit im umfassenden Sinn der von Lenau so genannten «Geisteswitterung» des Zeitalters. Der direkte Schluß, dem geraden Weg thematisch gebundener Aussage folgend, wäre nichts als ein Kurzschluß, der sich, liest man genau, als solcher bald zu erkennen gibt. So wird beispielsweise die bevorstehende Vernichtung des Staates bzw. seiner Machthaber in Analogie gesetzt zum individuellen Altersprozeß der Präsidentin (19), beides wiederum zum grauen, düsteren Wetter (24), alles zusammen begriffen als Naturvorgang: «Und bald sterben sie zu Hunderten / sagt der Kaplan / die weltlichen / und die kirchlichen Würdenträger / Weil die Natur ihr Recht fordert / Erntezeit / sagt der Kaplan / Erntezeit» (101 f.). Jeder Bereich ist in den andern metaphorisch transponierbar: Geist, Natur, Geschichte (individuelle wie allgemeine). Die Analogien relativieren sich wechselseitig und entziehen dem Denken jeden festen Halt, den es in diskursiver Rede findet. Sie tragen bei zur «konsequenten Auflösung aller Begriffe» (Büchnerpreis-Rede), die Bernhard erklärtermaßen mit seinen Dichtungen betreibt — ein «anarchistisches» Programm (Artraud spricht vom «Geist krasser Anarchie, der aller Poesie zugrundeliegt»[26]) —, und lenken so die Aufmerksamkeit auf den *Prozeß* eines in unauflöslichen Widersprüchen befangenen Denkens, auf seine vor allem besonderen Inhalt konstante Struktur. Sich mitteilen sei möglich allein noch durch das «totale Geistesprodukt», das heißt durch ein geschlossenes, durchreflektiertes (durchgeformtes) System wechselweise und in Relation zur «Totalität» sich bestimmender Bedeutungen; das gemeinsprachliche Material erscheint darin als Zitat oder aufgehoben im Gleichnis. Solche Hermetik reagiert darauf, daß das System gemeinsprachlicher Bedeutungen nurmehr ein Surrogat von Wirklichkeit (Ideologie) darstellt, daß die Wörter die Welt ganz einfach abschließen, uns abschließen, jeden vom andern, von sich selber und von der Welt (A 83)[27]. Der Prozeß der Auflösung, an dessen Ende das Chaos stünde (wofür Bernhard, politisch unspezifisch, auch das Wort «Anarchie» gebraucht), ist demnach ein Akt der Notwehr gegen das Ersticken. Andererseits selber zwanghaft, indem dadurch lediglich subjektiv vollstreckt wird, was objektiv bereits geschehen ist: die Zerstörung der Sprache und also die Zerstörung des Menschen als geistiger Existenz. Insofern ist der Prozeß der Auflösung, ist «Anarchie» auch begriffen als Krankheit zum Tode, als Wahnsinn oder Verbrechen.

«Ordnung», generell, als gesellschaftliche, sprachliche, ist die Voraussetzung menschenmöglicher Existenz. Alle Zerstörung geschieht vor dem wenn auch immer mehr entschwindenden Hintergrund jener utopischen Ordnung, die am deutlichsten Strauch beschrieben hat (F 193 f.); sie ist auch Folie des jetzt verstörten und verstörenden Denkens in Analogien, das ursprünglich Ausdruck universaler Harmonie war: freier Vermittlung des Besonderen mit dem Allgemeinen, also der Einzelexistenz mit dem gesellschaftlich Allgemeinen — Kennzeichnung einer freien Gesellschaft. Sie ist gemeint (artikuliert als «Hierarchie») im ursprünglichen Zustand der allegorischen Großgrundbesitze Hochgobernitz, Ungenach, Stilfs, auch im Großwaldbesitz des Generals; sie scheint auf in der unerreichbaren Utopie des Forellenquintetts und im Weihnachtsspiel aus JAGDGESELLSCHAFT, dessen bereits völlig sinnentleerte Entsprechung das vom Kaplan nach einer Skizze des Erzbischofs verfaßte Weihnachtsspiel in DER PRÄSIDENT ist. Sie ist objektiv zerstört oder in Zerstörung begriffen: an die Zustände in Hochgobernitz, Ungenach, Stilfs ist zu erinnern, an den Borkenkäfer im Wald des Generals. Alle diese Verwüstungen haben wir begriffen einerseits als solche des Denkens (des Kopfes), andererseits als politische. Mit dem Überhandnehmen des Ungeziefers in Stilfs, Hochgobernitz, im Wald des Generals etc. sei auch dasjenige von «Demokratismus, Sozialismus, Kommunismus» (U 19) gemeint, der «politische Massenwahnsinn» (156), die «in die Milliarden gehende Dummheit», die alles vernichte, was nicht eben so dumm sei wie sie (U 27). Unter anderm hat die «Anarchie» bzw. die «Revolution» auch diesen Stellenwert. Die Formulierung der Präsidentin etwa (während sie zum Fenster blickt): «Hinunterschauen und Angst haben» (86), erinnert an die Blicke des Fürsten von Hochgobernitz hinunter (aber auch ans Hinunterschauen der Präsidentin ins offene Grab)[28], und den Verwüstungen, die Hochwasser und Muren dort angerichtet haben (bezüglich des Grabes: der Tod), entsprechen vom Präsidentenpalais aus «unten» diejenigen durch die marschierenden Massen (45) bzw. durch die «Anarchisten». Bald gebe es keinen «klaren und außerordentlichen Kopf» mehr (58), seien

«alle guten und klaren Köpfe» umgebracht (85), sagt der Kaplan.
— Andererseits: «Ist der Kopf ein klarer Kopf / ist er ein anarchistischer Kopf» (97).
Die widersprüchlichen Äußerungen des Kaplans geben Bernhards ambivalente Haltung zu «Ordnung» bzw. «Anarchie» wieder. Der Kaplan (Beobachter wie der Schriftsteller, mit dem er seiner Funktion nach weitgehend übereinstimmt, also die Figur ist, in der direkt der Autor sich versteckt) ist sich im klaren darüber, daß die «Anarchisten» die geschichtliche Wahrheit auf ihrer Seite haben: Sie sollten nur abwarten, untätig zusehen, sagt die Präsidentin, offensichtlich den Kaplan zitierend, «weil die die sie umbringen wollen von selbst absterben» (107). (Mit dem gleichen Argument hat die Generalin, wissend um die Krankheit ihres Mannes bzw. des Waldes, also um die unvermeidliche Zerstörung der «Ordnung», die der General vertritt, die Minister aufgefordert, den Rücktritt des Generals abzuwarten, statt ihn dazu zu zwingen.) Doch der Kaplan sieht auch, daß die (unvermeidliche) Entwicklung, welche die «Anarchisten» in ihren Willen aufgenommen haben, das Ende dessen bedeutet, was in UNGENACH als Menschlichkeit, Kultur und bessere Herrschaftlichkeit bezeichnet ist (U 78). Es ist also nicht allein Opportunismus, daß er am Hof der Mächtigen sich aufhält und an ihrer Tafel speist, vielmehr drückt sich darin sein Wissen aus, daß die Werte, die verloren gehen und auf die seine eigene Existenz gestellt ist, nicht zu ersetzen sind. Seine obschon gebrochene Sympathie für die «Ordnung» ist diejenige Bernhards, die als Sympathie zum Präsidentenpaar durch die schonungslose Zeichnung hindurch spürbar bleibt. Als «alles sezierender Kopf» (63) — ein Kopf also wie derjenige des Doktors, des Wahnsinnigen —, als «Abtrünniger» (42, 63) — so bezeichnet auch der Fürst seinen Sohn, der mit den Schriften von Anarchisten und radikalen Sozialisten sich befaßt und von dem er erwartet, daß er Hochgobernitz vernichten werde — steht der Kaplan aber zwangsläufig den «Anarchisten» nahe, hat er für sie Verständnis. Zwar bezeichnet er sie als Verrückte (74) und fordert, kurzen Prozeß mit ihnen zu machen (76), bestimmt aber wiederum Verrücktheit (welche Bedeutung die Vokabel durchgehend bei Bernhard hat) als «ausweglose Situation im Kopf» (74) — Ausweglosigkeit, die unmißverständlich nicht eine der besonderen individuellen Geschichte oder Veranlagung ist, sondern Reflex der politischen Situation. Die widersprüchliche Haltung des Kaplans zu

«Ordnung» bzw. «Anarchie» ist vorgebildet in derjenigen Strauchs und des Fürsten. Der Maler hasse den Zufall, der tödlich sei, er beklagt die Auflösung aller «Anhaltspunkte» (F 128), hat in Weng, das er verabscheut, den «Geruch der Auflösung aller Vorstellungen und Gesetze» (F 44) usw., bekundet andererseits «Abscheu gegen den Staat, gegen die Polizei, gegen die Ordnung» (F 257). Ebenso ist der Fürst von Ordentlichkeit, «der Ordnung überhaupt» (im Text kursiv) abgestoßen (V 110), aber daß alles in Unordnung sei auf Hochgobernitz, ist gleichbedeutend mit Verfinsterung (V 196). Der Fürst und der Maler beklagen die Auflösung einer lebendigen (der utopischen) Ordnung und hassen die tatsächliche, die geistlose, bürokratische der «Vorteilsmenschen» vom Schlage der Moser und Henzig (denen auch die Minister (Jg) zuzuzählen sind), die angemaßte, willkürliche des «morschen Staates» (V 116). Diese ist nichts als die Verschleierung der vollendeten Zerstörung, um so mehr Willkürherrschaft, je weiter die innere Zerstörung fortgeschritten ist, und die «Anarchisten» fördern darum nur die Wahrheit dieser Zerstörung zutage; sie zerstören nicht eine Ordnung, sondern deren Schein. Nur dadurch, daß aus der angemaßten, sinn- und geistlosen Ordnung das Chaos entbunden wird, das sie in Wahrheit ist (was bezüglich der Demokratie, die in Anarchie oder Mehrheitsterror terminiere, schon Tocqueville konstatierte), bleibt wenigstens die Idee einer lebendigen, menschenmöglichen Ordnung bewahrt: «Aber die Ordnung ist, wo die Unordnung ist» (V 172).

Die Ordnung, die keine ist, herrsche in den unteren Gemächern der Burg, die Unordnung, Voraussetzung wirklicher Ordnung, in den oberen, denjenigen des Fürsten, also im Bereich des Kopfes. Der paradoxe Satz (V 172) kann also auch als pointierte Formel für den dialektischen Prozeß des Denkens verstanden werden. «Ich arbeite mit meinen Begriffen, die ich dem Chaotischen abgehandelt habe (an das «infusorische Chaos» Jean Pauls ist zu denken), ganz aus mir», sagt Strauch (F 66). Der Erzähler in WATTEN: «Ich habe meine eigene Polizei, meine eigene Anarchie, sagen die außerordentlichen Menschen mit Recht und werden verhöhnt. Ich verhandle tagtäglich gegen mich, sagen sie. Mache mir meine eigenen Gesetze. Tatsächlich herrscht in meinem Kopf niemals Gesetzlosigkeit, sagen sie.» (W 86) Die «außerordentlichen Menschen», von denen er spricht, gehören keiner Partei an: der «Ordnung» sind sie (als außerordentliche) suspekt als

«Anarchisten», den «Revolutionären» als Komplizen der Ordnung»; es sind in erster Linie die kritisch reflektierenden («wissenschaftlichen») Köpfe, die Beobachter, unter andern also der Kaplan. Man sollte meinen, daß auf sie zutreffe, was der Präsident (mit einem unklaren und suspekten «wir») von sich sagt, um sich dadurch abzugrenzen von seinem Sohn: daß sie «alles nach und nach in den eigenen schmerzhaften Kopf genommen haben» (161). Die Äußerung ist allerdings Teil der penetranten, ärgerlichen oder doch ärgerlich mißverständlichen Schluß-Suada des Präsidenten, die sich im Tenor so anhört wie der in den Straßendiskussionen auf dem Berliner Ku-Damm, in den späten sechziger Jahren, von Seiten der angesprochenen Bürger zu vernnehmende Refrain: Wir haben uns hochgearbeitet und wollen das Erreichte nicht preisgeben, was habt Ihr getan?! Nimmt man die Suada beim Wort, muß man im Präsidenten ganz simpel den Vertreter der bestehenden «Ordnung» sehen, der dazu auffordert, mit ihr sich zu identifizieren, ihr Deformierendes, ihre Gewalt, zu verinnerlichen. Dem widerspricht aber seine sonstige komplexe Anlage, es widerspricht dem beispielsweise die in derselben Suada zu findende Einsicht, daß der Sohn, *weil* er exakte Kenntnisse seiner Eltern habe, prädestiniert sei, sie umzubringen. Die Suada ist also keinesfalls als Moral von der Geschichte zu lesen bzw. zu spielen — so etwas wäre auch vollkommen unvereinbar mit allem was Bernhard geschrieben hat, ein unvorstellbarer Absturz des Niveaus —, sondern als Manifestation eines Wahns: die politische Realität bestimmenden Wahns, der als Wahn dadurch kenntlich ist, daß das auf seine, dem «anarchistischen» entgegengesetzte Weise selbstmörderische Denken dieses Präsidenten ihn produziert bzw. reproduziert. Damit ist zwar die Peinlichkeit beseitigt, aber es bleibt die Inkohärenz in der Figur des Präsidenten. Zum einen soll er — im Rahmen der Fiktion des Stücks — Vertreter der «Ordnung», Gegenspieler der «Anarchisten» sein, zum andern ist er Verkörperung einer Denkform, die gegen die «Ordnung», das Vorgegebene, sich zur Wehr setzt. Beides geht so wenig ineinander auf wie der metaphorische und der politische (also aus der Fiktion zu erklärende) Stellenwert der «Anarchisten». Sowie man aber das «Politische» des Stücks als Parabel begreift von Vorgängen des Bewußtseins (das Staatsgebilde als Kopf), stellen Präsident und Sohn Extreme dar, die sich berühren — wie der Fürst sagt, daß «streng genommen» die

Methoden, mit welchen sein Sohn von ihm sich entferne, seine eigenen seien (V 172). Beider Denken (des Fürsten und des Sohns, des Präsidenten und des Sohns), steht in radikaler Opposition zur Ordnung der Begriffe, die keine mehr sind, in Opposition also zum Schwachsinn, in der Weise, wie der Erzähler in WATTEN sein Denken («Kopfschmerz») als Geisteskrankheit bezeichnet, die das Gegenteil von Schwachsinn sei (W 76). In den gegensätzlichen Positionen von Vater und Sohn kehrt die Dialektik im Vorgehen des eingeschlossenen Denkens gegen seine Vorstellungen wieder: einerseits Auflösung, andererseits (ich erinnere an die Unterordnung von Satzgebilden unter die Verben denken und sagen) Reproduktion der Willkürherrschaft der begrifflosen Sprache, gegen die es seine Autonomie zu behaupten sucht. Durch konsequent zuendegeführte Auflösung aller Begriffe würde Denken sich selber abschaffen, der Vorgang ist selbstmörderisch. Die Herrschaft über die Vorstellungen aber bedeutet in Konsequenz Solipsismus, und Einbilden ist, wie der Fürst sagt, tödlich (V 197). In der aktiv betriebenen Auflösung ist immer das Moment von Herrschaft gegenwärtig (kämpfen die «Anarchisten» auch um politische Macht) und in der Herrschaft das Moment von Auflösung: der Präsident ist in seiner schrankenlosen, diktatorischen Willkür (vergleichbar Handkes Quitt) eine ebenso destruktive Figur wie die «Anarchisten», auch selbstzerstörerisch (Todeswunsch, der darin zum Ausdruck kommt, daß er von den Gängen zum Grab des Unbekannten Soldaten sich nicht abbringen läßt).

Der Präsident ist somit eine ins Groteske gesteigerte Variation der von sich selber beherrschten Herrscherfiguren, unter denen die Welt auseinanderbricht; *weil* die lebendige Ordnung zerstört ist, gebieten sie in ihren isolierten Köpfen über eine eingebildete, das heißt eine theatralische Welt. Seine Rolle im Staat ist vergleichbar derjenigen der Guten auf dem Maskenball (wo übrigens der Zerfall, als welcher das maskenhafte Erstarren immer auch zu begreifen ist, dadurch bedeutet wird, daß die Musik falsch spielt und kein Mensch mehr tanzen kann): allein unter Gespenstern, selber «eine Darstellung unter lauter Darstellungen» (FB 41), Marionette des Todes, und also Verhaltenszwängen, Wiederholungszwängen unterworfen. Dadurch aber, daß er, was ihn beherrscht, seiner Willkür unterwirft (alles Unwillkürliche, wie Caribaldi fordert (MG 44), in ein Willkürliches verwandelt), ist er Künstler, wesensverwandt mit der Schauspielerin.

Deutlich ist auch die Analogie zwischen Präsident und Königin der Nacht. Was dieser die Oper, ist ihm die Politik, der Staat — überdies vergleicht er die Welt, das Leben, mit der großen Oper (157); wie sie auf dem «Misthaufen», der die Kultur sei, gedeihe (IW 85), im «Narrenhaus der Oper», gegen deren «ungeheure Schlamperei» sich durchgesetzt habe (IW 34), durch «Rücksichtslosigkeit vor allem gegen sich selbst» (IW 35), so hat er gegen die Welt, die ein «Sauhaufen» sei (139), sich durchgesetzt, vor allem durch «Rücksichtslosigkeit gegen sich selbst» (118), ist durch den «politischen Unrat» gegangen wie sie (und die Schauspielerin) durch den «künstlerischen Unrat» (121). Wie für die Sängerin ist für ihn die «Geistesrücksichtslosigkeit» ein «tödlicher Prozeß» (IW 84), indem sie in seinem Solipsismus, in der Höhenluft angestrengtester Isolation ihn ersticken läßt: Wie sie auf dem Höhepunkt ihrer Kunst, ist er auf dem Höhepunkt seiner politischen Laufbahn Opfer der eigenen Disziplin (IW 81), wie sie beherrscht von Todesangst, die so groß ist wie «der Wunsch tot zu sein» (IW 84). Wie um die Königin herum alles zerfällt und sich verschlimmert (IW 86), in der Oper das Chaos herrsche (IW 26), so zerfällt alles um den Präsidenten herum und herrscht das Chaos im Staat («Anarchie»), und wie sie geschützt werden muß vor der Menschenmenge (IW 82), vor der «schmutzigen Öffentlichkeit» (IW 97), dem Publikum, ihrem ‹Volk›, so er vor den Massen, vor dem «Volksgesindel», vor den «Anarchisten». Und schließlich ist die Bedeutung des Hustens des Präsidenten und diejenige des Hustensafts, den Präsident und Präsidentin brauchen, überhaupt erst erkennbar, wenn man an den Husten der Königin denkt, der den Verlust ihrer Stimme, und da sie nichts anderes mehr als Stimme ist, die Auflösung ihrer Existenz bedeutet. Die Präsidentin nimmt den Hustensaft in der Meinung, daß er ihr das Erlernen ihrer Rolle erleichtere (70) — was zum geringsten eine Frage der Stimme ist, vielmehr des Kopfs; sie nimmt den Saft gegen die Angst, daß sie plötzlich kein Wort mehr weiß (86), nicht mehr imstande ist, ihre Rolle zu spielen: auf der Guckkastenbühne, entsprechend der Präsident (der von den vielen Leichenreden heiser sei (105)): auf der Opernbühne der großen Politik, beide: auf der Bühne, die die Welt ist, im Theater, das die Existenz ist. —
Der Künstler, wie ihn Bernhard versteht, ist ein Tyrann (in komischer Weise verkörpert in Caribaldi), ein Tyrann im Reich seiner Vorstellungen, und, indem er zugleich von ihnen besessen

ist, ein Tyrann gegen die Welt. Dem entspricht des Präsidenten befremdliche Apologie des «Talents», der Rücksichtslosigkeit des Talents. Sie ist in Wahrheit die Beschreibung einer «Todeskrankheit», die, wie Strauch sagt, den von ihr Befallenen vormache, «sie seien eine Welt für sich» (F 193); er bestimmt sie als «ein Vorgehen des inneren Egoismus von innen» (F 193). Unmittelbar danach, ohne Absatz, folgt die Schilderung der in extenso zitierten Utopie schöner Herrschaftlichkeit, der «brauchbaren Beziehungen», offensichtlich als Kontrast zur weltlosen Willkürherrschaft des eingeschlossenen Denkens, die zugleich Obsession ist, also «Todeskrankheit» in der unter anderm aus BORIS bekannten Bedeutung. Des Präsidenten Bramarbasieren (z. B. 125 f.) erinnert nicht zufällig an Hebbels Holofernes: beider Solipsismus hat seine historischen Wurzeln in idealistischer Erkenntnistheorie bzw. im Verhalten des bürgerlichen Wirtschaftssubjekts. — Die Rücksichtslosigkeit, mit der das Talent vorwärtsschreite («gehen und gehen und gehen mein Kind» (121)), variiert das Modell des Ortler-Aufstiegs, der auch als Gleichnis des ‹Weges› des Künstlers gemeint ist: immer rücksichtsloser mauert dabei das Denken sich in sich selber ein, liefert seiner «tödlichen Konsequenz» sich aus. Die Flucht nach vorn führt in die Kälte und Finsternis, welche die Schauspielerin, aus dem «kalten, finsteren Gebirgsdorf» stammend (115), verlassen habe; sie bedeutet, wie die Flucht der Brüder auf den Ortler, «sich der Kindheit als Todesursache ausliefern.»

Der jetzige Zustand («Ordnung») ist als Resultat der Überlieferung begriffen. Das ist mit der Bemerkung des Präsidenten gemeint, das Volk müsse von der Geschichte abgelenkt werden, damit es keine Beweise in die Hände bekomme (159), und es ist dadurch bedeutet, daß der Präsidentensohn, besonders tüchtig in seinem Fach (45), die Archäologie studierte. Er hat also die Tradition durchforscht, hat das «Verschüttete» (72), die «Krankheitserreger» (72) freigelegt — «Ausgrabungen / Jahrtausendealte Gegenstände / Kunstwerke / Skelette» (15) — und dadurch Beweise in die Hände bekommen. — Die Formulierungen (72) gebraucht die Präsidentin im Zusammenhang mit der Massage (Präsident und Präsidentin lassen sich massieren), die demnach als Therapie gegen «Krankheit» gedacht ist, und die Formulierung aus dem Bereich der Archäologie besagt, daß die «Krankheit» darin besteht, daß beider Bewußtsein angefüllt ist mit Tradition. Von innen nach außen massieren, fordert die Präsidentin: aus dem Körper hinaus, aus dem Kopf hinaus. Von dieser «Krankheit» aber gibt es keine Befreiung, es sei denn, es würde der ganze Kopf wegmassiert (in diesem Zusammenhang auch ist das bei Bernhard mehrfach anzutreffende Motiv der abnehmbaren Köpfe zu sehen: FB 106, F 200, V 222 f.). Die Massage ist also eine der vielen Ersatzhandlungen — die regelmäßige Massage gehöre zu den «Ablenkungen» des Präsidenten (50) —, durch die beide ihre Angst zu beschwichtigen suchen: nicht Heilmittel, sondern Krankheitssymptom. Nur die Vernichtung kann den kranken Körper ‹heilen›. Der Sohn hat die Konsequenz gezogen (was immer heißt: selbstmörderische Konsequenz): *Weil* er seine «Ausgrabungen» gemacht hat, geht er zu den «Anarchisten», *weil* er «exakte Kenntnisse» seiner Eltern (seiner «Herkunft») hat, ist er prädestiniert, sie umzubringen (160), und ist er — selber Produkt der Tradition und ihre Konsequenzen vollstreckend auch in der Auflehnung gegen sie («prädestiniert») — einer, der sich selbst vernichte (161).

Die Präsidentin *träumte,* der Sohn werde den Vater umbringen, wie der Fürst träumte, sein Sohn werde Hochgobernitz zerstükkeln, «nach dem Selbstmord des Vaters» (V 143). In der angstvollen Erwartung, die im Traum Gestalt annimmt (Beweise, daß der Sohn unter den Attentätern sei, gibt es in der Tat keine), bekundet sich das ‹Wissen› der Präsidentin, daß ihre Welt sich überlebt hat und zugrundegehen *muß,* und möglicherweise hat sie wenigstens eine Ahnung davon, daß der Untergang Sühne ist für das Unrecht der «Jahrtausende», daß die Söhne, die ihre «Eltern» vernichten, so etwas wie ein Gerichtsurteil vollstrecken. Ein diesbezüglicher Hinweis könnte sein, daß die Anschläge auf den Präsidenten auf dem Weg zum Grab des Unbekannten Soldaten erfolgen, wohin es ihn regelmäßig zieht (und es wäre dann auch an die Obsession des Generals durch die Erinnerung an Stalingrad zu denken). Von Sühne spricht die Präsidentin (82 f.) hinsichtlich der Verbrechen der «Anarchisten» (aus der Grabrede für den Obersten lesend), zitiert aber gleich den Kaplan, es müsse gesühnt werden, sei eine «ganz und gar dumme Formulierung» (83). Daß der Begriff der Sühne, wie auch derjenige des Opfers (76), nur höhnisch zitiert ist, mag damit zusammenhängen, daß Bernhard generell in diesem Stück (wie schon in MACHT DER GE-

WOHNHEIT) mit den Motiven, die konstitutiv sind für seine Prosa und noch in JAGDGESELLSCHAFT ihr Gewicht behalten haben, mehr spielerisch umgeht. Er relativiert sie, verhöhnt sie, wie er insgesamt, in der Figur des Kaplans und der Schauspielerin (Edelnutte), seine Kunst verhöhnt. Möglich wäre aber auch, die Distanzierung im besondern Fall als eine der Präsidentin zu verstehen, die naturgemäß von Sühne und Opfer nichts wissen will, weil sie dann ihrem eigenen Untergang rückhaltlos zustimmen müßte. — Der jetzige Zustand, die tatsächliche «Ordnung», ist begriffen als Resultat der Überlieferung. Als rückwärtsgewandte ist aber auch die utopische Ordnung darin mit eingeschlossen; durch das, was die Geschichte aus ihr machte, ist sie ebenfalls «vergiftet» (wie für den Fürsten die Bücher, die er liebte, seine «Lebensmittel», vergiftet seien (V 177)): Immer sei Herrschaft Schreckensherrschaft gewesen (U 59). Anders gesagt: Weil das System der Sprache vor allem besondern Inhalt die Wahnwelt des herrschenden gesellschaftlichen Allgemeinen darstellt, reproduziert dieses sich noch in der scheinbaren Alternative, sowie sie über die abstrakte Negation hinaus sich konkretisieren möchte. Ebendies meint Marcuse, wenn er schreibt, die totalitäre Demokratie habe sogar ihr Gegenbild nach ihrem Bild gestaltet[29]. Dadurch aber, daß dem gegenwärtigen Zustand — tödlich als Gewaltherrschaft gegen «Gehirn und Gehör» (gegen Denken und Erfahrung) — keine positive Alternative gegenübersteht, ist der Prozeß der Auflösung absolut und total, in Analogie zu setzen mit dem Tod (und dies wiederum ermöglicht im besondern die Analogie zwischen Staatszerfall und Altersprozeß der Präsidentin). Die Alternative (die keine ist) heißt demnach Unterwerfung oder «Anarchie», Selbstpreisgabe oder Selbstvernichtung» bewußtlos, als «willenloses Opfer» zugrundegehen, oder willentlich, mit Bewußtsein: Wie der Präsidentensohn einer sei, der sich selbst vernichten wolle, so bezeichnet der Sohn des Fürsten, im Traum des Fürsten, die Vernichtung von Hochgobernitz, was Selbstvernichtung einschließt, als seine «Verwirklichung». — In der Reproduktion dieser mörderischen bzw. selbstmörderischen Aporie entfaltet sich Bernhards Werk, und in diesem seinem Kern, vor allem besondern Inhalt, ist seine politische Aussage zu finden. Selbstpreisgabe oder Selbstvernichtung: das ist bereits die Alternative, vor der die Horváthschen Fräulein stehen, und es verläuft zwischen diesen beiden Unmöglichkeiten auch die formbildende Denkbewegung in den

Stücken Handkes, von KASPAR bis DIE UNVERNÜNFTIGEN STERBEN AUS.
Mit der Unmöglichkeit einer Alternative hängt zusammen, daß Revolutionen, im besondern Fall die proletarische, weiter nichts sind als Tausch der Kostüme. Was die Herrin zur Dienerin, die Präsidentin zur Frau Frölich sagt, ist auf die Klasse zu beziehen, die gerade im Begriff steht, die Macht zu übernehmen: «Es ist Ihr Los / in abgelegten Herrschaftskleidern aufzublühen Frau Frölich» (98 f.). Dasselbe, hinsichtlich der Verhaltensweisen, ließe sich von Quitts Diener Hans in Handkes DIE UNVERNÜNFTIGEN sagen.) In der frühen Kurzprosa DER DIKTATOR (E 35) schlüpft der Schuhputzer, der seinem Gebieter im Laufe der Jahre immer ähnlicher geworden ist, in dessen Kleider, nachdem er ihn erschlagen, und wird fortan für den Diktator gehalten. Die Leiche des Diktators hat er als diejenige des Schuhputzers (als seine eigene also), den er, der Diktator, in Notwehr habe erschlagen müssen, wegschaffen lassen. Indentität ist eine Frage des Kostüms — das erste, was im Stück geschieht: es werden Kleider hereingetragen —, der sozialen Rolle, und diese wiederum ist eine Funktion der Machtverhältnisse, denen, im Gegensatz zur utopischen Ordnung der «brauchbaren Beziehungen», die auf «Gesetzen ohne Gewalt» beruht, jede Legitimation fehlt. Sie sind zufällig, und die die an der Macht sind, leben darum in immerwährender Angst. Die Präsidentin sieht die «zarten Hände» der Frau Frölich, und diese Hände («Wie eine Herrschaft» (99)) machen ihr Angst, indem sie daran sie erinnern, daß die Machtverhältnisse ebenso umgekehrt sein könnten. Durch ihre Angst ist sie von der Frölich beherrscht und muß immer neu ihrer Macht über sie sich vergewissern, indem sie sie demütigt und sekkiert. Beide, als gegenseitig von einander abhängig, sind ineinander verhaßt, wie die Gute und Johanna.
Mit der Zeit, sagt der Präsident, habe seine Frau sich ganz dem Hund und dem Geld ausgeliefert (133). Über den Hund konnte sie uneingeschränkt verfügen, und Geld bedeutet Macht, über Menschen zu verfügen. Die Präsidentin kontrolliert eine Firma, über die mittelbar der Präsident zur Macht im Staate gekommen ist. In dieser Firma werde in großem Umfang gestohlen, fortwährend muß die Präsidentin auf der Hut sein, Diebstähle zu verhindern oder aufzudecken. Ebenso sieht der General sich genötigt, den Holzknechten «auf die Finger (zu) schauen» (Jg 26). Wenn man dazu noch berücksichtigt, daß der Wald auch als

«Vermögen» bezeichnet ist, dann liegt es nahe, obschon, oder *weil* solches «Vermögen» auch Gleichnis der Überlieferung ist, Geld als Inbegriff der «Ordnung» zu begreifen, die auseinanderbricht (die Holzknechte sind in Analogie gesetzt zum Borkenkäfer, und dazu analog sind sowohl die Diebe in der Firma als auch die «Anarchisten»), ... diese Ordnung zu begreifen als eine des Geldes, der Herrschaft des Kapitals über den Menschen. Daß die Schauspielerin das Geld des Präsidenten verspielt («Mein ganzes Vermögen» (158)), bedeutet dann, nicht anders als die Aushöhlung der Macht durch die «Anarchisten», die Auflösung der «Ordnung», die Liquidation der Machtbasis und damit Existenzgrundlage des Präsidenten. Die Geräusche, die man aus dem Spielsaal hört, sind analog den Geräuschen, die in Ungenach und Hochgobernitz den Zerfall des Gemäuers anzeigen, den Geräuschen, von denen der Fürst verfolgt ist, seit das Hochwasser seine Besitztümer verwüstete. Die letzten Worte des Präsidenten, bevor im Epilog seine Aufbahrung gezeigt wird, sind: «Zurückgewinnen was ich verloren habe»: das Vermögen, sodann den Sohn, von dem er kurz zuvor noch gesprochen hat (die verspielte Zukunft), die «Ordnung», die Macht. — Der Präsidentin verleiht wohl ihr Vermögen Macht, aber da ihre Existenz jeglicher Motivation, es sei denn, diese Macht sich zu erhalten, entbehrt, ist sie ebenso unbedingt dem Geld *ausgeliefert*. Andererseits habe sie sich dem Hund ausgeliefert, der ihre «allerhöchste Instanz» (53) gewesen sei, zeitweise im Palast geherrscht habe (132 f.). Wie vom lebenden, sind ihre Gedanken noch vom toten Hund beherrscht, der leere Hundekorb ist der Mittelpunkt ihrer Existenz. Der Hund hat demnach in ihrem Denken die Funktion von Ungenach, Stilfs, Hochgobernitz im Denken der Besitzer dieser Güter (dafür spricht auch, daß die «Instanz» eine durch Projektion, eine «eingebildete» ist) und ist ein extremes Beispiel dafür, wie Bernhard zentrale Motive seines bisherigen Schaffens zu komischen Gags veräußert. Wie beispielsweise der Fürst von sich aus, von Hochgobernitz aus, immer auf die ganze Welt, die ganze Menschheit schließe, so denkt die Präsidentin alles vom Hund aus (von sich aus). Die «Anarchisten» haßt sie, weil durch das Attentat der Hund getötet wurde (der freilich — siebzehn Jahre sei er alt gewesen — demnächst von selber abgestorben wäre, wie sie dies bezüglich der politischen Prominenz annimmt: der Hund hat sich überlebt wie die «Ordnung», die er, als allegorischer Hund, als auf den Hund gekommene Allegorie, vertritt). Es gelingt ihr so wenig, vom Hund sich zu trennen, wie es den Bewohnern der Gutshäuser möglich ist, sich von Stilfs, Hochgobernitz etc. zu trennen, obschon sie, wie sie wissen, dadurch zugrundegehen, in Bewegungslosigkeit ersticken. Entsetzt widerruft sie den Befehl, den leeren Hundekorb zu entfernen und bezeichnet sich selber als verrückt (33). Es ist die Verrücktheit, die der Kaplan bei den «Anarchisten» konstatierte, die «ausweglose Situation im Kopf»: Die präpotente Last des Vergangenen ist tödlich, seine Liquidation aber selbstmörderisch. Die Präsidentin wäre auch dann noch vom Hund beherrscht, wenn sie den Korb entfernen ließe, wie der Fürst auch in New York, wie er sagt, doch immer beherrscht wäre von Hochgobernitz. Dem toten Hund verfallen, ist sie dem Tod verfallen. Ihre Existenz ist Theater, Als-Ob, gespenstisch. Sie läßt den leeren Hundekorb aufbetten, wie die beinlose Gute sich Schuhe und Strümpfe anfertigen läßt.

Am Motiv des Aufbettens, wie insgesamt an dem des Hundes, ist beispielshaft abzulesen, wie Bernhard aus seiner metaphysischen Thematik, aus der sein Werk bestimmenden Denkstruktur, die psychische Realität seiner Theaterfiguren und ihre Beziehungen zueinander entwickelt. Der Befehl zum Aufbetten beispielsweise ist gleichzeitig eine Gemeinheit der Präsidentin gegen die Frölich, der sie dadurch die Absurdität ihrer eigenen Existenz aufzwingt (vergleichbar: daß die Gute Johanna zwingt, ihre Beine zu verstecken), und es steckt darin eine Gemeinheit gegen den Präsidenten, dessen Bett täglich frisch zu überziehen sie später (97) der Frölich befiehlt. Sie spricht auch von einem Schock und von der Herzschwäche sowohl des Hundes als auch ihres Mannes, mit der Absicht, den Hund dem Präsidenten mindestens gleichzustellen bzw. diesen zum Hund zu erniedrigen. Der Hund ist also gleichsam Kristallisationspunkt einerseits ihrer Selbstquälerei, andererseits ihres sadistischen Verhaltens gegen die Umgebung, Instrument der Ausübung ihrer Macht: Abwechselnd ließ sie von der Frölich sich und den Hund kämmen, um jene zu demütigen; ebenso hat die Gute den Hund dazu benutzt und gedachte Boris dazu zu benutzen, Johanna zu erniedrigen. Als gänzlich von ihr abhängig (Objekt ihrer Macht), ohne daß sie den aus der Abhängigkeit resultierenden Haß (wie im Falle der Frölich) zu fürchten hätte, verhilft ihr der Hund jederzeit zu einer Bestätigung ihrer selbst. Er ist ihr Einundalles, weil sie selbst sich ihr Einundalles ist. Dem Hund ausgeliefert, dem Geld ausgeliefert, ist sie von sich, von ihrem eigenen Denken beherrscht, solipsistisch wie der Präsident, und ebenso einsam.

Als erstarrte, in der und durch die geistiges Leben abgetötet ist, reproduziert die «Ordnung» nurmehr mechanisch sich selbst, bar jeder zeitlichen (geschichtlichen) Dynamik. «Wir machen jeden Tag das gleiche» (21), sagt die Präsidentin — während des Schminkens, des Herrichtens zur täglichen Vorstellung —, und von ihrem Mann sagt sie (wie die Generalin vom General), er sage jeden Tag das gleiche; sie selber erschöpft sich, wie die Gute, wie Caribaldi und sein Zirkuspersonal, in Wiederholungen und Stereotypien. Sprechen ist nichts als Zitieren, das Leben «Marionettismus», gesellschaftliches Sein ein «Totenmaskenball»: alles zusammen Komödie, wie Bernhard sie begreift, was, wie der General hinsichtlich der Komödie des Schriftstellers bemerkt, mit dem herkömmlichen Begriff von Komödie nichts zu tun habe. Düsteres «Wetter», Zeit der Leichenbegängnisse, ist «Lustspielzeit» (106). Am offenen Grab sieht die Präsidentin sich auf der Guckkastenbühne und muß sich in acht nehmen, nicht den lustigen Text ihrer Rolle im Kindertheater zu sprechen. So spricht der Fürst, während er von der Burg auf die Verwüstungen des Hochwassers hinunterblickt, vom Schauspiel, das tags zuvor im Lusthaus aufgeführt wurde. Als dem Tod verfallen, ist Existenz Theater (wobei unter «Tod» nicht so sehr der natürliche Tod zu verstehen ist — der ohnehin so wenig mehr «natürlich» heißen kann wie das Leben —, als vielmehr der gesellschaftliche Zustand der Erstarrung, der «zwischenmenschlichen Eiseskälte» (137): Zustand einer Welt, die über das Ende schon hinaus ist). Die dominierenden Tätigkeiten im ersten Teil sind Schminke auflegen, in Kleider schlüpfen (in die Rolle schlüpfen). Die Wörtchen «so, so», mit denen die Präsidentin das Auflegen der Schminke begleitet (20), kehren wieder während der letzten Handgriffe zur Aufbahrung des Präsidenten. Hier wie dort: Präparieren einer Leiche. — Die Präsidentin, welcher der Vorgang der Zerstörung plötzlich bewußt geworden sei (obzwar ihr eigener, der ihres Alterns), vergewissert sich wiederholt durch Blicke in den Spiegel ihrer Rolle und streckt sich, weil ihr das Theater absurd und lächerlich vorkommt, die Zunge heraus (damit vergleichbar: die Vorstellung der Königin, dem Publikum die Zunge herauszustrecken). Dem Präsidenten ist die ganze Welt Theater, im besondern die Politik: «Theatralisch, pathetisch, politisch» (101) sind Synonyme. Der erste Teil kulminiert, nach Vollendung des Ankleidezeremoniells (Herrichten zum Staatsbegräbnis, wenn auch vorerst noch nicht zum eigenen), in einer pathetischen Pose, die in ihrer grotesken Künstlichkeit an TRAUUNG oder OPERETTE von Gombrowicz erinnert, während von draußen ein Stein durchs Fenster fliegt. —

Das «Politische» des Stücks (aller Stücke Bernhards) ist in den in Analogien sich entfaltenden Denkstrukturen zu suchen. In einem System wechselweiser Analogien müßte aber jede auch beim Wort zu nehmen sein, grundsätzlich also auch die politische Fiktion des Stücks. Direkt auf Realität beziehbar sind (wenn auch, wie im Fall des Präsidenten, nur mit Einschränkung) die auftretenden Figuren (deren Äußerungen dann als die ihren zu verstehen sind und nicht als Statements des Autors zur politischen Lage) und ist vor allem das Klima der Angst («Ein Staat voller Angst» (56)), der Gewalt, der Sinnlosigkeit und der zwischenmenschlichen Eiseskälte. Die «Anarchie» dagegen ist in erster Linie Metapher von Denkverhältnissen, woraus folgt, daß im Stück die Gegenseite der «Ordnung», da sie als Negation sämtlicher «Rollen» begriffen ist, überhaupt nicht in Erscheinung tritt; sie beansprucht aber auch, Darstellung politischer Realität zu sein, indem im Zusammenhang mit «Anarchismus» auf aktuelle politische Erscheinungen angespielt wird: wenn gesagt wird, nicht das Proletariat sei es, sondern die Intellektuellen seien es (74), oder mit der Bemerkung, die auf die Studentenbewegung der sechziger Jahre zielt (45). Der Zerfall, das Chaos, was durch die Wörter Anarchie und Anarchisten bedeutet ist, umfaßt aber unterschiedslos intellektuelle «Anarchie» (Kaplan) und Terrorismus (der eigentlichen «Anarchisten»), die proletarische Revolution und schließlich den «politischen Massenwahnsinn» (Demokratismus). Damit nicht genug: Der Sohn («Anarchist») sei einer, der einfach weggegangen sei (15, 160), alles habe «liegen und stehen lassen» (16), der also nur praktizierte, was der Vater predigt: wegzugehen (116), rücksichtslos von der Gewohnheit, vom Althergebrachten sich zu trennen (118): von der Destruktivität in der Figur des Präsidenten war schon die Rede; sie wird in seiner allerletzten Geste manifest (wirft das volle Sektglas an die Wand). Jeder Kopf, sagt der Kaplan, sei ein anarchistischer Kopf (25); ein «Kopf» ist der Präsident ohne Zweifel. — Die Widersprüche und Ungereimtheiten sind nur zu begreifen, wenn man unter «Anarchie» die der «Ordnung» selber innewohnende Konsequenz zum Untergang versteht («alles begünstigt das Chaos» (159)), die auf mannigfache Weise sich geltend macht und in Revolution und Terror offen zutagetritt. Die tatsächlichen, als anarchistisch bezeichneten Personen und Gruppen, die kurze Zeit von sich reden machten, wären dann in die Fiktion des Stücks einzubeziehen nicht als der «Ordnung» entgegengesetzte Kräfte (bzw. nur scheinbar entgegengesetzte), sondern als Symptome des ihr eigenen Zerfalls und der ihr eigenen Gewalt.

DAS WERK AUF DER BÜHNE

> Wenn wir den Schwachsinn
> der in dieser Kunstgattung herrscht
> geehrter Herr
> mit der Gemeinheit
> der Zuschauer verrechnen
> kommen wir in den Wahnsinn (IW 97 f.)

Trotzdem immer wieder Klagen zu hören sind, es würden von zeitgenössischen Autoren zu wenig Stücke geliefert, werden diejenigen Bernhards, des heute neben Handke profiliertesten deutschsprachigen Theaterautors, selten gespielt. Sie sind Steine im Magen des Theaterbetriebs, weil sie dem Unterhaltungszweck außergewöhnlich schwer sich gefügig machen lassen ... weil nicht von vornherein Gewähr geboten ist, daß mit ihnen das einzige und ausschließliche Ziel der meisten Theaterleitungen, in denen, der allgemeinen Entwicklung gemäß, Dramaturgie ersetzt ist durch Demoskopie, auf Anhieb erreicht werde: eine hohe Zahl der Platzausnutzung ... weil sie das verlangen, wovon bis vor kurzem viel wenigstens geredet wurde, was aber, der allgemeinen Entwicklung gemäß, selbst als Feigenblatt der bloßen Reproduktion des Betriebs unterdes entbehrlich geworden ist: Engagement, und zwar konkret als künstlerisches Engagement, als klares Bekenntnis zu dem, was man macht, verbunden mit der Willensanstrengung, es zu realisieren. Bernhard schreibt für das Theater, «solange es noch geht», das heißt, solange an einem einzigen Ort noch die Voraussetzungen zur Realisierung seiner Texte für das Theater bestehen (zur Zeit in Stuttgart). Ein so begabter und wichtiger Autor wie Jonke, dem seit Jahren die Möglichkeit verweigert wird, eines seiner Stücke aufgeführt zu sehen, *hat* bereits aufgegeben, indem er auf die Realisierung weiterer Ideen zu Stücken verzichtet. Bernhard, im Gegensatz zu Jonke immerhin fast schon ein Autor, mit dessen Name sich renommieren läßt, hat die Konsequenzen gezogen aus der Entwicklung der Theater zu Amüsierbetrieben, schützt sich gegen Mißbrauch, indem er selber MACHT DER GEWOHNHEIT für weitere Aufführungen sperrte und das selbe mit dem gerade entstehenden Stück MINETTI vorhat, das er ganz gezielt für einen Schauspieler, Bernhard Minetti, und für ein Theater, Stuttgart, schreibt. Daß er als Theaterautor überhaupt sich durchsetzen konnte, ist in hohem Maß das Verdienst einiger weniger Theatermacher, Claus Peymanns vor allem, der mit Ausnahme von MACHT DER GEWOHNHEIT, weil er zur Zeit der fälligen Uraufführung durch die Proben zu DIE JAGDGESELLSCHAFT gebunden war, alle Stücke Bernhards zur Aufführung brachte, drei, wenn man MINETTI schon mit berücksichtigt: vier davon, zur Uraufführung ... Claus Peymanns und seines Bühnenbildners Karl Ernst Herrmann, sodann des Dramaturgen Ernst Wendt und des Regisseurs Dieter Dorn, mit dem Wendt zusammenarbeitete, und es sind zwei Intendanten, die, jeder durch zwei Stückaufträge, Bernhards Theater gefördert haben: Josef Kaut, der Leiter der Salzburger Festspiele, und Gerhard Klingenberg, abgehender Direktor des Wiener Burg- und Akademietheaters.

FRÜHE KURZSCHAUSPIELE

Ende Juli 1960 fand auf Initiative (und auf Rechnung) von Maja und Gerhard Lampersberg in einem zu ihrem Landsitz in Maria-Saal (Kärnten) gehörenden Heustadel die offensichtlich in jeder Hinsicht bemerkenswerte Aufführung von drei Kurzschauspielen sowie der Kurzoper DIE KÖPFE statt, und zwar vor viermal ausverkauftem ‹Haus› (130 Sitzplätze und zahlreiche Stehplätze).

FRÜHLING	Hertha Fauland
	Georg Bucher
ROSA II	Thomas Rauchenwald
DIE ERFUNDENE	Bibiane Zeller
	Thomas Rauchenwald
DIE KÖPFE	Marie Therese Escribano
	Maja Weis-Ostborn
	Pantomime: Lily Greenham, Thomas Rauchenwald, Günther Seirer, Ekke Winschig.

Regie: Herbert Wochinz. Bühnenbild und Kostüme: Annemarie Siller. Musikalische Leitung: Friedrich Cerha. Aufführungen am 22., 23., 24. und 26. Juli 1960.

Über die Schauspiele schrieb H. Schneider (*Die Neue Zeit*, Klagenfurt, 29. 7. 60): «... die Figuren fungieren vornehmlich als Sprachrohre, der Monolog dominiert und der Tod ist ständiges Ensemble-Mitglied». A. Walzl (*Volkszeitung*, Klagenfurt) beschreibt die drei Einakter als «scheinbar mühelos hingezauberte Fingerübungen von ausgefeilter Sicherheit und Eleganz, kurze Szenen, in denen die Personen grundsätzlich aneinander vorbeireden, in denen aber aus wenigen Worten und Sätzen doch wie Spinngewebe eine Situation deutlich wird». Paul Kont (nicht bezeichneter Zeitungsausschnitt): es seien «Ausschnitte, zu denen das übrige Drama vorher und nachher erst zu schreiben wäre». Die Kurzoper DIE KÖPFE beschreibt Walzl wie folgt: «Es dürfte deutlicher die Situation erhellen, wenn man das, was da zu hören war, nicht Musik, sondern Tonkunst nennt, nämlich ‹Kunst mit Tönen›, oder besser ‹Konstruktion mit Tönen›, wie man sie von Webern in Erinnerung und von Stockhausen im Gedächtnis hat. Die Parallele zur abstrakten Malerei ist hier treffend wie nie zuvor. Der Gegenstand, also die Melodie, entfällt. Linien, Punkte, Klangmischungen tauchen kaleidoskopartig auf als Stichworte und Anhaltspunkte geistiger Gegebenheiten, zwischen denen sich Spannung, Gegensatz, Monotonie und Leere abspielen. In diesem Sinn sind DIE KÖPFE ein zwingend und konsequent durchgearbeitetes Werk. Die Tendenzen der Musik spiegeln sich im Libretto, das von Thomas Bernhard stammt: Keine eigentliche Handlung, vielmehr eine Situation völliger Beziehungs- und Aussichtslosigkeit. Zwei Menschen, zwischen denen wie ein Meteorit ein dritter durchzieht, Wellen ausstrahlt, Reaktionen hervorruft, wieder verschwindet, Stagnation zurückläßt. Dazu als Hintergrund die ungewisse Drohung der Köpfe.»
Durchweg wird Wochinz' Regie, werden Bühnenbild und Kostüme (Walzl: «geschmackvolle, kultivierte Farben und Formen») und werden die Darsteller gelobt. Sogar ein Rezensent, der dem Gebotenen ablehnend und verständnislos gegenüberstand (IdM in der Wiener «Wochenpresse»), spendet der «dezenten Regie» und der «feinen Darstellungskunst» großes Lob. Walzl bescheinigt Wochinz «scharfen Intellekt und Präzision» (was als erstes von jedem Bern-

hard-Regisseur zu erwarten wäre), und Schneider beschreibt seine Regie wie folgt: «(Er) begnügte sich nicht damit, zu improvisieren und seine Fähigkeiten durchblicken zu lassen, sondern arbeitete exakt auf ein künstlerisches Ziel hin.» Von den Schauspielern hat Bibiane Zeller den stärksten Eindruck hinterlassen. Walzl: «großartig als hysterisch-redselige Herrin» — eine Formel, die, auf die Protagonistinnen der ‹großen› Stücke (vor allem die Gute) dann angewandt, einige mehr oder weniger respektable Fehlinterpretationen zur Folge hatte —, «die nicht nur Ziellosigkeit und Angst, sondern eine makabre, feinnervige Grazie ins Stück brachte». — Die beiden Hauptrollen in KÖPFE seien gesungen und gespielt worden «in einer Art, die man von unseren prominenten Opernsängerinnen kaum erwarten dürfte» (Kont). Das Gesamtbild der Aufführung bezeuge, «welch ernste Einstudierungsarbeit und extreme Leistung der Künstler hinter dieser 15-Minuten-Oper steht» (Walzl). — Heute, nach nur 15 Jahren, muß man staunen, was für vorzügliche Rezensenten sich provinzielle Blätter leisteten. Die Genauigkeit der Beschreibung, die Bereitschaft und Fähigkeit, einer ungewöhnlichen Sache gerecht zu werden, ihr Wesentliches zu erfassen, das sind im heutigen Kulturjournalismus, den die Allianz von Kommerz und Demoskopie ebenso hart bedrängt wie seinen Gegenstand, selten noch anzutreffende Tugenden geworden.

EIN FEST FÜR BORIS

Uraufführung: Deutsches Schauspielhaus, Hamburg, 29. Juni 1970. Regie: Claus Peymann, Bühne: Karl-Ernst Herrmann, Kostüme: Moidele Bickel. Die Gute: Judith Holzmeister, Johanna: Angela Schmid, Boris: Wolf R. Redl.

Weitere Aufführungen in Zürich (Schauspielhaus), Erlangen (Studiobühne), Wien (Akademietheater), Graz (Bühnen), München (Bayerisches Staatsschauspiel).

EIN FEST FÜR BORIS, sagte Bernhard, sei ein «unmenschliches Stück», bei der Niederschrift habe er nicht an Menschen gedacht, sondern an einbandagierte Fleischklumpen, am ehesten vergleichbar den Figuren Francis Bacons. Gemessen an solcher Bildvorstellung müssen alle Aufführungen des BORIS unzureichend, Notbehelf sein. Daß dennoch Aufführungen von starker Wirkung zustandegekommen sind, Interpretationen möglich sind, die Bernhard anscheinend gar nicht vorgesehen hat, spricht für die visionäre Kraft des Stückes, dafür, daß es durchaus nicht ein Konstrukt «fern von aller Welt» ist (so Benjamin Henrichs — *Theater heute* 4/1973 —, die alte Leier vom Elfenbeinturm und dem Griff ins volle Leben drehend), in dem Sinn, daß es mit ihr nichts zu tun habe; aus der reflektierenden Distanz des «künstlichen Gehäuses» (Henrichs) ist eine auf das Wesentliche konzentrierte Nachschöpfung der Welt ‹draußen› allererst möglich. — Henrichs machte zudem gegen Bernhards Stück geltend, es seien auch in Becketts ENDSPIEL und in Buñuels TRISTANA despotische Krüppel im Rollstuhl zu sehen und in GLÜCKLICHE TAGE von Beckett «eine hemmungslos geschwätzige, an ihren Platz gefesselte Dame». Selbst wenn Bernhard das Bild von Beckett oder Buñuel entlehnt hätte, wäre doch damit überhaupt nichts weder für noch gegen sein Stück gesagt, man müßte denn blind und taub sein für die unverwechselbare Eigenart und Neuheit der Bilderfindung, mit Adorno gesagt: Nouveauté, die von Kunst appropriierte Marke der Konsumgüter»[1], zum ausschließlichen Kriterium kritischer Beurteilung erklären. Statt Kolportage zu unterstellen, Unfähigkeit, «Neues» zu erfinden, und dadurch das Werk abzuwerten, müßte gerade aus der Verwendung eines Bildes bei mehreren Autoren auf seine Signifikanz hinsichtlich einer Aussage über gesellschaftliche Zustände geschlossen werden. Es gibt in jeder Zeit Bilder, die einer originären Erfahrung gesellschaftlicher Wirklichkeit sich aufdrängen; in dieser Zeit gehört dazu das Bild der Verkrüppelung und Bewegungslosigkeit des Menschen, und es scheint dazu auch das Bild des Einschneiens und Einfrierens zu gehören. Der Artist in MINETTI sollte ursprünglich erfroren und eingeschneit auf einer Parkbank gefunden werden: Bernhard hat Horváths Roman EIN KIND UNSERER ZEIT nicht gelesen und war erstaunt zu hören, daß der ‹Held› dort ebenso ende — doch hätte er wirklich das Bild von Horváth übernommen, der Umstand bliebe einer Beurteilung seines Stückes äußerlich. Was EIN FEST FÜR BORIS betrifft, ist festzuhalten, daß Bernhard die «hemmungslos geschwätzige, an ihren Platz gefesselte Dame» (Henrichs) sowohl in Ms. NIGHTFLOWERS MONOLOG als auch in DIE ERFUNDENE, der Vorstufe zum ersten Vorspiel des BORIS, vorweggenommen hat (beides 1958). —

Claus Peymanns Inszenierung in Hamburg habe sich, so Botho Strauß in *Theater heute* 8/70, einer Komik bedient, «deren Grundmotiv auf keinen Fall Todesangst gewesen sein kann (...), die zwar dem komplizierten Stück einen erstaunlichen Publikumserfolg einbrachte, jedoch kaum etwas noch vom brüskierenden Widerstand, vom insgeheimen Haß verspüren ließ, welche dieses Stück dem üblichen, dem ‹Theater-Theater›, entbietet». Die «spröden, monotonen Eingangsmonologe» habe Judith Holzmeister «mit einer auf weite Strecken leider ziemlich gedankenlosen Virtuosität, dafür aber mit vielerlei rhetorischen und psychologisierenden Affektiertheiten» vorgetragen, «so daß man dahinter eine (wenn auch tautologische) Interpretation vermuten möchte: der ältere Burgtheater-Star spielt eine verwöhnte, egozentrische und herrische Diva, die ihre klassenbewußte Souveränität inmitten einer gleichsam demokratisch egalisierten Gemeinschaft der allgemeinen Beinlosigkeit zu bewahren trachte». — Judith Holzmeister spielte die Gute auch in Wien (Regie: Erwin Axer), anscheinend nicht anders als in Hamburg. Sie sei, schrieb Benjamin Henrichs (*Theater heute* 3/73, S. 62) bezüglich dieser Aufführung, obzwar «auf höchstem artistischem Niveau», «wohl doch an ihrer Schauspielerbiographie» gescheitert: «Die vielen großen Damen, all die Klassikerköniginnen, die man schon gespielt hat, so leicht wird man die nicht los, so leicht ist er nicht, der Weg von einem nervös-verinnerlichten zu einem aggressiv-künstlichen Stil, vom Burgtheater zum blasphemischen Theater.» Sie habe zwar am Anfang, «wenn sie grünlich-bleich geschminkt, mit großen Krötenaugen in ihrem Rollstuhl, aufgeputzt und geschmückt, buntfarbig wie ein Clown (...). von morbidem Pathos» gehabt, «und später, bei ihrer Kostümierungsshow (...) gelingen ihr ein paar wunderbar flirrende Salontöne. Aber das blieben Ausflüge; immer wieder kehrte Judith Holzmeister zurück in die friedlichen Bezirke des geschmackvollen psychologischen Theaters der nervös-gepflegten Deklamation».
Eine «hochdifferenzierte psychologische Studie», «reich an Nuancen in Gebärde und Tonfall», bot, so Irma Voser (Neue Zürcher Zeitung, 28. 11. 1971), auch Agnes Fink in Zürich: «Inmitten des kahlen Raumes, welchen die Bühnenbildnerin Eva Starowieyska ohne Requisiten beläßt, sitzt die Komödiantin ihrer selbst im Rollstuhl, aufgeputzt und geschmückt, buntfarbig wie ein Clown (...). Mit ihrer modulationsfähigen Stimme spielt Agnes Fink auf allen Registern: bald kindlich kokett, bald spitz und giftig, jäh aus-

brechend in bösartigen Befehlston, in wilden Schrei, und wieder nur flüsternd, inständig klagend. Sie wiegt sich in ihrem Stuhl wie eine Schlange in Trance; sie kuschelt sich katzenartig mit falschem Augenfunkeln; sie klammert sich behende, Zärtlichkeit fordernd, an ihre Dienerin. Sie triumphiert tyrannisch und bettelt demütig um Gunst. Immer sind beide Dimensionen präsent: das bewußte Theaterspielen vor sich selbst und die lauernde Angst, welche dieses Spiel im Spiel evoziert (...). Eine berückende Frau sucht ihr Bild im Spiegel, eine armselige Kreatur starrt beirrt ins Spiegelglas.» Bernhard zeigte sich nach der Aufführung von Agnes Finks Können und Einsatz beeindruckt, obwohl für ihn ihre Interpretation die Rolle verfehlte.

In München, in der Regie von Jürgen Flimm, sei, so Benjamin Henrichs (*Theater heute* 4/73), EIN FEST FÜR BORIS «ein Stück über die Schrecklichkeit der Bourgeoisie» geworden und Lola Müthel als die Gute «zu einem großbürgerlichen Ungetüm» angewachsen: «Zwei Akte, zwei Monstermonologe lang hält sie es durch, jedes sentimentale Einverständnis mit ihrer Figur, jeden Tragödienton zu vermeiden. Flimm treibt die Schauspielerin aus aller Feierlichkeit hinaus in lauter schöne, kalte Veräußerlichungen. Die vornehme Kunst der differenzierten Übergänge verhöhnend, setzt Lola Müthel, so pompös wie eine Primadonna, so mechanisch fast wie ein Automat, ihre Kontraste. Ob sie in morschen Verzweiflungsarien ihren Weltschmerz besingt oder bellend ihre Befehle gibt, ins Leere brüllt, als sei ihr Salon ein Exerzierplatz: ‹menschlich›, zum Mitgefühl einladend sind solche Exhibitionen nie. Lola Müthels Töne sind Schmuckstücke, die sie auswechselt wie alle die Hüte und Handschuhe, die die Gute einen Akt lang wahllos anprobiert.» Aus der Beschreibung zu schließen, ist Lola Müthels Gute mehr als die übrigen eine Figur von Bernhard gewesen; ihr sei «die Attacke auf sich selbst und ihre Staatstheatervergangenheit» gelungen: «Das Stück verlangt von unseren Heroinen und Salondamen so etwas wie kritische Selbstvernichtung: all die pompösen Effekte, mit denen man sich stolz schmückt, hier muß man sich mit ihnen beschmutzen.» Mit der generellen Forderung übersetzt Henrichs treffend die Selbstvernichtung des Theaters, die Bernhards Stücke immer auch sein wollen, in den Bereich schauspielerischer Praxis. —

Der «erstaunliche Publikumserfolg» der Uraufführung hat sich, nach Aussage Peymanns, erst aufgrund des Festes eingestellt (während draußen ein Gewitter niederging). In diesem Bild, schrieb Botho Strauß, habe sich «eindrucksvoll und schließlich doch unbefriedigend» zu erkennen gegeben, «was Peymanns Inszenierung vom Stück enthält und was sie davon vorenthält»: «Ins herrschaftliche, doch völlig öde und leergeräumte, in unwirtliche Helle getauchte Zimmer bricht, in ganz unerwarteter sinnlicher Pracht, das Geburtstagsbankett (...) herein. Peymann hat die dramatische wie die bildhafte Komposition des Finales in seinen einzelnen Sequenzen exakt bemessen; die phantastischen Traumerzählungen der Krüppel, während sie Topfkuchen mampfen und Rotwein in ihre roten aufgedunsenen Gesichter stürzen; die aus einzelnen Protesten zu chorischen Kampfrufen sich entfachende Revolte; Boris' Trommel-Orgie zum Schluß — das folgt alles deutlich phrasiert aufeinander, enthält neben allerlei skurrilen Details auch die nötigen Fermaten des Erschreckens, der Beklommenheit, ja sogar einer apokalyptisch rumorenden Gefahr. Und doch bleibt zum Ende der Eindruck eines etwas steif-präparierten, nur harmlos komischen und leider in nichts *unwahrscheinlichen* Theater-Bildes.» Den Boris — «amorpher Menschenrest mit weißgeschminktem Gesicht, struweligem Haar» — spielte Wolf R. Redl als «störrischen Kretin mit knapp akzentuierten Reaktionsweisen des für Augenblicke noch erhellten Verstands, des trotzigen Widerstands und schließlich der dumpfen Zerstörungswut, wenn er sich auf seiner Geburtstagstrommel die Seele aus dem Leib klöppelt». Axer in Wien «ließ Boris an seiner Karriere krepieren, sich zu Tode fressen» (Henrichs): «Bruno Dallansky hockte (...) stumpf, wie abwesend, unter seinen Krüppelgenossen aus dem Asyl; allein eine riesige rote Torte auf dem Tisch weckte noch seine Neugier — er riß sie in zwei kolossale Hälften auseinander und fraß dann abwechselnd aus beiden Händen. Süße Creme verklebte sein Gesicht, Tortenklumpen fielen ihm in den Schoß: Boris, das war ein schmatzender, nur noch vegetierender Haufen Natur. Das Ende eines Karrierekrüppels: weggerissen aus dem Armenasyl, eingesperrt in den bourgeoisen Palast der Guten, wird Boris von Schwermut und Freßsucht überfallen und geht daran zugrunde.» Dieter Kirchlechners Boris in Flimms Münchner Inszenierung habe sich nicht zu Tode gefressen, sondern, wie derjenige Redls in Hamburg, getrommelt. «Nicht dösend oder schlingend wie Dallansky saß dieser Boris an seiner Geburtstagstafel, sondern still, elegisch und klug. Und als dann die Beschwerden der Krüppel über ihr

Asyl zum Protestchor anschwollen, da wurde Boris zum Vorkämpfer der Revolution. Immer schärfer, immer aufrührerischer schlug er seine Kindertrommel, richtete sich dann noch einmal in seinem Rollstuhl hoch, streckte den Trommelstock pathetisch in die Luft und sank dann tot zusammen.» Mit dem «vehement und effektvoll inszenierten Schlußbild» habe Flimm das Stück «begradigt, sicher auch trivialisiert»: «Aus einem defätistischen Weltgleichnis wurde eine forsche Revolutionsparabel: immer wieder treibt Flimm die Krüppelschar zu aggressiven, aufrührerischen Sprechchören an. Die Schreckensbilder, die Kinderalpträume wurden eingezäunt, verbalisiert zur schmissigen Kulturkritik.» Es sei dies, meint Henrichs, «der notwendige, sicher nicht zu hohe Preis» gewesen für eine Inszenierung, die sich, im Gegensatz zu derjenigen Axers — und, so kann hinzugefügt werden, derjenigen Karl Fruchtmanns in Zürich — für etwas entschied. Gegen den «psychologischen Realismus» von Fruchtmanns Zürcher Inszenierung machte Irma Voser geltend: «Die Phänomene der Reduktion, der zunehmenden Verfinsterung, des Totentanzes, die man von der Lektüre her als visionäre Zustände einer unheimlich grotesken Marionettenwelt erlebt, sie werden in dieser Inszenierung nicht in eine entsprechende Künstlichkeit übersetzt, welche das Stück als Endspiel-Parabel charakterisieren könnte. Keine erkältende Fremdheit rührt uns an; eher wird mit Vitalität die Faszination der Krankheit zum Tode überspielt. Es dominiert der Wille zur Normalität; der Widerstand des Lebenswillens gegen den Tod wird sehr stark betont.» Der «psychologische Realismus», «der Verzicht auf eine Suggestion der zerstörerischen Schrecknisse», rächte sich insbesondere im dritten Teil: «zu vordergründig und damit zu harmlos nimmt sich der Verlauf des Festes aus, das sich beinahe in temperamentvoller Munterkeit abspielt». —
«Realismus» wird Bernhards Texten, seinem Kopftheater, nicht gerecht; es wohnt «realistischer» Deutung, ob beabsichtigt oder nicht, immer die Tendenz inne, die Wirklichkeit des Stücks der Normalität zu integrieren oder aber an ihr zu messen und zum exotischen Ausnahmefall werden zu lassen. Zwar sagte Peymann, dessen Aufführung von DER IGNORANT UND DER WAHNSINNIGE dann ein Muster strenger Künstlichkeit war, daß er immer nur nach den «plattesten Motivationen» suche. Bernhard, darauf angesprochen, grinste maliziös: «Aber es gelingt ihm nicht» — was heißen muß, daß Peymann, wenn ihm eine Aufführung gelingt,

instinktiv erfaßt hat, worauf es im Text ankommt, und realistische Motivation nur als Hilfskonstruktion benutzt, die aus dem Endprodukt wieder verschwindet oder darin zumindest nicht dominiert. In seiner Inszenierung des Geburtstagsfestes scheint das nicht funktioniert zu haben, dem Eindruck zufolge, den Botho Strauß davon hatte, nämlich dem «eines etwas steif-präparierten, nur harmlos komischen und leider in nichts *unwahrscheinlichen* Theater-Bildes». Der Haupteinwand von Strauß, durch das hervorgehobene Attribut gekennzeichnet, könnte von Artaud das Maß genommen haben: «Die Pest benutzt schlummernde Bilder, eine latent vorhandene Unordnung, und treibt sie plötzlich bis zu den äußersten Gebärden; und auch das Theater benutzt Gebärden und treibt sie bis zum Äußersten: wie die Pest stellt es die Kette wieder her zwischen dem, was ist, und dem, was nicht ist, zwischen der dem Möglichen innewohnenden Kraft und dem, was in der verwirklichten Natur existiert. Es findet wieder zu der Vorstellung von Figuren und Typen-Symbolen, die wie plötzlich eintretende Stille, wie Orgelpunkte, Blutstockungen, Säftereizungen, entzündliche Ausbrüche von Bildern in unseren unverhofft erwachten Köpfen wirken; es stellt alle in uns schlummernden Konflikte mitsamt den ihnen innewohnenden Kräften wieder her und verleiht diesen Kräften Namen, die wir als Symbole begrüßen: und hier nun spielt sich vor unsern Augen ein Kampf von Symbolen ab, die übereinander hergefallen sind in einem unmöglichen Getrampel; denn Theater kann es nur von dem Augenblick an geben, in dem tatsächlich das Unmögliche beginnt und in dem die Poesie, die sich auf der Bühne ereignet, verwirklichte Symbole speist und überhitzt[2].» Dieses Theater der «in Form von unglaublichen Bildern»[2] zum Durchbruch gelangenden Symbole stellt Artaud, unter dem Begriff des «alchimistischen Theaters» (im gleichnamigen Aufsatz), in äußerste Opposition zum sogenannten realistischen: «Dort, wo die Alchimie durch ihre Symbole gleichsam das geistige Double eines Vorgangs darstellt, der nur auf der Ebene der realen Materie wirksam sein kann, muß auch das Theater gleichsam als Double nicht etwa jener täglichen, direkten Realität, auf die es sich nach und nach zurückgezogen hat, bis es nur noch deren träge, ebenso vergebliche wie versüßte Kopie darstellte, sondern einer andern, gefährdenden und typischen Realität angesehen werden, in der die Prinzipien wie Delphine, die gerade ihren Kopf gezeigt haben, eilig wieder in die Dunkelheit des Wassers zurückkehren.

Diese Realität aber ist nicht human, sondern inhuman, und der Mensch mit seinen Sitten und Gebräuchen oder mit seinem Charakter zählt in ihr, es muß gesagt werden, sehr wenig. Und es wäre schon viel, wenn vom Menschen nur der Kopf übrig bliebe, so etwas wie ein vollkommen entblößter, dehnbarer, organischer Kopf, in dem gerade noch genug richtige Materie vorhanden wäre, damit die Prinzipien in ihr auf spürbare und vollkommene Weise die aus ihnen folgenden Erscheinungen zur Entfaltung bringen könnten[3].»
Artaud beschreibt unwillkürlich Bernhards Kopftheater, dessen Erscheinungen aus den Prinzipien einer als inhuman erkannten Realität hervorgehen, die aber der «täglichen, direkten Realität» nicht inkommensurabel ist, sondern ihr eigenes Wesen.
Eine «verblüffende Konzeption» für das Stück habe Claus Just auf der Studiobühne in der Universität Erlangen gefunden (nach Hans Bertram Bock: «Die Revolte im Asyl», *Der Bote,* Feucht, 12. 2. 1971). «Mutig und erstaunlich» sei es gewesen, «wie auf der breiten und tiefen Guckkastenebene Justs Kollektiv die skurril-abgründigen und zugleich ironischen Chiffren der verkrüppelten Gesellschaft durch sprachliche Präzision, spontane Körperbewegungen, durchdachte Choreographie und einen Touch von Agitprop demonstrierte». Das Stück sei «geschickt in ein Theatertraktat von Bernhard» (wobei es sich wohl um Ausschnitte aus der Prosa Ist es eine Komödie? Ist es eine Tragödie? gehandelt haben muß) «und einen sarkastischen Nachruf auf den Un-Helden Boris verpackt» worden. Mit dem Monolog der Guten (die «mit großen Gebärden Bildungsgut, Traditionsmüll» repetierte, «in Erinnerung an Salongeschwätz ihre verschwendete Lebenszeit») hätten sich «verhauchende Klaviermusiken» und «Sprechakte aus der Konserve» zu einer reizvollen Mixtur verwoben. — «Eine karg bestückte Bühne, weiße Hospitalwände, mal ein Mittelstück mit Tapetenmuster, Neonbeleuchtung, Scheinwerfer.» Vor dem Fest wurde Leonardos «Abendmahl» projiziert. Just habe das Tempo dieser Szene, die in Resignation mündete, forciert, der mit einer Blechtrommel beschenkte Boris sei ihm zum «aufsässigen Bruder des Oskar Matzerath» geraten, «die kuriose Geburtstagsparty in deutlicher Anlehnung an die Abendmahl-Szenerie zu einem akzentuierten Abgesang auf diese Gesellschaft».

Der Ignorant und der Wahnsinnige

Auftragswerk der Salzburger Festspiele.
Uraufführung: Salzburg, 29. Juli 1972.
Regie: Claus Peymann, Bühne: Karl-Ernst Herrmann, Kostüme: Moidele Bickel. Königin der Nacht: Angela Schmid, Vater: Ulrich Wildgruber, Doktor: Bruno Ganz, Frau Vargo: Maria Singer, Winter: Otto Sander.

Weitere Aufführungen in Berlin (Schiller-Theater), München (Kammerspiele), Zürich (Schauspielhaus), Freiburg im Breisgau (Kleines Theater am Wallgraben), Essen (Bühnen der Stadt), Hamburg (Deutsches Schauspielhaus).

Der Rahmen gehörte bei der Uraufführung dieses Stückes direkt zur Sache, indem es zwischen Mozart-Oper und Barock-Spektakel zu stehen kam, aber auch, indem etwa die im Sinn der vordergründigen Thematik des Stücks getroffene Feststellung des Doktors, die Kultur sei ein Misthaufen, auf dem die Theatralischen und Musikalischen gedeihen, ganz besonders zum Motto des alljährlichen Kulturmarathons im Dienste der Touristik taugt. Weil entgegen der Peymann und dem Ensemble gegebenen Zusicherung in der Premiere am Ende das Notlicht im Zuschauerraum nicht ausgeschaltet wurde und die Festspielleitung, auf die Polizeivorschrift sich versteifend, sich weigerte, der Forderung in künftigen Aufführungen nachzukommen, fanden solche gar nicht mehr statt, beide Parteien warfen sich gegenseitig Vertragsbruch vor. Bernhard stellte sich vorbehaltlos auf die Seite des Ensembles, dem er «empfahl», auf weiteren Vorstellungen, ohne den Kompromiß einzugehen, zu bestehen, denn: «hier geht es um die Strenge und um die Unbestechlichkeit einer nervenanspannenden Kunst und um ihr Prinzip und nicht um die Gemeinheit eines unappetitlichen Tagesfeuilletonismus.» Das war insofern keine Übertreibung, als im Streit um die kurze Finsternis in der Tat grundsätzliche Differenzen, die Funktion von Kunst in der Gesellschaft betreffend, zum Austrag kamen; aus dem «Kernsatz» von Bernhards Stellungnahme: «Eine Gesellschaft, die zwei Minuten Finsternis nicht erträgt, kommt ohne mein Schauspiel aus», schloß Hilde Spiel (*Theater heute* 9/72) gar auf einen «theologischen Urgrund» für die Auseinandersetzung. Es waren dem Streit Reibereien zwischen dem örtlichen Personal und dem Ensemble, infolge von dessen künstlerischem Rigorismus, vorausgegangen: Bernhard erwähnt im Telegramm an die Festspieldirektion[4], daß Herrmann hinter der Bühne von Unbekannten zusammengeschlagen worden sei. Die Festspieldirektion muß zudem schon irritiert genug gewesen sein — es hätten dem Festival düstere Wolken gedroht, war in der lokalen Presse zu lesen — durch die Eröffnungsrede Ionescos, der unter anderm sagte, als wärs eine Einführung zu Bernhards Stück: «Was ist letzten Endes diese Kultur? Zweifelsohne nur ein Wandschirm, der unsere Angst vor Elend, Ekel, Trauer, Schrecken und vor allem vor dem Tod, vor uns selber verborgen hielt.»

Die Salzburger Inszenierung Claus Peymanns, wohl die stringenteste Aufführung eines Stücks von Bernhard, die bislang zu sehen war, fand bei der Kritik einhellig Lob und Bewunderung. Aufs äußerste manieriert, stellte sie in nahezu allen Belangen die Künstlichkeit, die «theatralische Eiseskälte» her, die im Stück thematisch ist, nach meinem damaligen Eindruck fast etwas zu vornehm, etwas zu wenig exzessiv. Herrmann hatte zum ersten Bild einen «kalten, weißen, aseptischen Demonstrationsraum» geschaffen (Rolf Michaelis, FAZ, 8. Sept. 1972), dominiert vom großen Rundspiegel über dem feingliedrigen Putztischchen der Königin, in welchem Spiegel ein Teil des zuschauenden Parketts zu sehen war, das heißt: das Publikum erblickte sich selber in der Künstlichkeit auf der Bühne. In den «traumhaft unwirklichen, luxuriösen Interieurs» bewegten sich «Kunstfiguren», «Marionetten des Manierismus», von Moidele Bickel in Kostüme gesteckt, «deren Symbolfarben (ganz schwarz, ganz weiß, ganz rot) den Puppencharakter, deren überlange Frackschöße die Künstlichkeit sichtbar machten» (Michaelis); die Königin, in ihrem letzten Auftritt im ersten Teil, erschien gar auf Kothurnen. Angela Schmid gab die Rolle (die Bernhard, der Intonation der Koloraturfetzen wegen, sich mit einer wirklichen Sängerin besetzt vorstellte, die auch sprechen könnte, also mit einer mit der musikalischen Moderne vertrauten) mit hartem Stakkato, hysterisch und hektisch im abrupten Gebaren, «die ärmliche Veräußerung der Figur riskierend, die nichts mehr ist als ein Gehäuse für eine Stimme und sich dagegen nur noch mit abstrusen Attitüden wehren kann» (Hellmuth Karasek, DIE ZEIT, 9. Februar 1973). Ulrich Wildgrubers Vater unbeweglich, nach vorne geneigt, auf den Blindenstock gestützt in seinem Sessel: «Faszi-

nierend, wie dieses ausdruckslose, erloschene Gesicht eine Fülle von Regungen wiedergab, wie blöde Dumpfheit hellste Aufmerksamkeit auszudrücken vermochte, wie nach dem Erlöschen eine Geilheit des Zuhörens aufleuchten konnte» (Karasek). Vor allem aber von Bruno Ganz als dem Doktor ging der «Magnetismus», die «monomanische Überzeugungskraft» aus, die dem Autor selber eigen sind (Hilde Spiel, *Theater heute* 9/72) — für Karasek «eine der bravourösesten Schauspielerleistungen», die er je gesehen habe; Henrichs (*Theater heute* 6/74, S. 13) rühmte seine «horrorhafte Virtuosität». Seiner unerreichten, überdeutlich präzisen Diktion entsprach eine entschiedene Art sich zu bewegen: künstliche, starre Haltung der Arme (den einen Arm auf dem Rücken angewinkelt), mit eckigen, abgesetzten Bewegungen über die Bühne stapfend; sechs Monate lang hatte er sich an der Berliner Anatomie den Gestus des Leichensezierens angeeignet. Ganz habe, so Karasek, das Kunststück fertiggebracht, zu zeigen, «wie der blanke Haß auf die Kunst Ausdruck einer sich selbst aufgebenden Liebe zur Kunst ist». Er trug also in seinem Spiel die Paradoxie des Stückes aus, «das sich in unmenschlicher Perfektionierung über die unmenschliche Perfektionierung des Künstlers hermacht» (Karasek). Insgesamt habe Peymanns Inszenierung, ohne die Perfektionierung preiszugeben, «ihre Figuren schonungslos der Bernhardschen Anatomie ausgeliefert»; sie habe, anders als Dorns Regie in Berlin, das Stück nicht «geschlossen und abgesichert» in sich ruhen lassen, «sondern wendet es zynisch, in Brüchen einer böse-romantischen Ironie, in die Zuschauer. Denn wenn Bruno Ganz von den Zumutungen, von dem Verhältnis zwischen Kulturkonsumenten und Kulturproduzenten spricht, dann meint er immer auch die Zuschauer, die diese Aufführung sehen» (Karasek).
Die Inszenierung wurde ein halbes Jahr später nach Hamburg verpflanzt; der «Salzburger Standard» sei aber «vom Hamburger Restaurationsversuch mit Sicherheit nicht erreicht» worden (k. w., FAZ, 7. 2. 73). Horst Ziermann (*Die Welt*, 7. 2. 73) macht dafür, aus dem Stück zitierend, die «erstaunliche Reaktionsunfähigkeit, Phantasiearmut, geradezu lähmende Dummheit» eines zumeist jugendlichen Publikums verantwortlich. Es wurde außerdem für das textlose Finale des ersten Teils (Übertragung der Arie in die Garderobe) «eine patinierte Einspielung mit Furtwänglerischen Weihe-Tempi und einem molligen Hochsopran (verwendet), der den genauen Gegenpunkt zur Koloraturmaschine bei Thomas Bern-

hard markiert, einen gefühligen Fremdkörper in die theatralische Eiseskälte des hochstilisierten Peymannschen Inszenierungsmodells einführt. Prompt bricht die Spannung zusammen: im Haus entsteht an dieser Nahtstelle Unruhe, die im pausenlos angeschlossenen zweiten Teil fortdauert, die labile Statik des Spiels gefährdet und den Hauptdarsteller Bruno Ganz bei seinem Balanceakt um die äußerste Konzentration bringt» (k. w.).
Seien «Stilisierung, hohe Künstlichkeit, artifizieller Elan» Kennworte für Peymanns Inszenierung, so «Realismus, kritischer Witz, psychologisierende Entfaltung der Charaktere» die für Dorns «gleichwertige Deutung» in Berlin. Dorn und der Bühnenbildner Bert Kistner hätten die «alltägliche realistische Sphäre» noch mitgeliefert, «aus der sich die Gestalten erst in den ‹Wahnsinn› von Kunst oder Wissenschaft katapultieren» (Michaelis, FAZ, 8. 9. 72). Die Bühne im ersten Teil zeigte «eine muffig grüngraue Garderobe, durch die Heizungs- und Wasserrohre führen und deren nicht zueinander passende, häßliche Möbel aus dem Fundus zusammengestoppelt sind. Statt der tiefen weinroten Schatulle des zweiten Bildes in Salzburg hier das verwinkelte Séparée eines Nobelrestaurants, Goldbrokat an den Wänden, die kleinen Deckenlämpchen auf Hirschgeweihen. In diesen lebensechten Räumen lebensnahe Figuren» (Michaelis). Karasek: «Die Berliner Aufführung, von imponierender Lebendigkeit, versucht das Stück fast zu sehr in die Normalität zurückzuholen.» Stefan Wigger war, laut Michaelis, «nicht der dämonische Doktor Mephistopheles, als welcher Bruno Ganz den Text sezierte, sondern ein in sein anatomisches Spezialthema vernarrter Fachidiot. Selbst ständiges Staubabklopfen und Händewaschen ist ihm schon zum Tick geworden». Eben dieses Ticks bediente sich dann, in Zürich, ausgiebig auch Gert Westphal, um dem Conferencier, der sein Doktor war (Charakterisierung, die Rischbieter — *Theater heute* 9/74, S. 36 — auch bezüglich Wiggers Doktor verwendet), etwas von einer Mediziner-Karikatur beizumischen, in einer Aufführung, die das strenge Kunstgebilde schamlos zu einem Boulevard-Schwank verschmierte. — Wilhelm Borchert als Vater, schrieb Michaelis, «darf alle Symptome des Trinkers zeigen. Stieren Blicks, mit verrutschter Krawatte, offenem Hemdkragen, verschlampten Mantel, spielt Borchert einen Clochard, dessen langer Seidenschal allein Wimpel einer besseren Welt ist». Liselotte Rau als Königin spielte, so Michaelis, «vom ersten Auftritt an das Kunstgeschöpf, das ja kein

EIN FEST FÜR BORIS
Uraufführung Deutsches Schauspielhaus Hamburg 1970, Regie Claus Peymann, Judith Holzmeister als die Gute, Wolf Redl als Boris

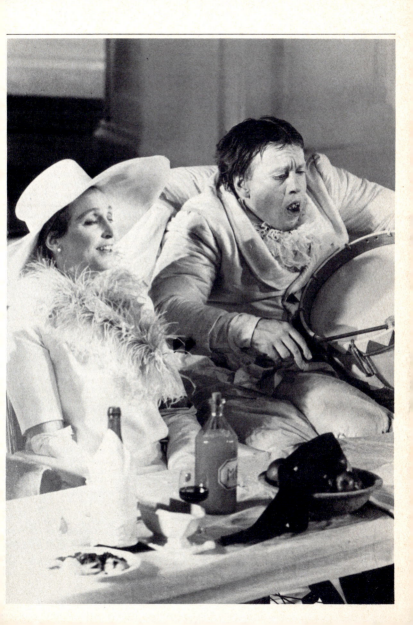

DER IGNORANT UND DER WAHNSINNIGE

oben: Uraufführung Salzburger Festspiele 1972, Regie Claus Peymann, Bruno Ganz als Doktor, Angela Schmid als Königin der Nacht, Ulrich Wildgruber als Vater; unten: Schloßparktheater Berlin 1972, Regie Dieter Dorn, Gudrun Genest als Frau Vargo, Lieselotte Rau als Königin der Nacht, Wilhelm Borchert als Vater, Stefan Wigger als Doktor

DER IGNORANT UND DER WAHNSINNIGE
Deutsches Schauspielhaus Hamburg 1973, Regie Claus Peymann, Bruno Ganz als Doktor

DIE JAGDGESELLSCHAFT
Schiller-Theater Berlin 1974, Regie Dieter Dorn, Bernhard Minetti als General, Marianne Hoppe als Generalin, Claus Holm als Erster Minister, Heinz-Theo Branding als Zweiter Minister, Peter Wagenbreth als Prinz, Daphne Wagner als Prinzessin, Brigitte Röttgers als Anna, Hermann Ebeling als Asomer, Rolf Boysen als Schriftsteller

DIE MACHT DER GEWOHNHEIT
Schiller-Theater Berlin 1975, Regie Dieter Dorn, Bernhard Minetti als Caribaldi

DER PRÄSIDENT

Bayerisches Staatsschauspiel München 1976, Regie Michael Degen, Maria Becker als Präsidentin, Elfriede Kuzmany als Frau Frölich

DER PRÄSIDENT
Staatstheater Stuttgart 1975, Regie Claus Peymann, Doris Schade als Frau Frölich, Edith Heerdegen als Präsidentin

MINETTI
Uraufführung Staatstheater Stuttgart 1976, Regie Claus Peymann, Schlußszene mit Bernhard Minetti als Minetti

Mensch mehr ist», sie hob sich durch ihr «puppenhaftes» Agieren aus ihrer «realistisch-weltlichen Umgebung» heraus (Friedrich Luft, *Die Welt*, 9. 9. 72). Diese Königin, schrieb Michaelis weiter, «ist unmenschlich darin, daß sie ihr Menschenantlitz nicht zeigt. Den hohen Kragen ihres Pelzmantels bis zu den Haaren aufgeschlagen, betritt sie die Garderobe, läßt ihr Gesicht nur in der Reflexion durch den dreiteiligen Spiegel sehen, vor dem sie sitzt, und wendet sich erst kurz vor dem Abgang mit einem Schwung des Drehsessels dem Publikum zu: da starrt uns an ein Vogelgesicht, eine kalkige Vampirvisage. Wenn diese Koloraturmaschine sich in Gegenwart des gemütlich beleibten Kellners freundlich geben will, gerät ihr noch jedes Winken mit der Hand zur dramatischen Geste, jedes Lachen zu einer kleinen Arie». — Dorn habe «mit Ohr für die Schattierungen des Textes, mit Gespür für rhythmische Gliederung» sein «herrliches Schauspielertrio» geführt. Es sei die Steigerung des ersten Aktes «durch eingefügte Zeitangaben des Inspizienten über Lautsprecher zum großen Count-down» geworden. «Mit optischen (Blinklicht) und akustischen (Summton) Signalen treibt die Regie die Szene in die kreisende Spiralbewegung dieses lang verzögerten, nur aus Warten und Erwartung bestehenden Aktes.» (Michaelis) — Bernhard fand diese Aufführung falsch, aber anscheinend (zu welcher Annahme insbesondere Michaelis' Beurteilung Anlaß gibt) auf respektable Weise falsch, sonst hätte er nicht Dorn die Regie der einzigen Aufführung von DIE MACHT DER GEWOHNHEIT anvertraut. Er habe nach der Aufführung mit Dorn gesprochen, der die Fehler seiner Regie eingesehen habe. — Über die Aufführung des Stücks im Werkraumtheater der Münchner Kammerspiele (die Bernhard zu den Restriktionen gegen Aufführungen seiner Stücke veranlaßte) schrieb Joachim Kaiser (Süddeutsche Zeitung, ?. April 73) unter dem Titel «Ärgerliche Sünde wider den Geist». Es genügt, daraus einen Satz zu zitieren: «Peter Pesel hat nicht inszeniert.»

DIE JAGDGESELLSCHAFT

Auftragswerk des Wiener Burgtheaters.
Uraufführung: Wien, Burgtheater, 4. Mai 1974.
Regie: Claus Peymann. Bühne: Karl-Ernst Herrmann. Kostüme:

Moidele Bickel. Schriftsteller: Joachim Bißmeier, Generalin: Judith Holzmeister, General: Werner Hinz.

Weitere Aufführungen in Berlin (Schillertheater), Basel (Basler Theater), Wiesbaden (Hessisches Staatstheater).

Die Beurteilungen der Aufführungen in Wien und Berlin liegen zum Teil extrem weit auseinander, es fällt die besonders starke Irritation der Kritik auf durch dieses Stück, das Bernhard für sein bestes hält, Irritation, die sich mehrfach in gehässiger Polemik äußert. Schwierigkeiten macht wieder, und mehr denn zuvor, die Gretchen-Frage nach der «Realität», die am deutlichsten Gerd Jäger formulierte (*Theater heute* 6/74): «Ist irgendwo die Kunst-Realität dieses Stückes beziehbar auf unsere (gesellschaftliche wie existentielle) Realität? Ist sie (...) ein Konzentrat, eine kunstvolle Verdeutlichung von Realität? Oder bezieht sich Bernhard auf Realität nur insofern, als er sich von ihr abwendet; uns also nur die Bewegung der Abkehr in Form von Kunst zu erfassen bliebe?» Es verwirrt ihn (nicht nur ihn), daß das Stück «nicht konkret an einem Ort oder in einer Zeit angesiedelt» ist, daß aber doch darin «Realitätspartikel» sind, die «Annäherungen an Ort und Zeit erlauben» (daß der General in Stalingrad den Arm verlor, daß er sich an Generalfeldmarschall Paulus, eine historisch reale Figur, erinnert). Hinter solchen Fragen steht, als Bodensatz materialistischer Kulturkritik, die das Raisonnement über Kunst kurzschließende Alternative: hier Kunst (im luftleeren Raum, im Elfenbeinturm), dort Abschilderung von Realität, als ob nicht allein in der «Bewegung der Abkehr von Realität» Kunst in der Lage wäre, Realität zu erfassen, ein «Konzentrat» von ihr zu geben ... entweder Kunst oder ein Stück «über» Stalingrad, als ob beispielsweise WALLENSTEIN ein Stück wär «über» den Dreißigjährigen Krieg. Die historisch lokalisierbaren Daten sind zuerst Material wie irgend andere «Realitätspartikel», die ins Kunstwerk Eingang finden und im Zeichensystem, das es ist und als welches, gesamthaft, es Realität bedeutet, erst ihre Bedeutung erhalten, wodurch das Vorverständnis, an das «Realismus» immer appelliert, aufgekündigt ist. Warum dann überhaupt historische Daten und Figuren? Weil die Bedeutungen, die ihnen anhaften, das Vorverständnis, das sie umgibt, dem Bedeutungssystem des Kunstwerks dienstbar gemacht werden können — was als Sekundäreffekt die

Aufforderung implizieren kann, dieses Bedeutungssystem (Interpretationssystem) im besonderen auf die durch das historische Datum signalisierte Realität anzuwenden. Einfacher gesagt: es wird einerseits die bekannte Realität verfremdet, andererseits die Kunstwelt mit Widerhaken versehen — nach den Reaktionen zu schließen, mit durchschlagendem Erfolg. — Im Rückblick auf die Theatersaison 1973/74, im Jahresheft *Theater heute* 1974, fragt, aus der in dieser Zeitschrift dominierenden Tonart fallend, mit Blick auf JAGDGESELLSCHAFT und auf Handkes DIE UNVERNÜNFTIGEN, Rolf Michaelis: «Sind Autoren nicht schon viel weiter als Theoretiker-Kritiker, nämlich, müde der vergleichsweise leicht zu entwerfenden Utopien, bei einem Realismus der exakten (poetischen) Zustandsschilderung (...)? Ist das nicht schwerer auszuhalten (und im Drama zu bewältigen): der Blick auf den desolaten Zustand der Welt? Und könnte aus solcher Diagnose, wenn sie als wahr akzeptiert werden kann, nicht eine größere Kraft zur Veränderung ausgehen als von Zukunftsträumen?» Dagegen nehmen sich die so überlegen gebenden disqualifizierenden Formeln von «Modischer Verzweiflung» (Roland H. Wiegenstein[5]) und «Komponiertem Weltjammer» (Gerd Jäger) wie modische Aufforderungen aus, mit dem Gegebenen sich abzufinden, das so schlimm gar nicht sein könne. —

Den größten Eindruck hat in Wien, da sind sich alle einig, das Bühnenbild gemacht. Reinhard Baumgart (wie alle folgenden Stimmen, sofern nichts anderes vermerkt, *Theater heute* 6/74): «An die Übergröße, an Wucht und Bombast der Bernhardschen Thematik» (das Vokabular rührt daher, daß Baumgart Bernhards Theater auf Wagners Operndramatik sich zubewegen sah) «erinnerte da nur noch die an die fünfzehn Meter hohe weiße Wohnhalle, die Herrmann dem Stück gebaut hatte. Unter einer ganzen Heerordnung von Tiergeweihen saßen die Schauspieler, auf Puppengröße gedemütigt, zwischen sich hoffnungslos viel Raum und Distanz.» Über die Regie schreibt er: «Peymann, der Bühnenpersonen fast nie in Kontakt kommen läßt, sondern lieber beziehungslos zu lebenden Bildern verarbeitet, fand diesmal auch keine Bildersprache, in der die kommunikative Leere sich hätte auffangen lassen. Das Stück zerfiel in Redende, die in die freie Luft sprachen, und in Zuhörende, die in leere Luft zu lauschen schienen.» Benjamin Henrichs: «So passierte in einem mutig-monumentalen Bühnenbild (...) ein eigentlich mutloses Theater;

DIE JAGDGESELLSCHAFT

herrschte jene gepflegte Indifferenz, die man in Wien (und auch anderswo) so gerne ‹großes Theater› nennt — so, als habe Peymann die Burgtheaterkultur vor dem Theaterhaß des Autors in Schutz nehmen wollen.» Hilde Spiel dagegen konnte sich eine bessere Verwirklichung des Stücks überhaupt nicht denken: «Alles, was bei Bernhard mitschwingt, wird von seinem Regisseur evident gemacht, ja zuweilen erst aus einer Möglichkeit zu einem Faktum erweckt. So die Rolle des Ofenheizers Asamer (Rudolf Wessely), der nun doch, zwei Bilder lang, zu einer nahezu stummen, proletarisch-teuflischen Verkörperung der unterdrückten Arbeitswelt wird; oder auch das gleichfalls schweigsame Paar des prinzlichen Jagdhüters und seiner jungen, halb blinden Gemahlin (Klaus Höring und Maresa Hörbiger), denen Peymann die Poesie von Leonce und Lena verleiht.» Alle Vorschriften befolge Peymann wörtlich, erst ganz zuletzt übernehme er die Führung, indem er «die schlichte Regie-Bemerkung des Autors, die Hacken und Sägen hätten ‹immer intensiver, immer lauter› zu werden, als Aufforderung zum Weltuntergang (betrachtet)», einen «apokalyptischen Schlußakkord» setze (durch niederknallende Baumstämme), «wie er einem Dies Irae gleichkommt».

«Drei Schauspieler», so Baumgart, «versuchten auf drei sehr verschiedenen Wegen, in ihre Rollen, ins Spiel zu kommen. Judith Holzmeister gab der Generalin mit konventionell eleganten Gesten, Tönen, Blicken einen allgemein vagen Herrschaftsdamen-Umriß, dem Text ein Flair von Konversationsstück. Doch warum diese Frau mit dem Schriftsteller gegen den General bündelt, was sie an diesem Besuchs-Intellektuellen fasziniert, was am General abstößt — lauter Fragen an die Figur, die der Text offen läßt, denen sich ein Regisseur, eine Schauspielerin stellen könnten, müßten — hier ohne Antwort.» Noch deutlicher Henrichs: «Judith Holzmeister führte aufs neue vor, daß sie Thomas Bernhard nicht spielen kann: eine Schauspielerin, die alles sehr geschmackvoll tut; wenn sie spricht, tut sie es mit Sprechkultur, wenn sie lacht, tut sie es mit Lachkultur. Ihre Haltung zur Theatervirtuosität ist eine gläubig-devote, nicht (wie bei Bruno Ganz und Thomas Bernhard) eine gläubig-blasphemische, aus Ekel und Verzauberung gemischte.» — Werner Hinz als General verließ sich, laut Baumgart, «auf das Gewicht seiner Person, spielte eine Persönlichkeit mit dem ersten Wetterleuchten der Vertrottelung im Gesicht, einen maulenden, schon hilflosen, noch starren Altautoritären. Das alles sehens-

wert als Porträt, doch wieder fast ohne Bezug zum Stück und den andern Personen». Nur Joachim Bißmeier als Schriftsteller, schrieb Baumgart, habe sich entschlossen, «zu einer Figur nämlich, die von vornherein im Leeren hängt, die zuschauend, kommentierend, von draußen das Spiel antreibt, eine Person gewordene Suada, aber auch: heftigste Rede ohne greifbaren personalen Kern. Seine sichelnden Handbewegungen, seine bald in Diskant überschnappenden, bald dunkel, lüstern gerundeten Vokale, das jähe Gelächter, die helle schneidende Freude noch an der Formulierung finsterster Befunde — das alles brachte nicht nur Energie, Motorik in eine sonst fahl verdämmernde Aufführung, sondern setzte sie auch immer wieder in eine authentische Zweideutigkeit.» Henrichs dagegen mißt Bißmeiers Schriftsteller an der «horrorhaften Virtuosität», mit der Bruno Ganz (für den Bernhard die Rolle geschrieben und dem er das Stück gewidmet hat) den Doktor gespielt hatte; Bißmeier sei ein Hauptdarsteller, «der leider nur wie eine sorgfältig-akademische Bruno Ganz-Kopie aussah, der hinter den Schauspielerbeschreibungen des Textes harmlos zurückblieb, kaum einmal die Distanz überwand, die zwischen kultiviertem Können und schreckerregender Perfektion liegt». —
Die Bühne von Wilfried Minks in Berlin beschreibt Jäger wie folgt: «Hohe, leere, graublau vergipste Wände werden durch ein vereistes hohes Fenster an der Seite fahl angeleuchtet. Es ist eine modrige Leere in diesem Raum, die Bänke unter dem Fenster sind mit grauen Decken zugehangen, winzig stehen ein paar Stühle und ein Tischchen verstreut. Nur ein Ungetüm von gußeisernem Ofen setzt Form in diese Leere. Nach hinten, zur Tür, führt ein hoher Gang, in dem wenige Jagdtrophäen angebracht sind: ausgestopftes Wild, Geweihe.» Den Duktus von Dieter Dorns Inszenierung, den Rolf Boysen als Schriftsteller gleich zu Beginn angeschnitten habe, beschreibt Jäger als «artifizielles Tempo, Kunst-Sprache, kein Deut von nachgestellter Wirklichkeit. (...) Boysen rafft die knappen (...) Satzpartikel Bernhards zu langen, melodiösen Sätzen zusammen, betont die Künstlichkeit von Gängen, Bewegungen, Gesten. Da, wo diese Figur an Realität stößt, markiert sie einen Schwadronierer, einen komisch-empfindsamen Dichterling, mit Zügen eines höheren Hofnarren, der seine Sensibilität pflegt». Wie Boysen ihn gibt, «ist der Schriftsteller letztlich der Unterlegene, ist alles nur eitel, was er beiträgt». Die Generalin von Marianne Hoppe, «ein wenig Fregatte, ein wenig mütterliche Freundin», sei «die einzig

Lebendige, Agile». «Dem künstlich-tödlichen Moder, der die Atmosphäre prägt, scheint sie durch Selbsttäuschung (...) zu entgehen. Vom General spricht sie mit Achtung, dem Schriftsteller, dem Blender, begegnet sie mit Bewunderung. Hier ist der Ansatz fortgeführt: die Narrenposition des Künstler-Laffen stößt auf Rückhalt: er wird bewundert, von den Schwachen.» Die Künstlichkeit, die den Duktus der Inszenierung bestimmt haben soll, ist aber nicht durchgehalten: «Boysen und die Hoppe halten weitgehend eine Schwebe: die zwischen forcierter Künstlichkeit der Sprache und des Gestus einerseits und Annäherung an ‹natürliche› Verhaltensweisen andererseits. Bernhards Stück gerät da aber in ein Zwielicht. Wo nämlich ‹natürliches› Verhalten sich durchzusetzen sucht, entbehrt es (im Stück) der konkreten Bezugspunkte. Weil dieser Schriftsteller, diese Generalin Figuren einer Kunst-Welt sind, kann ihr Identifizieren mit ‹Menschen› nur ein extrem künstlicher Vorgang sein. Und die Künstlichkeit dieses Vorgangs ist nicht die von Bernhard beabsichtigte, sie ist eine verwischende, ein Tun als ob.» Beim General Bernhard Minettis öffne die Kluft zwischen Künstlichkeit und ‹Menschsein› sich noch weiter: «eckig, zackig», «mit den verkappt-geschliffenen Bewegungs- und Sprachformen des Generals» einerseits, andererseits sei da «etwas von der ganzen Weisheit eines alten Mannes, eines Realisten, der die Kunst und die Künstlichkeit abtut als Hohlheit». Momente lang hätte er glauben lassen, «Bernhard habe mehr als Kunstfiguren geschaffen», «über die episierenden Züge seiner monologischen Satzreihen hinaus eine realistische Figur». Dementsprechend schrieb Rischbieter (*Theater heute* 9/74, S. 36), wieder, wie schon mit DER IGNORANT UND DER WAHNSINNIGE, habe Dorn versucht, «die realen Menschen in den Bernhardschen Demonstrationsfiguren und Wortfolgen-Hervorbringern aufzufinden». Für den Schriftsteller habe er (deshalb) keinen «Formgliederer und -exekutor» zur Verfügung gehabt. «Aber Bernhard Minetti spielte den General passagenweise fast als Karikatur eines Kommiskopfes, aus hohler Komik und billigem Hohn aber umspringend auf schneidende Gefährlichkeit, in böse, bedrohliche Laune, schließlich aber in müdzynische Selbstvernichtung», und er fügt hinzu: «Ein radikaleres (und dadurch kritischeres) Porträt einer autoritären Persönlichkeit habe ich selten gesehen.» — Georg Hensel dagegen (*Darmstädter Echo*, 21. Mai 1974) hat durchgehend Komisches wahrgenommen, im Bühnenbild, im Dialog zwischen Schriftsteller und Generalin, in der Figur des Generals («gespenstische Komik aus seiner Kasino-Haltung»). Das Stück erscheine «unter Dorns Regie der leicht süffisanten Distanz wie eine Agonie-Operette: Thomas Bernhard im Begriff, sich selbst zu parodieren». Das ließe sich von MACHT DER GEWOHNHEIT, allenfalls von DER PRÄSIDENT sagen. Wenn eine Aufführung von DIE JAGDGESELLSCHAFT durchgehend diesen Eindruck erweckt, ist er nicht dem Autor anzulasten; im besonderen Fall muß es, soweit nicht am Betrachter, an dem «Zwielicht» liegen, in das, nach Gerd Jäger, die Regie das Stück rückte. — Die Proben zu einer Aufführung im Münchner Residenztheater wurden einen Monat vor der Premiere (vorgesehen für den 7. Dezember 1974) abgebrochen infolge unvereinbarer Auffassungen der Rolle der Generalin zwischen deren Darstellerin (Gertrud Kückelmann) und dem Regisseur (Jürgen Flimm).

DIE MACHT DER GEWOHNHEIT

Auftragswerk der Salzburger Festspiele.
Uraufführung: Salzburg, 28. Juli 1974.
Regie: Dieter Dorn, Bühne: Wilfried Minks, Kostüme: Wilfried Minks / Johannes Schütz. Caribaldi: Bernhard Minetti, Jongleur: Fritz Lichtenhahn, Dompteur: Hans Peter Hallwachs, Spaßmacher: Bruno Dallansky, Enkelin: Anita Lochner.

Weitere Inszenierungen wurden von Bernhard nicht zugelassen, dagegen ging die Salzburger Ur-Inszenierung auf eine Tournée, gemanagt von der neugegründeten «Suhrkamp-Theaterproduktionsgesellschaft», die damit erstmals in Erscheinung trat.

Reinhard Baumgart schrieb (zitiert nach *Basler Nachrichten*, 31. Juli 1974): «Manchmal träumt man beim Lesen von einer Aufführung, die es als Präzisions-, Trauer-, Chaosmaschine mit den Auftritten großer Clowns aufnehmen könnte. Man fürchtet andererseits beim Lesen auch, der knappe, durch unendliche Litaneien gejagte, fast leer gesungene Text könnte sich auf einer Bühne noch weiter verflüchtigen. (...) Dieter Dorns Salzburger Inszenierung enttäuschte zwar die erste Erwartung, war also sicher kein Marionettenkunstwerk (...), sie wischte dafür aber auch alle Befürchtungen weg, der luftige Text könnte sich auf keiner Bühne halten,

in Rollen nicht realisiert werden. Bernhards Komödie wurde zugleich realer und auch viel enger, als sie wohl gemeint ist. Dafür setzt schon das Bühnenbild ein Zeichen. Wilfried Minks hatte einen großen, längs aufgeschnittenen Zirkuswagen in ein Geviert aus aufgebauschten Vorhängen gestellt, und in diesem Wagen war der Menschheit ganzer Jammer zu sehen: ‹Augsburg› sozusagen als Dauerzustand. Da stand lauter abgeschabtes, vernutztes Mobiliar, alles in morschen Farben, Dumpfbraun bis Grau. Es roch förmlich nach Staub, Armut, Müdigkeit.»
«Gleich die erste Szene bewies dann, wie praktisch und energisch Dorns Regie die Vorlage verstehen wollte. Da versuchte einfach ein Angestellter (der Jongleur, den Fritz Lichtenhahn ölig, greinend, mutig weich spielte)» — Rischbieter (*Theater heute* 9/74): «ein bei aller schmierigen Geschmeidigkeit nicht ungefährlicher Stichwortgeber» — «sein Angestelltenverhältnis zu kündigen, wozu er sich allerdings dauernd selbst den Mut in den Hintern treten muß, denn der Chef ist eben vertieft in Höheres, wünscht nicht so banal belästigt zu werden.» Ein wieder einfaches Rezept habe Dorn für die zweite (langsame) Szene gefunden, «mit zwei sehr körperlich spielenden, viel schweigende Lähmung einlassenden Schauspielern, Hans Peter Hallwachs als Dompteur, halbnackt, im Leopardenfellhöschen, Bruno Dallansky im schwarz aufgebauschten Kostüm des dummen August»: «Hier spielen zwei Unterdrückte miteinander die Herr-und-Knecht-Nummer. Mit spitzen, zäh verkrampften Bewegungen redet Hallwachs gegen den Direktor und gegen die Tyrannei der Kunst, während Dallansky stumm und unwirsch in seinem runden Gewand hin und her rollt, zwei Bilder gebremster Rebellion.» Rischbieter spricht von «auftrumpfender physischer Gegenwärtigkeit» dieses Dompteurs, die «kaum eine solche formale Entschiedenheit und Konzentration der Textbehandlung erwarten läßt, wie sie Hallwachs dann vorführt». Die Enkelin (Rischbieter spricht von ihrem «bleichzitternden Ungeschick») sitze am Ende der Szene, so Baumgart, «starr vor Beflissenheit» dem predigenden Caribaldi auf dem Schoß.
Im wesentlichen aber scheint die Aufführung ein Konzert für Minetti und begleitendes Kammer-Ensemble gewesen zu sein, was Bernhard dadurch zu autorisieren im Begriff ist, daß er seinem jüngsten Stück gleich den Titel MINETTI geben will. Minetti war, so Aurel Schmidt (Basler National-Zeitung, 17. März 1975), «der Mittelpunkt der Uraufführung und der Höchpunkt des Abends».

DIE MACHT DER GEWOHNHEIT

Er habe den Caribaldi, schreibt Baumgart, «in keinerlei vage oder helle Überzeitlichkeit hineingestellt, er treibt die Rolle kaum auf Beckett, sondern eher auf Wilhelm Busch zu». Dagegen Schmidt: «Er interpretierte den Caribaldi mit einer Art metaphysischer Verwitterung, als hätte er sich aus einem Stück von Beckett hierher verirrt. Dem Zerfall nahe, verschlagen, fremd in einer Welt der Fremdheit, gefährlich böse, anmaßend und voller List, zugleich von äußerster Sensibilität und von Trauer umhüllt, mit blitzenden Augen eines Irrsinns, in dem sich Gegenvernunft anmeldet.» Baumgart beschreibt so Minettis Spiel: «Da bellt und greint, da stiert, predigt, strahlt also ein Kleinstadtdämon, ein Jehova und Lear vom Zuschnitt wilhelminischer Schulmeister. Manchmal staunt man dennoch, daß er von Casals statt vom Turnvater Jahn schwärmt. Das Holzbein, das an Caribaldi hängt, muß diese Lesart der Rolle auf einen Haudegen zu inspiriert haben. Noch Bernhards schwärzeste Aphorismen (...) werden von Minetti keineswegs als poetische Schmuckstücke oder gar Botschaften über die Rampe gereicht. Er zeigt darin mit genauer Motivierung, langem Anlauf: hier läßt ein armer, vager Kopf nur seinen philosophischen Dampf ab. Dorn und Minetti balancieren die Rolle also zwischen Parodie und Karikatur hindurch. Minutenweise scheint sie auch rechts oder links in den Abgrund zu stürzen.» Unendlich redend treibe Minetti auch die dritte Szene («kalkuliertes Chaos») voran. «Wieder spielt er in wenigen Minuten unzählbare Umschwünge, von Brüten auf innere Erleuchtung, auf zärtlich säuselnde Andacht, auf Schnauztöne, nie ganz willkürlich, die komödiantische Lust immer noch am Text kontrollierend, aber dessen wortreiche Leere auch virtuos übertanzend. Minetti kann eben nackte Namen wie Gelsenkirchen oder Marburg an der Lahn so aufsagen, daß er schon Lacher aus dem Parkett zieht.» Auch Rischbieter hebt Minettis «weite Skala von Tonfällen» hervor, doch: «Eine immer wieder überrissene Mühsal der Bewegungen, ausholenden Drehungen und Wendungen über dem starren Holzbein hielt die Skala der Tonfälle zur (realistischen) Einheit der Figur zusammen.» Aurel Schmidt fand vor allem auffallend an der Inszenierung, daß Minettis Caribaldi «viel realistischer» konzipiert war als die Darstellungen der Artisten, die «eher komödiantisch oder clownesk angelegt waren». Rischbieter vermißte durchgehend, an Minetti und an der ganzen Inszenierung, «die formale (irreale) Härte, das Insistieren auf den Bernhardschen Monomanien»: «Soviel Genuß möchte, scheint mir, der Autor den

Zuschauern nicht unbedingt zubilligen.» Dieser «grundlegenden Inadäquatheit der Inszenierung» schreibt er es zu, daß es Dallansky (Spaßmacher) in der dritten Szene nicht mehr durchgehend gelungen sei, «von Mißgeschicken erschreckte Menschlichkeit und dazu noch einen manegereifen Clown» herzustellen. — «Viel mehr als scharfe Hübschheit», schreibt Baumgart, habe Bernhard diesmal kaum riskiert: «Und alles Riskantere hat Dieter Dorns patente Regie» (die er dennoch, dem Text wenig vertrauend, als für diesen «lebensrettend» bezeichnet) «mit ihrem kurzen, geraden Weg zur Theaterwirksamkeit noch abgeworfen. Zum Beißen bleibt da nicht mehr viel, ein reines, das Hirn verzückendes Genußmittel ist auch nicht daraus geworden.»

Der Präsident

Auftragswerk des Wiener Burgtheaters.
Uraufführung: Wien, Akademietheater, 17. Mai 1975.
Regie: Ernst Wendt, Bühne: Rolf Glittenberg, Kostüme: Silvia Strahammer. Präsidentin: Ida Krottendorff, Frau Frölich: Paola Loew, Präsident: Kurt Beck, Schauspielerin: Johanna Matz

Deutsche Erstaufführung: Stuttgart, Staatstheater, 21. Mai 1975.
Regie: Claus Peymann, Bühne: Karl-Ernst Herrmann, Kostüme: Ilse Träbing. Präsidentin: Edith Heerdegen, Frau Frölich: Doris Schade, Präsident: Horst Christian Beckmann, Schauspielerin: Libgart Schwarz.

In einem Gespräch mit der Wiener *Presse* (17./18. Mai 75) erklärte Ernst Wendt: «Der Text verführt dazu, ihn sehr schnell in seinem Rhythmus, seiner Musikalität umzusetzen. Dabei kann leicht die Realität, die Wahrhaftigkeit der Personen zu kurz kommen.» Er habe daher versucht, den Text wie Alltagssprache zu behandeln. Im Ergebnis waren dann weder Rhythmus und Musikalität, noch «psychische Realität» vorhanden; es stellte die Monotonie, die Bernhard zwar meint, doch kunstvoll und spannungsreich *darstellt*, direkt sich ein. Ida Krottendorff setzte die Präsidentin aus einigen jederzeit als (burg)theatralisch erkennbaren, obschon als solche nicht gemeinten, nicht reflektierten stimmlichen Exaltationen und hysterisch sein sollendem Gefuchtel zusammen.

Paola Loew erschöpfte sich in aufreizend langsamen, trägen Bewegungen, die schnell zum wirkungslosen Zeichen von Bedrohlichkeit wurden, ohne die Realität davon zu vermitteln. Über Johanna Matz als die Schauspielerin schrieb Georg Hensel (FAZ, 20. Mai 1975), daß sie ihre rote Perücke spielte. Kurt Becks Präsident blieb der kleine Unterhosen-Diktator, als der er im Auftritt in der zweiten Szene erscheint. Die dritte Szene war eine kabarettistische Solonummer, die zu betrachten amüsieren konnte, wenn man davon absah, daß sie Teil eines Stücks von Bernhard ist; so etwas wie eine Entwicklung ergab sich darin durch zunehmende Betrunkenheit des Präsidenten (dem Bühnenbild entsprechend, Rotwein aus der Flasche). Mit der vierten Szene, wo eine solche äußerliche Motivation des Verhaltens nicht mehr gegeben ist, wußte er nichts mehr anzufangen. Wendt gruppierte zwölf Darsteller von portugiesischen Offizieren und Diplomaten zu einem Tableau, das so deutlich an Abendmahl-Bilder erinnerte, daß Absicht anzunehmen war, aber durchaus nicht einzusehen, welche (es sei denn eine unbestimmte Reminiszenz an das Fest für Boris, das, obschon die Zahl der ‹Jünger› nicht stimmt, als Kontrafaktur des biblischen Abendmahls gelesen werden kann). Gegen Ende der Szene ließ Wendt das Bild ausblenden und den Präsidenten, der bisher am Kamin in der hinteren Bühnenmitte gestanden hatte, unter Flutlicht an die Rampe treten. Seine abschließende Suada wurde dadurch zur Botschaft, zur Moral von der Geschicht'.
Die Bühne Glittenbergs: anekdotisch und von wohl absichtlicher Geschmacklosigkeit. Im Hintergrund, in einer Vertiefung des Raumes, an deren rechter Seite ein Fenster angebracht war, ein Doppelbett, in der linken Mitte eine Polstergruppe: modernistisch Kostspieliges aus dem Warenhaus, während die beiden Kleiderständer aus der Liquidation eines Kaffeehauses auf die Bühne gefunden haben könnten. Rechts, mit Front zum Publikum, der Putztisch der Präsidentin. Links eine kleine Tür ins Badezimmer, hinten drei Türen, durch die abwechselnd die Frölich ein- und ausging (Zeichen von Unberechenbarkeit?). In die hintere Wand eingebaut ein Panzerschrank, aus dem die Präsidentin den Schmuck holte. Das Bild zur dritten Szene verengte die Bühne durch einen Rahmen auf ein winziges Kämmerchen mit Kanapee und Tischchen: billige Absteige.
Die Rehabilitierung des Stücks in Stuttgart war wesentlich mit das Verdienst der großzügigen Bühnenbilder Herrmanns. In den

Szenen eins bis vier derselbe Raum, fünfeckig, von einer Rundung überwölbt, an Mausoleum erinnernd. Kalter, grüngrauer Marmor in der ersten und zweiten, mit rosa Seidendraperien und -polsterungen ausgekleidet in der dritten, mit Plexyglas-Spiegeln, von ornamentalen Mahagony-Einlagen gegliedert, in der vierten. In jedem Bild eine Öffnung nach ‹draußen›: in Szene eins und zwei Mitte hinten (auch Ausgang ins Badezimmer) Ausblick auf eine flatternde schwarze Fahne (Anarchistenschwarz, Todesschwarz) vor blauem Himmel; in der dritten Szene wird daraus ein Nachthimmel mit Palme. Der Epilog spielte in einem viereckigen Monumentalraum (schwarzer Marmor) mit Säulenreliefs und Treppenaufgang in ganzer Breite von hinten unten. Vorne der Katafalk (in Wien an eine Abschußrampe erinnernd und der mit Blech umkleidete Sarg an eine Bombe), von zwei Feuern, in Schalen auf Stangen, flankiert. Kein anekdotisches Beiwerk in Herrmanns monumentalen Bildern, und bei aller luxuriösen Opulenz strenge Funktionalität.
Edith Heerdegen und Horst Christian Beckmann schufen aus ihren monströsen Monologen kompakte Gestalten, die Sympathie wider Willen erweckten, weil es beiden gelang, Perversität, Despotismus etc. der Figuren als Leiden an den sie gleichermaßen determinierenden Umständen und Zuständen kenntlich zu machen. Beide Monologe, besonders derjenige der Präsidentin, im einzelnen eine reiche Skala zwischen introvertiertem und outriertem Verhalten durchlaufend, oft in sprunghaftem Wechsel, entwickelten, rundeten sich im ganzen, durch Verlangsamung des Tempos, eher gedämpftes Spiel jeweils gegen Ende des zweiten Teils (zweite bzw. vierte Szene). Entwicklung, die darin bestand, die Figur einzukreisen, sie abzubauen in dem Maß, wie sie an Realität gewonnen hat, sie ihrem Alleinsein, ihrer Totenstarre auszuliefern. Weil die Figuren als ganze lebten, wurde, über die wörtlichen Bezugnahmen hinaus, deutlich, wie das Denken beider auf die Person des andern bezogen, von ihr beherrscht ist. Dadurch standen erster und zweiter Teil — in Wien stilistisch heterogen, ohne Beziehung — sich als zwei von innerer Spannung gebundene Blöcke gegenüber, in einem Verhältnis, wie es optisch vorgezeichnet war im Bühnenarrangement des ersten Teils, wo links und rechts vorne, mit Front gegen die Seitenwände, die Ankleidetische von Präsident und Präsidentin standen, die also Rücken gegen Rücken saßen, so weit wie nur möglich voneinander entfernt, verbunden in Angst, Haß, gegen-

seitigem sich Abstoßen. Daß der Präsident sich die Schauspielerin hält, ihr das Vermögen nachschmeißt wie anders die Frau dem Kaplan, war zu verstehen als Bosheit seinerseits gegen sie, die Frau. Daß er von ihr zu jener so viel redet, war dann nicht — im Gegensatz zu Becks Darstellung — einfach das Verhalten des anekdotischen Spießers, der, wenn er bei Huren ist, von seiner Frau spricht, sondern hatte den Sinn ohnmächtiger, verbissener Rache. Sein an Holofernes erinnerndes Bramarbasieren war kaschiertes Betteln um Anerkennung und Verständnis, zwar an die Schauspielerin gerichtet, indirekt aber an die abwesende Frau, die, was immer er sagt, der Lächerlichkeit preisgibt. So etwas wie Verdruß war in den Äußerungen von Beckmanns Präsident zu spüren, worin er diese von sich wegspielte, sich von sich selber wegspielte. Gegen Ende der vierten Szene erst, im durch die Nähe des Todes bedingten klaren Bewußtsein seiner gescheiterten Existenz, wurde er mit sich identisch und gewann dadurch beinahe tragische Würde. — Die Präsidentin verfügt von Anfang über ein Bewußtsein ihrer Lage. Demgemäß ironisierte Frau Heerdegen ihre Äußerungen, was nicht heißen soll, daß sie die Figur nicht ernst genommen hätte, sondern, daß sie deren Distanz zu sich selber immer mitspielte: wie sie, von Angst beherrscht, fortwährend sich belauert, wie sie Rollen ausprobiert und verwirft, Posen einnimmt: um sich daran aufzurichten, oder aus Perfidie gegen ihren Mann, gegen die Frölich, und nicht zuletzt, selbstquälerisch, gegen sich selbst. — Doris Schade und Libgart Schwarz, obwohl sie kaum Text haben, waren ebenbürtige, präsente Partnerinnen der Protagonisten, und zwar, ohne durch äußerliche Zutaten ihre Rollen aufzumöbeln, sondern allein genau sie ausschöpfend und erfüllend. Die Frölich ließ sich nicht — wie in Wien offenbar beabsichtigt — reduzieren auf die Angehörige einer Klasse, die demnächst in die abgelegten Herrschaftskleider schlüpfen wird; sie war ein Trampel, ohne das Bewußtsein der Vorgänge, aber mit, wie Peymann sagte, «instinktiver Sicherheit»: roboterhaft, aus dumpfem, aufgestautem Haß heraus plötzlich, momenthaft, gegen die Herrschaft ausfallend (wenn die Massage des Halses der Präsidentin zum Würgegriff werden wollte, das Kämmen, mit dem schon die Konrad ihren Mann sekkiert, zum wütenden Zerzausen), dann wieder über ihre eigene Kühnheit erschrocken und beinahe ängstlich bemüht, es der Präsidentin recht zu machen. Wie vorsintflutliche Monstren staunte sie zuweilen ihre Herrschaft an; sie ist ihr überlegen aus robuster Verständnislosigkeit. — Libgart Schwarz spielte mit einer reichen Palette genau kontrollierter und gegeneinander abgesetzter Haltungen die Aufmerksame, für Augenblicke irritiert, wenn es ihr nicht gelungen ist, dem Präsidenten mit Zärtlichkeiten, auffordernden Blicken beizukommen, sinnend, wie sie seinen Beifall finden könnte, und voll Freude, wenn es ihr gelungen ist, etwas Passendes zu sagen, in einer Weise sich zu verhalten, daß er sie überhaupt zur Kenntnis nimmt. Sie weiß, wofür sie bezahlt ist: ihm gesellschaftliches Prestige zu geben und ihm zu gefallen, ihm die Anerkennung vorzuspielen, die er bei seiner Frau nicht findet und die er sich selber nicht geben kann. In kaum zu übertreffender Weise ließ Libgart Schwarz die «Körperdisziplin und Kopfdisziplin» erkennen, die im gesamten der Stuttgarter Inszenierung eigen war und die das Richtmaß der Aufführung eines Stücks von Bernhard ist.

BIOGRAPHISCHES

Biographische Angaben über Thomas Bernhard, auch von ihm selber verfaßte, sind mit Vorbehalten aufzunehmen. Er nimmt es damit nicht genau, weil ihm Fixierungen und Schubladisierungen grundsätzlich zuwider sind. Die nachfolgenden Angaben stützen sich teils auf mündliche Mitteilungen Bernhards (Juli 1975), teils sind sie den folgenden Quellen entnommen:

«Drei Tage» (in DER ITALIENER)

«Vita» im Anhang zu «Über Thomas Bernhard» (es 401) (fehlerhaft, obschon von Bernhard selber verfaßt)

«Lebenslauf», ebenfalls von Bernhard selber verfaßt, als Brief an Hans Weigel, der nicht zur Veröffentlichung bestimmt gewesen sei, abgedruckt in «Stimmen der Gegenwart», Wien 1954.

Thomas Bernhard wurde geboren am 10. Februar 1931 als Kind der Tochter des Schriftstellers Johannes Freumbichler und eines Bauernsohnes, Tischler von Beruf, aus Henndorf, und zwar, weil eine uneheliche Geburt in den ländlichen Verhältnissen zu großes Aufsehen erregt hätte, im Kloster Heerlen bei Maastricht, das eine bekannte Zuflucht für «gefallene Mädchen» gewesen sei. Da die Mutter die Kosten der Geburt im Kloster habe abarbeiten müssen, habe sie das Kind in Pflege auf einen Fischkutter nach Rotterdam gegeben, wo es in der Schiffsküche in einer Hängematte gelegen habe. Die erste Kindheit verbrachte Bernhard dann bei den Großeltern mütterlicherseits in Wien und in Seekirchen am Wallersee (bei Henndorf), wo er mit viereinhalb Jahren schon die Schule besuchte, vom Großvater ermahnt, sie nicht ernst zu nehmen und dem Lehrer nicht zu glauben. Der Großvater war die dominierende Gestalt von Bernhards Kindheit, er war mit Carl Zuckmayer befreundet, in dessen Haus er auch Horváth kennengelernt habe. Täglich sei er um drei Uhr früh aufgestanden und habe sich an die Arbeit gesetzt, bis gegen neun Uhr. Seine Existenz sei immer provisorisch gewesen, nebst den Büchern «aus Kisten, Papier und Reißnägeln» bestehend. Es sei, sagte Thomas Bernhard, in ihm

selber dann das Bedürfnis nach etwas Festem, Dauerhaftem so stark geworden, weil er es in der Jugend entbehrt hatte. Der Großvater hatte ihn geliebt, und umgekehrt: ... «die Spaziergänge mit ihm — das alles ist in den Büchern später, und diese Figuren, Männerfiguren, das ist immer wieder mein Großvater mütterlicherseits...» (I 146). Der Großvater habe aus ihm einen Künstler machen wollen.
1938 fand der Vormund (Ehemann der Mutter) eine Anstellung als Friseurgehilfe in Traunstein (Oberbayern), die Familie, auch die Großeltern, folgte nach. Gemäß «Vita» erster Musikunterricht. Im Herbst 1943 wurde Bernhard in ein Internat nach Salzburg gegeben, das bis Ende 1944 nazistisch, ab Wiedereröffnung im Spätsommer 1945 katholisch war; ein Unterschied sei nicht zu bemerken gewesen. Von dieser Internatszeit handelt sein erstes direkt autobiographisches Buch, DIE URSACHE.
Ende 1946 wurde die Familie aus Deutschland innert 24 Stunden ausgewiesen (Repressalie gegen die Ausweisung Deutscher aus Österreich) und übersiedelte nach Salzburg (Lebenslauf 1954: «die Heimat meiner Vorfahren»). Kurz danach ist Thomas Bernhard eines Morgens plötzlich, statt aufs Gymnasium, aufs Arbeitsamt gegangen und hat nach einer Lehrstelle gefragt. Innert zwei Stunden habe er die Kaufmanns-Lehre bei einem Lebensmittelhändler begonnen; der Laden, der heute noch existiere, war in einem Kellergewölbe, in einem Salzburger Vorstadt-Quartier, «wo Trinker und Mörder lebten». Der Vormund ließ Bernhard spüren, daß er ihm lästig sei, habe das Brot vor ihm verschlossen, ihm von den 110 Schilling, die er verdiente, 80 für Heizung abgenommen. Die Kinder des Vormunds hätten ihm, Bernhard, im Chor zugerufen: «Der Laggel soll verschwinden!» — «Da bin ich sehr vorsichtig geworden.»
Mit Salzburg verbinde für ihn sich «Elend, Tod und Scheußlichkeit». Im feuchten Kellergewölbe und durch Abladen von schweren Kartoffelsäcken holte er sich eine Rippenfellentzündung und wurde lungenkrank. «Vier Jahre lang wurde ich von einem Krankenhaus zum andern geschleppt, abgehorcht und ‹gefüllt›» (Lebenslauf 1954), also von 1948 bis 1951. 1949 starb der Großvater, und zwar im selben Spital, wo Bernhard selber in der Sterbestation (in einem Badezimmer) lag. Der Großvater habe ihn noch täglich im Schlafrock besucht gehabt und sei dann plötzlich ausgeblieben; zwei Wochen später erst habe er, Bernhard, vom Tod des Groß-

vaters durch einen Nachruf in der Zeitung erfahren. 1950 starb die Mutter (der Vater, den er gar nicht kannte, war schon 1943 «in Frankfurt an der Oder in den Kriegswirren zugrundegegangen» [Lebenslauf 1954]). «In der Lungenheilstätte Grafenhof begann ich, immer den Tod vor Augen, zu schreiben. Daran wurde ich vielleicht wiederhergestellt» (Lebenslauf 1954; dasselbe ausführlicher in «Drei Tage» [I 156]). Er habe allerdings schon vorher gelegentlich «Gedichte und so Zeugs» geschrieben. Gemäß «Vita» wurde 1950, im Salzburger Volksblatt, seine erste Prosa veröffentlicht («Vor eines Dichters Grab»).
«1951 kam ich nach Wien, um dort in der Akademie, die mir einen Freiplatz gewährte, Musik zu studieren. Aber was tat ich? In quälendem Hunger räumte ich Misthaufen vornehmer Leute weg, zerkleinerte Beton auf dem Gelände des Arsenals, hauste in Waggons, trug Koffer auf dem Westbahnhof, schlief dort im Bunker, und pflegte schließlich eine häßliche siebzigjährige Irrsinnige in Währing bis zu ihrem Tode, wofür ich zu essen bekam.» (Lebenslauf 1954). 1952 begann Bernhard ein Studium in Gesang, Regie und Schauspielkunst an der Akademie Mozarteum in Salzburg. Schon 1943 hatte er (gemäß Vita) Geigenunterricht gehabt, ab 1945 (Vita) Unterricht in Musikästhetik, außerdem Gesangunterricht (Baß), bei Maria Keldorfer, den er auch während der kaufmännischen Lehre fortgesetzt habe. Während des Studiums am Mozarteum habe er «viel gespielt, vor allem komische Rollen, Regie geführt» (I 154 f.). Den Lebensunterhalt verdiente er sich als Gerichtsreporter für das «Demokratische Volksblatt» (Salzburg) und durch gelegentliche Beiträge für die «Furche», wo damals Wieland Schmied Redaktor war. Er hatte anscheinend das Studium 1955/56 unterbrochen, denn der Vita ist zu entnehmen, daß er die Tätigkeit für das «Volksblatt» 1955 einstellte, 1956 in Sizilien weilte, und eine Kurzbiographie in «Stimmen der Gegenwart» 1956 vermerkt: «Studiert wieder am Mozarteum.» Zur Abschlußprüfung gehörten eine Arbeit über Artaud und Brecht (er habe das Thema gewählt, weil er sicher gewesen sei, daß von den Prüfenden keiner eine Ahnung von Artaud gehabt habe) und drei Regiebücher: es habe ein altes und ein modernes Stück sein müssen und ein weiteres ganz nach freier Wahl. Er wählte die Stücke, die ihm damals die liebsten gewesen seien: LEONCE UND LENA (das er für unaufführbar hält), DER ZERBROCHENE KRUG und HERRENHAUS von Thomas Wolfe. 1957 verließ er das Mozarteum «mit

dem Abschlußzeugnis in der Tasche» und mit der Gewißheit, noch auf der Treppe, er wolle «nie etwas damit zu tun haben» (also mit Regie, Gesang, Schauspielerei).
Von nun an lebte Bernhard als sogenannter freier Schriftsteller, teils in Wien, teils (1957—1959, nach Angabe von G. Lampersberg sogar bis 1960) auf dem Tonhof in Maria-Saal bei Klagenfurt, wo 1960 vier seiner dort geschriebenen kurzen Schauspiele aufgeführt wurden. Zwischendurch Aufenthalte in Polen und ein Aufenthalt in England (1960), mit Beschäftigung in der Bibliothek des Österreichischen Kulturinstituts.
1965 kaufte sich Bernhard einen verfallenen Gutshof (oberösterreichischen Vierkanthof) auf dem Gemeindegebiet von Ohlsdorf bei Gmunden, den er in jahrelanger Arbeit instandstellte. Teilweise bewirschaftet er selber seine Wiesen- und Waldgrundstücke.

1965 Bremer Literaturpreis
1967 Österreichischer Staatspreis für Literatur (Roman)
1968 Wildgans-Preis der österreichischen Industrie
1970 Büchnerpreis

WERKVERZEICHNIS

WERKVERZEICHNIS
(beigefügt die im Text gebrauchten Abkürzungen)

Lyrik
Auf der Erde und in der Hölle. Salzburg 1957 (Otto Müller Verlag)
In hora mortis. Salzburg 1958 (Otto Müller Verlag)
Unter dem Eisen des Mondes. Köln 1958 (Kiepenheuer & Witsch)

Prosa
Frost. Roman. Frankfurt 1963 (Insel Verlag). Lizenzausgabe München/Zürich 1965 (Knaur Taschenbuch 80): danach die Zitierung. F
Amras. Frankfurt 1964 (Insel). 1965 als Band 142 der edition suhrkamp: danach die Zitierung. A
Verstörung. Roman. Frankfurt 1967 (ab jetzt Suhrkamp). V
Prosa. Frankfurt 1967 (es 213). P
Ungenach. Erzählung. Frankfurt 1968 (es 279). U
An der Baumgrenze. Drei Erzählungen (nebst der Titelerzählung: Der Kulterer und Der Italiener). Salzburg 1969 (Residenz-Verlag). B
Ereignisse. Kurzprosa, geschrieben 1957. Berlin 1969 (LBC-Edition 12). E
Watten. Ein Nachlass. Frankfurt 1969 (es 353). W
Das Kalkwerk. Roman. Frankfurt 1970. K
Midland in Stilfs. Drei Erzählungen (nebst der Titelerzählung: Der Wetterfleck und Am Ortler). Frankfurt 1971. M
Der Italiener. Ein Film. (Enthält außerdem das Prosafragment Der Italiener, sowie Drei Tage, Selbstaussagen Bernhards dem Regisseur des Films, Ferry Radax, gegenüber). Salzburg 1971 (Residenz). I
Gehen. Frankfurt 1971 (st 5). G
Der Kulterer. Ein Film. (Enthält außerdem die Erzählung Der Kulterer). Salzburg 1974 (Residenz).

WERKVERZEICHNIS

*Die Ursache. Salzburg 1975 (Residenz).
*Korrektur. Roman. Frankfurt 1975.

Bühnenwerke
Die Rosen der Einöde. Fünf Sätze für Ballett, Stimmen und Orchester. Frankfurt 1959 (S. Fischer Verlag). Komponiert von Gerhard Lampersberg.
Der Berg. Ein Spiel für Marionetten als Menschen oder Menschen als Marionetten. In «Literatur und Kritik», Heft 46, Juni 1970, p 330—352.
Ein Fest für Boris. Frankfurt 1970 (es 440). FB
Der Ignorant und der Wahnsinnige. Frankfurt 1972. IW
Die Jagdgesellschaft. Frankfurt 1974. Jg
Die Macht der Gewohnheit. Frankfurt 1974. MG
Der Präsident. Frankfurt 1975. Pr
*Die Berühmten. Frankfurt 1976. (U im Rahmen der Wiener Festwochen, Theater an der Wien, 18. Juni 1976. Regie: Peter Lotschak, in der Hauptrolle: Horst Christian Beckmann).
*Minetti. (U am 1. September 1976 in Stuttgart). Abdruck im Programmbuch Nr. 21, Württembergische Staatstheater Stuttgart, Schauspiel 76/77.

Unveröffentlicht (vor 1960 entstanden)
Die Totenweiber. Eine Szene mit einem Vorspiel und drei Erzählungen, die von einem kleinen Ballett dargestellt werden. 1958.
Ms. Nightflowers Monolog. 1958.
Einaktige Kurzdramen:
Die Erfundene oder das Fenster.
Frühling.
Rosa II.
Wachablöse.
Die zwei Gehängten.
Gartenspiel für den Besitzer eines Lusthauses in Kärnten.
Die Köpfe. Kammeroper, komponiert von Gerhard Lampersberg.

Die mit * gekennzeichneten Werke konnten in dieser Schrift nicht mehr berücksichtigt werden.

Literatur über Thomas Bernhard
Über Thomas Bernhard, herausgegeben von Anneliese Botond.

Frankfurt 1970 (es 401). Mit Bibliographie von Gerhard P. Knapp.
Neumeister, Sebastian. Der Dichter als Dandy. Kafka, Baudelaire, Thomas Bernhard. München 1973.
Tismar, Jens. Gestörte Idyllen. Eine Studie zur Problematik der idyllischen Wunschvorstellungen am Beispiel von Jean Paul, Adalbert Stifter, Robert Walser und Thomas Bernhard. München 1973.
Text + Kritik, Zeitschrift für Literatur, herausgegeben von Heinz Ludwig Arnold, Heft 43, Juli 1974. (Boorberg Verlag, München). Enthält ausschließlich Beiträge über Thomas Bernhard. Mit einer Bibliographie von Thomas B. Schumann.

Auf die Aufzählung der zahlreichen Zeitschriften- und Zeitungsartikel über Thomas Bernhard sei hier verzichtet. Der ausführlichen Bibliographie von Thomas B. Schumann im Thomas Bernhard-Sonderheft von «Text + Kritik» könnte nichts hinzugefügt werden.

Das Manuskript zum vorliegenden Buch wurde im Herbst 1975 abgeschlossen und ist in der Zwischenzeit von der philosophischen Fakultät I der Universität Zürich als Habilitation angenommen worden.
Nach Fertigstellung dieses Buches ist eine Zürcher Dissertation zugänglich geworden: Christa Strebel-Zeller. Die Verpflichtung der Tiefe des eigenen Abgrunds in Thomas Bernhards Prosa. Zürich 1975.
Vom Verf. ist etwas über DIE BERÜHMTEN gedruckt in Spectaculum 25. II, p 279—282, und über MINETTI im Programmbuch Nr. 21, Schauspiel 76/77, Württemberg. Staatstheater Stuttgart, p 103—132.

NACHWEISE UND ANMERKUNGEN

zum ersten Teil
1. Auf Schopenhauer ist zu verweisen: «Die Welt als Wille und Vorstellung», in der Bibliothek des Großvaters vorgefunden, sei *der* Leseeindruck des jungen Bernhard gewesen («Erste Leseerlebnisse». Frankfurt 1975 (st 275)). Aus der Vorrede zur ersten Auflage: «*Ein System von Gedanken* muß allemal einen architektonischen Zusammenhang haben, d. h. einen solchen, in welchem immer ein Teil den andern trägt, nicht aber dieser auch jenen, der Grundstein endlich alle, ohne von ihnen getragen zu werden, der Gipfel getragen wird, ohne zu tragen. Hingegen *ein einziger Gedanke* muß, so umfassend er auch sein mag, die vollkommenste Einheit bewahren. Läßt er dennoch, zum Behuf seiner Mitteilung, sich in Teile zerlegen, so muß doch wieder der Zusammenhang dieser Teile ein organischer, d. h. ein solcher sein, wo jeder Teil ebenso sehr das Ganze enthält, als er vom Ganzen gehalten wird, keiner der erste und keiner der letzte ist, der ganze Gedanke durch jeden Teil an Deutlichkeit gewinnt und auch der kleinste Teil nicht völlig verstanden werden kann, ohne daß schon das Ganze vorher verstanden sei. — Ein Buch muß inzwischen eine erste und eine letzte Zeile haben und wird insofern einem Organismus allemal sehr unähnlich bleiben, so sehr diesem ähnlich auch immer sein Inhalt sein mag: folglich werden Form und Stoff hier im Widerspruch stehen.» (Arthur Schopenhauers sämtliche Werke, herausgegeben von Otto Weiss. Erster Band: Die Welt als Wille und Vorstellung I, Leipzig 1919, p 3)
   Aus dem vierten Buch, § 54: «Da, wie gesagt, diese ganze Schrift nur die Entfaltung eines einzigen Gedankens ist; so folgt hieraus, daß alle ihre Teile die innigste Verbindung untereinander haben und nicht bloß ein jeder zum nächstvorhergehenden in notwendiger Beziehung steht (...); sondern daß jeder Teil des ganzen Werks jedem andern verwandt ist und ihn voraussetzt». Die «Zergliederung unseres einen und einzigen Gedankens in viele Betrachtungen» sei «zwar zur Mitteilung das einzige Mittel, dem Gedanken selbst aber nicht eine wesentliche, sondern nur eine künstliche Form». (Schopenhauer. l. c. p 382f)
2. «Jeder findet sich selbst als diesen Willen, in welchem das innere Wesen der Welt besteht, so wie er sich auch als das erkennende Subjekt findet, dessen Vorstellung die ganze Welt ist, welche insofern nur in Bezug auf sein Bewußtsein, als ihrem notwendigen Träger, ein Dasein hat. Jeder also ist in diesem doppelten Betracht die ganze Welt selbst, der Mikrokosmos, findet beide Seiten derselben ganz und vollständig in sich selbst. Und was er so als sein eigenes Wesen erkennt, dasselbe erschöft auch das Wesen der ganzen Welt, des Makrokosmos: auch sie also ist, wie er selbst, durch und durch Wille, und durch und durch Vorstellung, und nichts bleibt weiter übrig.» (Schopenhauer, l. c. p 228f)
3. Lenau, zit. n. Ernst Fischer. Von Grillparzer bis Kafka. Wien 1962, p 83
4. Theodor W. Adorno. Ästhetische Theorie. Frankfurt 1970. p 68
5. Adorno, l. c. p 69

NACHWEISE UND ANMERKUNGEN

6   Novalis, Fragmente. Fischer Bücherei 121, p 205
7   Peter Handke. Die Hornissen. Roman, Frankfurt 1966, p 241f
8   «Das WORT stellt den Maßstab dar für unsre Ohnmacht, für unsre Trennung vom Wirklichen.»
    Antonin Artaud. Das Theater und sein Double. Frankfurt 1969, p 165
9   «nicht wir sagen die Worte, sondern die Worte sagen uns». Witold Gombrowicz. Die Trauung. Frankfurt 1964, p 138
10 Reinhard Wittram. Anspruch und Fragwürdigkeit der Geschichte. Göttingen 1969, p 9
11 Ödön von Horváth. Werke in 4 Bänden, Bd. III (Frankfurt 1971), p 265
12 Oswald Wiener. die verbesserung von mitteleuropa. Reinbek b. Hamburg 1969, p CXXVIII
13 Gerhard P. Knapp und Frank Tasche* verstehen die «Technik der Zitatenmontage» zum einen als Stilmittel zur Vermeidung von Monotonie, die bei der eminent wichtigen Rolle, die das gesprochene Wort in Bernhards Prosa spiele, durch permanente Verwendung einer einzigen Redeform zwangsläufig sich einstellen müßte, zum andern als «Bestandteil eines Distanzierungsprogramms, eines Dissimulationsvorgangs, der den Autor davor bewahrt, etwa eigenes Betroffensein zu decouvrieren». Damit wird vorausgesetzt, daß Bernhard eine lineare Erzählweise «nach dem Muster von Gegenstand und Bezeichnung» 14, die ganz einfach außerhalb des Möglichen liegt, willkürlich, ein Versteckspiel treibend, vermeide (außerdem: was sollte ihn, der, wo immer er in eigenem Namen auftritt — Büchnerpreis-, Staatspreisrede etc. —, nicht anders spricht als seine Protagonisten, dazu veranlassen, ausgerechnet in den Büchern sein Betroffensein zu verleugnen, sich einzunebeln?) ... es wird vorausgesetzt, der Zitatenbetrieb sei ein im Belieben des Autors stehender Kunstgriff, direktes Erzählen (das somit als jederzeit möglich angenommen wird) zwecks Vermeidung von Monotonie aufzulockern und zu beleben. In diesem Fall, bar der Notwendigkeit, wäre die «Technik der Zitatenmontage» eine Manier im schlechten Sinn von Kunstgewerbe.
    * Gerhard P. Knapp und Frank Tasche. Die permanente Dissimulation. Bausteine zur Deutung der Prosa Thomas Bernhards. In: Literatur und Kritik, Österreichische Monatsschrift, Nr. 58 (Oktober 1971), p 490
14 Ludwig Wittgenstein. Philosophische Untersuchungen, Nr. 293. Schriften (1), Frankfurt 1960, p 403
15 Adorno, l. c. p 97
16 Oswald Wiener, l. c. p. CXX
17 Fritz Mauthner. Beiträge zu einer Kritik der Sprache. 3 Bde. Stuttgart 1901, 01, 02, Bd. 1, p 54
18 Theodor W. Adorno. Resignation. In: Kritik. Kleine Schriften zur Gesellschaft. Frankfurt 1971 (es 469) p 150
19 Handke allerdings hat in der Gestalt seines Quitt die geschichtliche Herkunft solchen Eingeschlossen- bzw. Ausgeschlossenseins reflektiert (vgl. auch Anm. 64). — Als «natürliche» Situation der Menschen wurde zu Beginn des bürgerlichen Zeitalters (durch Hobbes) ihre isolierte Selbsthaltung behauptet «und damit zugleich das Modell eines Wirtschaftens auf getrennte eigene Rechnung gegen die Bedürfnisse bzw. Ansprüche der andern

legitimiert» (Rudolf zur Lippe. Bürgerliche Subjektivität: Autonomie als Selbstzerstörung. Frankfurt 1975 (es 749), p 11). Die formal abstrakte Identität des bürgerlichen Subjekts konkretisierte sich durch «Ausgrenzung» bzw. «kontrollierte Eingrenzung», also immer schon ex negativo durch sein anderes. Im Verlangen: *«Ich* will sein, nicht *ich* sein», möchte subjektive Autonomie der zur Aporie zugespitzten Antinomie entweichen, die — daß nämlich «die ganze Welt in Subjekt und Objekt dichotomiert» sei (Willms, zit. n. zur Lippe, p 17) — ihrem Begriff unabdingbar und, als zunehmend verinnerlichte (im Maß die Herrschaft bürgerlicher Subjektivität real sich etablierte) eine des Subjekts selber ist.

20 Ludwig Binswanger, zit. n. Michel Foucault. Wahnsinn und Gesellschaft. Frankfurt 1969² (es 272) p 81f
21 Foucault, l. c. p. 114
22 Jens Tismar. Gestörte Idyllen. München 1973, p 135f
23 Es könnte möglicherweise die «Schuld», ebenso wie Schuldgefühl, Isolation, mangelnde Identität des Erzählers von *Die Mütze,* in Verbindung gebracht werden mit der Situation des Kopfarbeiters im Gegensatz zu den körperlich Arbeitenden (Bauern, Holzfäller, Fleischhauer). Das würde zum im Text folgenden Versuch des Verstehens insofern nicht in Widerspruch stehen, als die Trennung in Kopfarbeit und körperliche Arbeit Voraussetzung ist der Natur- und Menschenbeherrschung, von der die Rede ist. (vgl. «Arbeit, Werkzeug, List». Materialistische Ansätze in der Konstitutionslogik des frühen Hegel. In: Rudolf zur Lippe. Bürgerliche Subjektivität: Autonomie als Selbstzerstörung. Frankfurt 1975 (es 749) p 156ff). Bernhard findet es ungehörig, spazieren zu gehen an den auf dem Feld arbeitenden Bauern vorbei.
24 Franz Borkenau. Der Übergang vom feudalen zum bürgerlichen Weltbild. Darmstadt 1973, p 7
25 Herbert Marcuse. Kultur und Gesellschaft I. Frankfurt 1965 (es 101) p 12f
26 «Wir sehen schon hier, daß *von außen* dem Wesen der Dinge nimmermehr beizukommen ist: wie immer man auch forschen mag, so gewinnt man nichts, als Bilder und Namen. Man gleicht einem, der um ein Schloß herumgeht, vergeblich einen Eingang suchend und einstweilen die Fassaden skizzierend.» Schopenhauer. Die Welt als Wille und Vorstellung. Zweites Buch, § 17, l. c. p 145f
27 Im Rahmen des Schopenhauerschen Denkmodells kann die Handlungsweise des Vaters als Umkehr des «Willens zum Leben» verstanden werden, über dessen Resignation in vollkommener Erkenntnis (was Schopenhauer anstrebt und was der Grund dafür sein könnte, daß sein Werk für den Vater des Fürsten immer die allerbeste Nahrung gewesen sei) hinaus. Den Leib kasteiend und schließlich abtötend, den Leib, den Schopenhauer auch die «Objektivität des Willens» nennt* (l. c. p 147), vernichtet der Vater den Willen; angenommen, daß dieser überall Einer sei, meint seine Selbstvernichtung die Vernichtung der Welt. Diese Deutung ist mit der im Text vorgetragenen unter der Voraussetzung zu verbinden, daß Schopenhauers Quietismus seinerseits schon als Reaktion auf die Auswirkungen fortschrittlicher Rationalität verstanden werden kann.

*) «Jeder wahre, ächte, unmittelbare Akt des Willens ist sofort und unmittelbar auch erscheinender Akt des Leibes; und diesem entsprechend ist andererseits jede Einwirkung auf den Leib sofort und unmittelbar auch Einwirkung auf den Willen: sie heißt als solche Schmerz, wenn sie dem Willen zuwider; Wohlbehagen, Wollust, wenn sie ihm gemäß ist.» (Schopenhauer, l. c. p 148)

28 Erich Fromm. Anatomie der menschlichen Destruktivität. Stuttgart 1974
29 Ronald Laing. Phänomenologie der Erfahrung. Frankfurt 1970³ (es 314) p 48
30 Über den durch solche Formulierungen nahegelegten Zusammenhang von Bernhards dichterischer Welt mit der gnostischen (insbesondere manichäischen) Tradition vgl. Hartmut Zelinsky: Thomas Bernhards *Amras* und *Novalis*. In: Über Thomas Bernhard. Frankfurt 1970 (es 401) p 24ff
31 Ernst Fischer. Von Grillparzer bis Kafka. Wien 1962
32 Neues Forum, 15. Jg. Nr. 173 (Mai 1968), p 348
33 Strauch: «Aber die Menschen sind immer die Menge, die Masse. Jeder einzelne ist die Menge, die Masse, auch der, der hoch oben zwischen Felswänden steht und nie aus diesen Felswänden herausgekommen, immer hoch oben geblieben ist.» (F 161)
34 Otto Lederer. Syntaktische Form des Landschaftszeichens in der Prosa Thomas Bernhards. In: Über Th. B. p 63f
35 Eine theologische Formulierung dieses Verhältnisses (worin deutlich das Denkmuster von Strauchs Poetik zu erkennen ist) geben die folgenden Verse (die Hervorhebungen sind nicht von Bernhard):
Deine Stimme ist meine Stimme
Herr ich bin *in Dir*
erdrückt *in meiner* Qual
die zündet mir die Augen an
daß ich verbrenn mein Gott im Feuer
Deines Zorns
der seinen Stachel treibt
in *mein* Gehirn aus Blut.   *(in hora mortis* 14)
36 Wendelin Schmidt-Dengler. «Der Tod als Naturwissenschaft neben dem Leben, Leben.» In: Über Th. B. p 36
37 Herbert Marcuse. Über den affirmativen Charakter der Kultur. In: Kultur und Gesellschaft I (es 101) p 67
37a «Noch im Spätkapitalismus überlebten letzte Elemente eines vorkapitalistischen Lebenszusammenhanges. In dem Maße, in dem die bürgerlich-kapitalistischen Organisationsformen sich durchsetzen, verlieren diese Elemente allerdings an Lebensfähigkeit, und es wird offenbar, daß diese Organisation nur deshalb vernünftig und sinnvoll erscheinen konnte, weil die fortbestehenden älteren Elemente der Gesellschaftsordnung ergänzende Funktionen erfüllen konnten.» Rudolf zur Lippe, l. c. p. 245
38 Roland Barthes. Der Baum des Verbrechens. In: Das Denken von Sade. München 1969 (Reihe Hanser 16)
39 Ronald Laing, l. c. p 9
40 Walther Killy. Über das Lesen. Neue Zürcher Zeitung, Sonntag 6. Juni 1971
41 Grillparzer, zit. n. Ernst Fischer, l. c. p 71
42 Der Lehrer in Horváths Roman «Jugend ohne Gott» wird daran erinnert, daß im Mittelalter der Henker, bevor er zur Hinrichtung schritt, den Verbrecher immer um Verzeihung bat, daß er ihm nun ein großes Leid antun müsse, «denn eine Schuld kann nur durch Schuld getilgt werden».

NACHWEISE UND ANMERKUNGEN

Horváth. Gesammelte Werke III. Frankfurt 1971, p 398
43 Novalis. Schriften I. Darmstadt 1960, p 325
44 Oswald Wiener, l. c. p XX
45 Peter Handke. Die Unvernünftigen sterben aus. Frankfurt 1974³, p 54
46 Helmut Heissenbüttel, u. a. «13 Thesen über Literatur und Wissenschaft als vergleichbare Tätigkeiten» (besonders These 8). In: H. H. Ueber Literatur. Olten und Freiburg 1966, p 206ff
47 Ingeborg Bachmann. Malina. Roman, Frankfurt 1971, p 98
48 Foucault, l. c. p 17
49 Minkowski, zit. n. Foucault, l. c. p 80f
50 Ingeborg Bachmann. Malina, p 99
51 Hans Mayer. Der Repräsentant und der Märtyrer. Konstellationen der Literatur. Frankfurt 1971 (es 463) p 42
52 Karl Marx, zit. n. Wittram, l. c. p 11
53 Karl Marx, zit. n. Erich Fromm. Analytische Sozialpsychologie und Gesellschaftstheorie. Frankfurt 1970 (es 425) p 157
54 Rede zur Entgegennahme des Wildgans-Preises der österreichischen Industrie, in: Neues Forum XV/173 (Mai 1968) p 348
55 Siegfried Kracauer. Die Angestellten. Frankfurt 1971 (st 13)
56 Marcuse l. c. p 92
57 Marcuse l. c. p 9
58 Marcuse l. c. p 16
59 Marcuse l. c. p 15
60 Marcuse l. c. p 88
61 Wittram, l. c. p 100
62 Robert Walser. Das Gesamtwerk. Bd. II, Genf und Hamburg 1971, p 304
63 Samuel Beckett. Endspiel. Frankfurt 1959, p 39
64 Der Fürst erfährt die Dialektik abstrakter, inhaltsleerer bürgerlicher Individualität, die «schon in Hobbes' Naturzustand als reine Negativität, d. h. als absolute Freiheit gedacht worden ist» (Rudolf zur Lippe. Bürgerliche Subjektivität: Autonomie als Selbstzerstörung, Frankfurt 1975, p 25f), die «trostlose Absolutheit», mit der das intelligible Subjekt seinen «Sieg über alles Mannigfaltige» büße, die «materialiter sich als leere Form an ihm und als öde Leere um es darstellt» (zur Lippe, l. c. p 124). Zur Lippe führt die leere Abstraktheit subjektiver Autonomie darauf zurück, daß diese «sich konkret über die historische Negation der inhaltlichen Einbindung der Individuen in Sinn und Kontinuität der feudalen Lebenszusammenhänge und über die formale Erfahrung von *Sibisufficientia ex negativo* durch Privateigentum» bestimmte (p 20). Darin, daß Bernhards zugleich weltlose und zur Welt aufgeblähte Köpfe vor dem Hintergrund zerstörter feudaler Ordnung stehen, wäre demnach der historische Ursprung jener leeren Autonomie, die wir als eingeschlossenes Denken beschrieben haben, mit gegeben. Dessen Aporien wären zurückzuführen auf diejenigen des bürgerlichen Wirtschaftssubjekts. Darauf hat bereits Sternheim im *Snob** reflektiert, indem er seinen erfolgreichen Großunternehmer Christian Maske auf der Höhe seiner Macht (in der Hochzeitsnacht) sich auf Kant berufen läßt: «Die reine Vernunft reißt Gruppen gleichartiger Gebilde der Erscheinungs- oder Willenswelt in einen Ausdruck hinein, der den Komplex

in seinem Wesentlichen festlegt, und der B e g r i f f heißt (...) Überwindung von Mannigfaltigkeit ist das.» (p 123f) Maske rechtfertigt mit solcher Rede erstens seine Unternehmertätigkeit, zweitens sein fühlloses Verfügen über die ihm angetraute Frau (aus altem Adel) als über ein Objekt seiner Macht, ihre Unterwerfung (d. h. die «Überwindung» des Besonderen, das sie ist), und er führt drittens die Aushöhlung der Sprache, die Unmöglichkeit, «von Mensch zu Mensch» sich zu verständigen (p 123), auf eben diese «Überwindung von Mannigfaltigkeit» durch die sich autonom setzende Subjektivität zurück. Gründlich hat sodann Handke in *Die Unvernünftigen sterben aus* diesen Zusammenhängen nachgedacht, in der Figur des Quitt, Unternehmers in größtmöglicher Machtenfaltung (ökonomischer Autonomie, d. h. «Freiheit»), der zugleich alle Merkmale hypertropher, weltloser und geschwätzig sprachloser Subjektivität zeigt, die den Protagonisten Bernhards eigen sind. Ihm macht (obwohl nur aus dem Neid der unterlegenen Konkurrenz heraus) die Unternehmerin Paula Tax zum Vorwurf (p 37), was unabdingbar zum Begriff der Autonomie des bürgerlichen Subjekts gehört — mit Schiller (gemäß Kant) gesagt: «sich in das Zentrum des Ganzen zu versetzen und sein Individuum zur Gattung zu steigern» (Ästhet. Erziehung, zit. n. zur Lippe, p 140). Diese Universalität des autonomen Subjekts bestimmt zur Lippe (p 94) als «die ins Transzendentale aufgeblasene politische Autonomie des Bürgers aufgrund seiner ökonomischen».

* Carl Sternheim. Die Hose. Der Snob. Frankfurt 1970 (Fischer Taschenbuch 7003)
65 Theodor W. Adorno. Noten zur Literatur II. Frankfurt 1961, p 227
66 anonymer Rezensent im Wiener «Sonntag», 19. 9. 1937.

zum zweiten Teil
1 Cécile Matzinger, im Kommentar zu einer Bacon-Ausstellung in Zürich. Tages-Anzeiger, 31. 5. 1975
2 Ronald Laing, l. c. p 22
3 Es könnte sich dabei um eine Projektion der Guten handeln: selbstquälerisch einerseits, Fiktion, mit einem richtigen Mann verheiratet zu sein, andererseits, sodann neidvolle Erniedrigung (Auslöschen) der Sexualität Johannas, die sie auf dem Maskenball ja auch hinderte (oder sie zu hindern sich einbildete), zu den Männern zu gehen.
4 «wo man früher das Ganze erblicken wollte, sehe ich jetzt nichts als Einzelheiten.» Peter Handke. *Die Unvernünftigen sterben aus*, p 54
5 «Das Leben ist nur noch Wissenschaft, Wissenschaft aus den Wissenschaften. Jetzt sind wir plötzlich in der Natur aufgegangen.» (Bremer Rede)
«Gerade im gesellschaftlichen Bereich machen wir den Ur- und Naturzustand zur Wirklichkeit, den uns eine positivistische Anthropologie seit dreihundert Jahren als Kern menschlichen Wesens einreden will.» (Rudolf zur Lippe, l. c. p 270)
6 Die indogermanischen Ausdrücke für blind sind jeweils im doppelten Sinn des Nichtsehens und Nicht-Sichtbarseins gebraucht (nach Edgar Herzog. Psyche und Tod. Zürich 1960, p 90). — Schnitzlers Fräulein Else: «Meine Augen sind zu. Niemand kann mich sehen.» (A. Schnitzler. Casanovas Heimfahrt. Erzählungen. Fischer Taschenbuch 1343, p 292)

NACHWEISE UND ANMERKUNGEN

7   Gunter Schäble. Grillparzer. Velber b. Hannover 1967 (Friedrichs Dramatiker 28) p 30
8   «Zur Macht gehört eine ungleiche Verteilung des Durchschauens. Der Mächtige durchschaut, aber er läßt sich nicht durchschauen.» Elias Canetti. Maße und Macht, Bd. 2. München o. J. (Reihe Hanser 125) p 20
9   Cusanus zit. n. Will-Erich Peuckert. Die große Wende. Darmstadt 1966. Bd. 2, p 407
10 Peuckert, l. c. Bd. 2, p 342
11 «Ein und derselbe Wille ist es, der in ihnen allen (den Individuen) lebt und erscheint, dessen Erscheinungen aber sich selbst bekämpfen und sich selbst zerfleischen. In diesem Individuo tritt er gewaltig, in jenem schwächer hervor, hier mehr, dort minder zur Besinnung gebracht und gemildert durch das Licht der Erkenntnis, bis endlich, im Einzelnen, diese Erkenntnis, geläutert und gesteigert durch das Leiden selbst, den Punkt erreicht, wo die Erscheinung, der Schleier der Maja, sie nicht mehr täuscht, die Form der Erscheinung, das principium individuationis, von ihr durchschaut wird, der auf diesem beruhende Egoismus eben damit abstirbt, wodurch nunmehr die vorhin so gewaltigen *Motive* ihre Macht verlieren, statt ihrer die vollkommene Erkenntnis des Wesens der Welt, als *Quietiv* des Willens wirkend, die Resignation herbeiführt, das Aufgeben, nicht bloß des Lebens, sondern des ganzen Willens zum Leben selbst.» Schopenhauer, l. c. p 343
12 M. J. Lermontow. Ein Held unserer Zeit. Zürich 1963, p 267
13 Lermontow, l. c. p 275
14 Diese Deutung, der zufolge (gemäß Bremer Rede) Kälte und Klarheit das Ergebnis neuzeitlichen naturwissenschaftlichen Denkens seien, ist allerdings schwer zu vereinbaren mit dem im Zusammenhang mit der blinden Prinzessin und dem «Ignoranten» nahegelegten Rekurs auf die Tradition mystischer Schau. Für Bernhard könnte aber insofern das eine das andere nicht ausschließen, als er jene «höhere», durch die Naturwissenschaften bewirkte Klarheit nicht so sehr als unter bestimmten (geschichtlichen) Voraussetzungen gewordene begreift, sondern als in Anschauung der «Natur» sich offenbarende schreckliche «Gottesvernunft» (F 236). Auch in diesem Zusammenhang läßt «Natur» nicht sich identifizieren mit dem Gegenstandsbereich der Naturwissenschaften: Auffallend ist der in der Bremer Rede genannte Zeitraum eines halben Jahrhunderts, der sich viel eher mit den im unveröffentlichten Kommentar zu *Rosen der Einöde* geltend gemachten «fünfzig Jahren» einer außergewöhnlichen künstlerischen Entwicklung deckt als mit dem Zeitraum sich ausbreitender Herrschaft moderner Naturwissenschaft, und es reicht dieses halbe Jahrhundert an den Ausbruch des ersten Weltkriegs zurück, an den Beginn also der offensichtlich werdenden Zerstörung Ungenachs, was eben heißt, Europas. Die Entwicklung der Naturwissenschaften stünde demnach *als pars pro toto* für ein alle menschliche Belange in ihrer bisherigen Form außer Kraft setzendes Geschehen, für das Ende einer (bzw. *der*) Kultur, begriffen nicht als immanent geschichtliches, sondern als eschatologisches Geschehen.
15 Trofimow: (...) Überlegen Sie nur, Anja! Ihr Großvater, Ihr Urgroßvater und alle Ihre Ahnen waren Verteidiger der Leibeigenschaft, sie waren Eigentümer von lebenden Seelen. Und sehen Sie denn nicht, wie von

jeder Kirsche in Ihrem Garten, von jedem Blatt, von jedem Baum Menschenaugen auf Sie starren, und hören Sie nicht alle die Stimmen? ... O er ist grauenvoll, Ihr Garten, er ist entsetzlich, und wenn man manchmal abends oder nachts hindurchgehen muß, dann glimmt düster die alte Rinde an den Bäumen, und dann ist es einem, als erblickten die Kirschbäume im Traum all das, was vor hundert Jahren, vor zweihundert Jahren geschah, gepeinigt von schweren Traumgesichten. Und ist es denn nicht richtig! Wir sind um mindestens zweihundert Jahre zurück, wir haben rein nichts, woran wir uns halten könnten, kein positives Verhältnis zur Vergangenheit, wir können nichts als philosophieren, nichts als über unsere Traurigkeit klagen oder Schnaps saufen. Ist ja nur allzu klar: um ein wirkliches Leben in der Gegenwart zu führen, müßten wir zuerst unsere Vergangenheit sühnen und Schluß mit ihr machen können (...).» (Anton Tschechow. Der Kirschgarten. Deutsch von Johannes von Guenther. Stuttgart 1967 (Reclams Universal-Bibliothek Nr. 7690), p 46f)

16 Anja: Das Haus, darin wir leben, es ist schon lange nicht mehr unser Haus, und ich werde einmal daraus fortgehen, mein Wort darauf.
Trofimow: Wenn Sie die Schlüssel zum Haushalt bei sich haben sollten, werfen Sie sie schnell in den Brunnen und gehen Sie fort. Werden Sie frei wie der Wind! (Der Kirschgarten, p 47)
17 Antonin Artaud. Das Theater und sein Double. Frankfurt 1969, p 34
18 Artaud, l. c. p 21
19 ,, p 20
20 ,, p 24
21 ,, p 23
22 ,, p 21
23 Thomas Bernhard. In Österreich hat sich nichts geändert. In: Theater heute, Jahresheft 1969, p 144
24 Artaud, l. c. p 34
25 Artaud, l. c. p 32f
26 Artaud, l. c. p 45. Ebenda: «So wird verständlich, daß die Poesie in dem Maße anarchisch ist, in der sie alle Beziehungen zwischen Gegenständen untereinander und von Formen zu ihren Bedeutungen wieder in Frage stellt.» Und: «Die schönste Kunst ist die, die uns dem Chaos näherbringt.» (p 177)
27 Artaud: «das WORT stellt den Maßstab dar für unsere Ohnmacht, für unsere Trennung vom Wirklichen.» (l. c. p 165)
28 Insofern die politischen Vorgänge immer gleichnishaft als solche in einem Kopf zu verstehen sind, entspricht dem Hinunterschauen auch das Herunterschauen des Fürsten (und ebenso der Königin) auf sich selber (ferner, als mittelbar auf sich selber, das *Her*unterschauen des Erzählers, im Traum, auf den zerstückelten Strauch): «Ich schaue von hoch oben auf mich herunter und stelle fest: du bist nichts mehr.» (V 193)
29 Herbert Marcuse, l. c. p 13

zum dritten Teil
1 Theodor W. Adorno. Ästhetische Theorie. Frankfurt 1970, p 39
2 Artaud, l. c. p 30

NACHWEISE UND ANMERKUNGEN

3 Artaud, l. c. p 51f
4 Telegramm Bernhards an die Festspieldirektion. In «leicht gekürzter Form» abgedruckt im Tages-Anzeiger (Zürich), 10. 8. 1972.
5 Roland H. Wiegenstein. «Modische Verzweiflung». Frankfurter Rundschau, 21. Mai 1974.

**Verkehrte Welt:
Man geht nicht mehr so gerne ins Theater.
Aber über das Theater liest man nach wie vor.
Davon nutznießt auch die einzige, hochgreifende*
immer noch recht verbreitete Theater-Monatszeitschrift, die es in Europa gibt. Sogar Amerika hat nichts, das «Theater heute» vergleichbar wäre.**

Friedrich Luft — Börsenblatt des deutschen Buchhandels

* hochgreifend nach den wichtigsten Stücken (jeden Monat eines abgedruckt), nach den glänzendsten Schauspielerleistungen, nach den bedeutendsten Aufführungen.
Neben den Spitzenleistungen in «Theater heute» auch die Breite, die Vielfalt, die Farbigkeit des Theaters hierzulande. Und natürlich auch Theater anderswo.
Monatlich neu.

**Alles über das Theater — in Bild und Wort —
in «Theater heute» Deutschlands Theaterzeitschrift**

64 Seiten, Großformat 24 x 30 cm, viele Bilder, erscheint monatlich, im Abonnement pro Heft 7,50 DM

Redaktion:
Henning Rischbieter

Kostenlose Probehefte erhalten Sie vom Friedrich Verlag Velber, Abteilung FD, Im Brande 15, 3016 Seelze 6.

bei Friedrich in Velber